U0612141

论语另类解读

马保平 著

中国社会科学出版社

图书在版编目（CIP）数据

《论语》另类解读/马保平著．—北京：中国社会科学出版社，2008.8

ISBN 978-7-5004-7124-0

Ⅰ．论…　Ⅱ．马…　Ⅲ．①儒家②论语—研究　Ⅳ．B222.25

中国版本图书馆 CIP 数据核字（2008）第 116867 号

责任编辑　郭晓鸿（guoxiaohong149@163.com）
特邀编辑　王冬梅
责任校对　韩天炜
封面设计　格子工作室
版式设计　戴　宽

出版发行　中国社会科学出版社
社　　址　北京鼓楼西大街甲 158 号　　邮　编　100720
电　　话　010—84029450（邮购）
网　　址　http：//www.csspw.cn
经　　销　新华书店
印　　刷　新魏印刷厂　　装　订　广增装订厂
版　　次　2008 年 8 月第 1 版　　印　次　2008 年 8 月第 1 次印刷
开　　本　710×1000　1/16
印　　张　26　　插　页　3
字　　数　378 千字
定　　价　32.00 元

凡购买中国社会科学出版社图书，如有质量问题请与本社发行部联系调换

孔子像

目　录

序

古希腊的奴隶文化与中国的封建文化被认为是人类历史上双峰并峙的两座文化高峰。古希腊的奴隶文化缔造了苏格拉底、柏拉图、亚里士多德，而且直达今天西方的物质文明。中国封建文化的主流文化——孔子创立的儒家文化，孕育了文景之治、开元盛世和源远流长的华夏文明。历史上真正的孔子早已被湮没在千古尘雾之中。而“孔子应答弟子、时人，及弟子相与言接闻于夫子之语”的《论语》乃是一部表现孔子人格及思想言行的良书。后汉以来，《论语》一书一直被奉为儒家经典，欲通六经旨要，解读圣人微言大义，必读《论语》。汉代学者赵岐称《论语》为“五经之管辖，六艺之喉衿”，《宋史》亦记载赵普之言“普尝谓太宗曰：‘臣有《论语》一部，以半部佐太祖定天下，以半部佐陛下致太平’”。足见《论语》不仅是一部修身立命、济世安民的正宗儒家文化典籍，也是一部阐述社会伦理和政治哲学的教科书。

高校校长的职责首先在于正确地把握高等学府的学术定位，并以自己的人格涵养重才轻财，清廉自奉，营造一个适宜广大教师生存的和谐而公平的环境。马保平先生担任高校校长十数载以来从不放弃学者的职守，孜孜以求，历练学养，不断探求开发新的学术领域，完成多部学术论著。其新著《〈论语〉另类解读》中关于儒家以“孝”为本，以“仁”为核心的科学知识体系战胜了商周以来神秘的鬼神生命观，从而使华夏民族最早脱离鬼神文化的精彩论述以及对“食、色，性也”的阐释；“食”以维持生命；“色”以接续生命；这是一切生命形式所具有的本能，唯独人则以“孝”有意识地回报父母之爱，从而使人类有别于其他生命形式。孔子正是以此为据，构建了儒家以“仁”为核心、以“孝”为基点、以“爱人”为本原的伦理道德体系。这些见解，不仅在学术上具有认识价值，而且对今天倡导和谐社会、达到人与人的理解和尊重、重塑良好的社会风尚也有实践意义。

中国数千年的文化积淀，向人类展示了无与伦比的中华文明的智慧结晶与典藏之宏富，并以此构建了自己民族的价值判断体系，成为一种宝贵的精神财富，维系着民族的生存与发展。今天，人们的审美意趣更加趋向物质文明，传统则在外来文化与时尚的冲击之下被割裂、重组为多元文化倾向。这是文化本身的悲哀，是民族的劫难。马保平先生在政务繁忙之际，拨冗寻真，探微钩沉，披沙拣金，以一己绵薄之力阐发经典真谛，力挽文化的沉沦。掩卷而思，感悟良多。谨以此书引荐给读者，相信必会获益匪浅。

刘公望

2008年2月2日

简述

《论语》是以记载孔子言行为主，兼记某些弟子言行的一部古代典籍。“论”指论纂，“语”指以记言为主，“论语”之名是指经过众人编纂的语录。《论语》一书由孔门弟子曾参、子夏、子贡、子游、子张、仲弓等编撰，此后又经再传弟子补充、删改、整理而成。《论语》是儒家的第一部经典，大约成书于公元前5世纪末，至汉代流传有《鲁论语》、《齐论语》和《古文论语》三种传本。东汉郑玄以《鲁论语》为底本，参考其他传本进行了核定并作了注释，后成为公认版本。自汉以来，《论语》为历代读书人的必读之书，所以历代诸儒注释不绝。最著名的约有五部：一是三国时期魏国人何晏著的《论语集解》，网罗了汉儒旧义；二是南北朝时期梁代皇侃著的《论语义疏》，广集了魏梁诸家；三是北宋刑昺著的《论语注疏》，集前人之所成；四是南宋朱熹著的《论语集注》，集宋儒理学家言；五是清代刘宝楠著的《论语正义》，博采了众家之长。由于明清两代以“朱注”为科考范本，故朱熹的《论语集注》在民间流传最广。《论语》全书共二十篇，一万五千多字，集中反映了孔子的思想学说。

孔子名丘、字仲尼，春秋时鲁国人，约生于公元前551年，卒于公元前479年，终年七十三岁。孔子系殷人后裔，其远祖（十四世祖）微子启是宋国的开国之君。约公元前701年（恒公二年），其五世祖木金父为躲避华氏的迫害，举家迁往鲁国。孔子出生于鲁国昌平陬邑（今山东曲阜），其父叔梁纥曾任陬邑宰，人称陬人。孔子年轻时曾在鲁国当过管仓库的小官，三十岁时已经因博学而闻名于世，五十多岁时任过短时期的鲁国司寇，代理过三个月的鲁国国政。孔子创立私学，收徒教授《诗》、《书》、《礼》、《乐》、《易》、《春秋》等典籍，传“礼、乐、射、御、书、数”六艺，弟子多达三千，优者七十二人。孔子总结了前人的文化思想成果，以西周人文文化为基础，形成了以人为中心的生命观念思想体系与人生价值观念思想体系，并结合当时的时势对伦理道德和社会政治等一系列问题，都提出了自己的看法和主张，创立了儒家学派。孔子为了宣传和实践自己的政治主张，曾率徒周游列国游说各国的国君，但始终未果。孔子于六十八岁时回到鲁国，专心于教育，整理并修订了《诗》、《书》、《易》、《礼》、《乐》和《春秋》六经，对中国历史文化的传承作出了不朽的贡献。孔子立足于自身对生命的理解，建立了以人为本的生命观，完善了西周以来的人文文化体系；并用突出代表人本生命观的、以“孝”为本、以“仁”为核心的一系列人文文化思想战胜了以鬼神为中心的生命观与鬼神迷信思想，并取代了鬼神生命观在人们心目中的思想地位，使中国人成为人类社会中最早脱离鬼神文化的民族。这一点，历代均有所忽视，但这的确是他为历史、为民族立下的丰功伟绩之一。

《论语》共二十篇，五百一十二条对答与记述。古人把每条列为一章，由于注解划分不同，有四百八十四章、四百九十二章与五百一十二章等不同的分法。其中，记述孔子言行与应答弟子及当时人等的话语，约有四百四十多条，其余的是记述孔门弟子的相与之言。大体而言，《论语》主要阐述了以下七个方面的内容：一是以“仁”为本的思想理论学说，集中反映了孔子的“人本生命观”与“仁政”、“德治”的施政思想；二是以“克己复礼”为特点的“礼治、和谐”原则，集中体现了孔子的“人性观”与孔子对人性中“善”的作用（良知）的开发及对“私欲”进行自我克制的思想；三是以“忠、恕”为代表的“敬人、敬事”与“推己及人”的处世态度与行事理念，集中表述了孔子的“人生观”与“仁、义、礼、智、信”的人生价值体系；四是以“适时、用中”为特点的中庸思想，集中表明了孔子的“天道”思想与他对“人道”正执的认定及其处世的思维方法；五是以“老者安之、朋友信之、少者怀之”为代表的对社会安定和谐的理想追求，集中展现了孔子远大崇高的政治抱负与社会理想；六是以“君臣、父子”为代表的伦理纲常观念，体现出了孔子思想中的“血缘家族式文化体系”的局限性与封建性；七是以“有教无类”与因材施教及启发式教育为代表的教育理念，体现了孔子的教育思想与教育方法。

孔子思想的核心是“仁”。孔子认为，“仁”的基点是“孝”，本质是“爱人”，属于人的先天本性的内容之一。孔子的这一思想是在对生命本能认识的基础上，鉴别了人与一般动物在本能上的区别而形成的。我们知道，任何生命都具有维持生命与接续生命这两项本能，即所谓“食、色，性也”。在维持生命方面，人与一般动物的本质区别在于人能有意识地从事生产与创造活动来尽可能地满足生命所需，这使人成为有智慧的生命。在接续生命方面，人与一般动物的本质区别在于人的接续生命本能已上升到心理能够完全控制的思想意识，这使人成为有思想的生命。这种生命的接续本能所形成的思想意识古人称之为“爱”，孔子将其扩充为“爱人”，并认为其基本内容有三：一是对异性的爱；二是对子女的爱；三是子女对父母有意识回报的爱。孔子重视人性中的“爱”，并认为任何动物也都有性爱与母爱，唯独人能有意识地对父母之爱进行回报，即所谓的“孝”。所以，孔子把“孝”视做人的良知、“仁”的基点、“善”的本原。孔子认为，“人性”是生命本能的进化，是天地赋予人的先天本性（“天命之谓性”《中庸》）。其中：摄取维持生命所需物质的本能反应是“为己”（包括所有私欲），这种“为己”所形成的私欲如不加以节制，任其膨胀就会损害他人而形成恶，所以孔子视其为“恶”的本原；而接续生命本能所形成的“爱”的三项基本内容所反映出的主要特性是“为他”，所以孔子称其为“爱人”，视之为“善”的本原，并“推己及人”为广义的“爱人”，即“泛爱众”。孔子对人性的认识是善、恶并存

(“人之初，性本善”是孟子的观点)，他继承了上古时期“天命有德，德为爱人”的观念，凸显了人性中“善”的成分并将其阐述为人的先天本性的主要内容之一。孔子把人性中“善”(“爱人”)的本质与作用表述为“仁”，论述了“仁”的基点是“孝”，本质是“爱人”，并以仁为核心建立了“仁、义、礼、信、忠、恕”等一系列人生价值观念思想体系。孔子注重对人性中“善”的作用的开发，并以“修己”为开发手段以达“明德”、“复性”、“复礼”、“归仁”的社会目的。孔子也注重对人性中“私欲”本能的抑制与自我思想控制，强调“克己”、“修己”，以“义”的理念抵制与战胜“利”的欲念，即所谓的“先义后利”。孔子并不主张无私，而是要求对私欲进行节制，并以血缘亲情为基点由内而外推己及人形成了他的“忠恕”思想体系。孔子以他对天地阴阳运变法则及对人性中共性的认识为基础，感悟了宇宙生命整体两项本能需求共性的境界要求，并将其表述为“中和”。在此基础上，进一步提出了“允执其中”的处世之道，并视其为“天道”衍化为“人道”的正执。上述孔子的思想，综合构成了他以人为中心的生命观念与价值观念，组成了以“克己”、“修己”为中心的“内圣”为学和以“德治”、“仁政”为中心的“外王”为政的思想体系与知识体系。后人把孔子的生命观念、价值观念、思想体系与知识体系，统称为“学问”，而《论语》则是对其“学问”的综合表述。

在19世纪以前的两千多年的历史过程中，孔子所创立的儒学及其经典《论语》，一直是中国人立身处世的教科规范，也是中国人为人处世行为准则的依据。大约在唐代《论语》就传入了朝鲜和日本，曾被两国作为普及教材使用，1593年被译为拉丁语并传入意大利。孔子的思想经过两千多年的传承，已经渗透到中华民族的集体潜意识之中，形成了中华民族的特色性格，也是中华民族传统美德的根核。

在20世纪的一百年里，中国人在全面接受西方科学知识的同时，也自觉不自觉地全面接受了西方的文化思想，在某种程度上忽视了中国几千年的传统文化与思想，造成了历史文化的割裂与断层。一百年来，人们在追求最大物质利益的同时，重心都放在追逐“名利”上，而且终日忙碌不堪，心灵快到了被掏空的境地，人们需要与自身民族相适应的文化资源与精神资源来填充与支撑。历史因素与现实因素的影响，使人们在认真反思后又重新认识到传统文化与思想的价值所在。如儒家思想中的人生价值观对社会道德文明建设的积极作用；中庸之道与中和理念在协调与统筹中的影响作用；“和为贵”的思想对构建和谐、稳定社会的指导作用；儒家尊重文化多样性，兼收并蓄多种文化思想，等等。所以，当历史进入 21 世纪数年后的今天，传统文化尤其是儒家文化思想中的有益成分，出现了复兴的趋势，这是中国人的睿智！也是时代发展的需要！扬弃地传承传统文化遗产，使传统文化思想中的有益成分继续为人类服务，继续发扬光大，是 21 世纪历史的选择。

中华民族有着几千年的光辉历史，有着丰富的文化资源与坚实的精神资源。一个民族如果不知道发扬自身固有的精神资源与文化优势，就有可能失去已有的自尊与自爱，失去原本固有的凝聚力与向心力。学习传统文化，继承优良传统是发扬中华民族精神的根本。中华民族的精神资源博大精深，其核心是儒学，而儒学首要的经典是《论语》。

读《论语》要整篇连读，结合上下文及篇目理解，不可仅凭字面理解，也不可束缚于古人的解释（如宋朱熹就是站在完善封建统治思想体系的基点上加以解释的）。否则，失之毫厘则差之千里矣。

第一章

学而篇(学而第一)

“学而”是论语第一篇，所记多是“务本”的道理，为初学者的入道之门，是提高自身品德修养的基础。

一

子曰：“学而时习之，不亦说乎？有朋自远方来，不亦乐乎？人不知而不愠，不亦君子乎？”

传统译文

孔子说：“对学得的知识，按时去温习不也是高兴的事吗？有朋友从很远的地方来，不也很快乐吗？别人不了解自己而不抱怨，不也是有修养的君子吗？”

补 释

“子”是古代对男子的尊称。《论语》中“子曰”的“子”都是指孔子。“愠”指恼怒、怨恨。《论语》中的“君子”，有时指有德者，有时指有地位者，此处指有德者。孔子强调的学习，不只限于对书本知识的学习，还包括对实践知识的学习，更重要的是学习做人做事。孔子认为，把所学的知识经过反复实践，真正掌握了才能体会到喜悦；远方有朋友来拜访，说明自己的名声已在外，自有学有所成的快乐；即使没有名声，无人知道自己有学问，也不影响君子的情绪，因为君子知命，能达到消解名利的自在境界，所以“不愠”。

另 释

“学”含“觉”与“证”，是指“明德”的心、身力行。“学而”指心、身力行的过程。“时”指适时，也包括有了体会所得之时的含义。“习”的繁体字为“習”，从“羽”从“白”，本意是指雏鹰多次习飞，有实习、温习、实践的含义，这里指具体的“行”与“证”的践履。“说”通“悦”，指有得于心时的会心的微笑。“时习”包含有“无时不觉，无时不悟”的含义。“学而时习之不亦说乎?”指“学而”之人通过“习”即心、身力行达“虑而后能得”（有觉悟体会）时，发自心底的欢悦。“朋”应作“知音”解。好友远来，畅谈学问，交流体会，相互勉励，实为乐事。“愠”是内心的忧怨情绪。不被人理解而不抱怨是修养的功夫。当今社会，不被理解如家常便饭，常被曲解也习以为常，能不“怨天尤人”，始终保持“安心”（安于平淡），便能“自得其乐”，这才是君子之道。

儒家炁功解

“学”作《大学》中的“大学之道”解，指“明明德”，其含义是认知生命的真谛及生命与天地的衍化等。“而”通“需”，指《易经》中的“水天需”一卦（《说文解字》中有“而，须也”，“须”通“需”）。“需卦”中，“水”指肾气；“天”指顶；“需”指肾炁上达于顶（百汇）。“学而”指修行内炁。“时”指子午卯酉。“习”指修证。“时习”指“子午采药，卯酉温养”。“说”通“悦”，指会心的喜悦。“学而时习之，不亦说乎”指修行过程中，肾中真阳上达百汇，下行任脉，相交于心液后所体会到的欢悦。“朋”通“鹏”。“有朋”指正阳之炁来自北冥（指肾水），飞往南海（指心液）（参看《庄子·逍遥游》）。“远”指苍龙岭大道（脊柱）。“方”指方寸（下丹田或黄庭）。“自远方来”意指正阳之炁自下丹田下会阴，入尾闾，沿苍龙岭而上。“有朋自远方来，不亦乐乎”意指小周天运行，连接任督二脉，达“心肾相交”，“水火交溶”后四肢百骸所体会到的身体之乐，即所谓“安”与“大安”。“知”通“智”，指“明光笼罩，虑其脑海”而启智开慧。“愠”指心中的烦厌与躁恶。“人不知而不愠，不亦君子乎”意指在“浩然之气”（指儒家炁功）的修行过程中，将达但未达“明光笼罩”的开智阶段前，必须控制心中的烦厌与躁恶即“而不愠”，以“心斋”保持心境空明才是君子的修行之道。

二

有子曰：“其为人也孝弟而好犯上者，鲜矣；不好犯上而好作乱者，未之有也。君子务本，本立而道生。孝弟也者，其为仁之本与？”

子曰："巧言令色，鲜矣仁。"

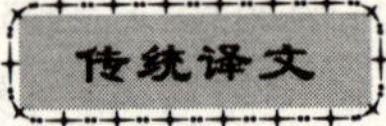

传统译文

有子说："为人孝顺父母、尊敬兄长，却喜欢触犯上司，这种人少有；不喜欢触犯上司，却喜欢造反作乱，这种人是没有的。君子致力于根本，根本树立了，治国做人的原则就会形成。孝顺父母与尊敬兄长大概就是仁爱的根本吧？"

孔子说："花言巧语，一副讨好人的脸色，这样的人是很少有'仁'的品德的。"

补　释

有子，姓有名若，孔子的学生，小孔子三十三岁，据说身高体伟，状似孔子。善于侍奉父母为"孝"，善事兄长为"弟"。"弟"通"悌"。"孝"是回报父母之爱的体现，也是人与一般动物的本质区别。所有动物（不包括昆虫等低等动物）均有母爱，母爱是所有动物生命接续的本能之一。所有地球生命中，只有人能有意识地对父母之爱进行回报，这就是孝的本原，也是人类良知的起点。"德"的起点就是"孝"，"孝"的起点是敬爱双亲，推而广之即为"爱人"，因此上古有"天命有德，德为爱人"之说。几千年中华文明的一个突出特点就是重"孝"，所以说"孝"是中华民族的美德，是中国传统文化胜于西方文化的亮点之一（西方文化没有把"孝"放在文化心理建设之中）。孔子讲的"孝悌"，以父母兄弟为本，扩展为师长、长辈、家族、朋友，进而延伸为天下民众，故有"圣朝以孝治天下"的古训。如："亲民"是指视民如双亲（后儒把"亲民"释为"新民"是曲解）；又如："为政"篇中有孟懿子问孝，子曰："无违"。孟懿子是鲁国的大夫，身居国家要职而问孝，孔子答"无违"，是指无违民众心愿（以孝治天下不仅指“使民以孝为本”，还指掌权者应“无违天下民愿”)。

“孝悌”，是感情力量之根，是宗族力量的凝结剂，也是民族凝聚力的基础之一。在中国的传统文化中有着明显的感情力量情结，这种情结孕育在中华民族的潜意识之中（这也是与西方文化明显的区别点），至今仍不可忽视（历史上有许多反叛与政治争斗都有着感情力量情结的明显作用）。

“仁”，是孔子思想体系的核心，指人善良的内在本质，是人类所本有的善良心性，其体现为真诚地“爱人”。北宋程颢在《识人篇》中说：“仁者浑然与物同体，义、礼、知、信皆仁也，识得此理，以诚敬存之而已。”这段话是指“仁”与天地复合运行同体，不可随主观臆断，应以“诚敬存之”。可见，“行仁”的准则是“诚敬”，而“巧言令色”者没有“诚”所以也就远离了“仁”（即“巧言令色，鲜矣仁”）。“仁”是发自内心的善念，装是装不出来的。待人和颜悦色体现出的是诚敬，对人巧言令色体现出的是讨好与献殷勤。“巧言令色，鲜矣仁”，应为各级领导人重视并作为选人之戒。

三

曾子曰：“吾日三省吾身：为人谋而不忠乎？与朋友交而不信乎？传不习乎？”

传统译文

曾子说：“我每天都会对自己进行多次反省：替别人办事做到尽心竭力了吗？与朋友交往做到以诚相待了吗？老师传授的学业做到用

心温习了吗?”

补 释

曾子，姓曾名参字子舆，小孔子四十六岁，著《孝经》与《大学》（原是《礼记》中的一篇文章，宋代时单独提出，组成“四书”之一）。“忠”，心在中间，意指“定见不移”。“谋忠”指对人对事无不尽心的态度，“为人谋而不忠乎”还包括答应别人的事是否有忘，有忘便为不忠。“与朋友交而不信乎”还包括与人交是否“诚信”，是否存在“言而无信”，要“言必行”，讲了话就要兑现。“忠以心言，信以事言”，“忠”与“信”一内一外，密不可分，不“忠”者必不“信”，不“信”者也不可能“忠”。“传不习乎”是指老师教我的为人处世之道（指如何做人做事），我认真实践了没有，老师教我的身体力行之法我认真“修证”了没有。曾子的“三省”类似三面镜子让我们每日自照。

“省”除了反思之外，还有“明”的含义，即“明德”。“三省”是曾子提出的“明德”的切入点。殷商文化以卜筮文化为主，殷人的生命观是以鬼神为中心的。西周文、武二王与周公旦开创了人文文化，逐渐建立了以人为中心的生命观。但文化的交替是一个漫长的历史过程，直到春秋末期，以鬼神为中心的生命观仍然在社会中占有统治地位。孔子明确提出了以人为本的生命观念，并把“仁”作为人本主义生命观的核心概念。曾子以人本主义生命观为前提，把忠、信、习作为“明德”的人手处，与当时历史条件下，为确立以人为本的生命观的主导地位，战胜以鬼神为中心的生命观的需要有着密切的关系。而后人将这“三省”仅理解为内修的道德条文，明显略有偏颇。但从教人修德的角度上说，也确为良好教材，所以，这“三省”成为了历代读书人的训世格言。

四

子曰："道千乘之国，敬事而信，节用而爱人，使民以时。"

传统译文

孔子说："管理一个实力雄厚的诸侯国，必须严肃，慎重，要讲信用，节约财物，爱护官吏，叫百姓服役时要顾及农业生产，在农闲时进行。"

补　释

"道"通"导"，指领导。"乘"原指战车（车上甲士三人，跟随步兵七十二人，另有后勤人员二十五人，每乘实际兵力为一百人），春秋时用做"车、丁壮、田赋"等的合计计量单位。"敬事"，指尽职，即忠于职守。"信"指使下信服。只有敬其事，言必信，行必果，才能使下面的人信服。"敬事而信"，还包括领导人不能光凭"权威"役使人，更重要的是服众望，要忠于职守，公正无私，言而有信，用正确的领导去赢得下面人的尊敬与信服。"节用"指经济政策与措施（包括规定官家的用度）的制定应以节俭为原则。"爱人"指"泛爱众"（爱自己家人为小德，爱天下人才是大德），包括对国人的爱与教化引导。"节用"是为了减轻民负以达爱人目的的手段。"使"包含指挥与役使两层含义。"使民以时"，不仅包括劳役服于农闲，还包括教导民众掌握农时（二十四节气、七十二候），致力于农业生产。"敬事"、"而信"、"节用"、"爱人"、"使民以时"，是孔子认为的治国五项要领，也是孔子的“为政观”。

五

子曰：“弟子入则孝，出则弟，谨而信，泛爱众，而亲仁。行有余力，则以学文。”

传统译文

孔子说：“年轻人在父母身边就一定要孝顺父母，离开家就要敬爱兄长。做事要谨慎，说话要诚恳，博爱大众，亲近有仁德的人。这么做了之后，倘若还有余力就去学习文化知识。”

补　释

“弟子”指学生。“弟”等同兄弟，有朋友之情。“子”等同孩子。老师待学生如同父亲待孩子，同时又有朋友之情。所以有“一日为师，终生为父”之说。同时老师对学生也负有一辈子的责任。这种师生双方的情感、道义与责任，形成了中国人“尊师重道”的观念。而今的尊师重道大概仅存于小学，长大了反而不尊师不重道了。尤其是“教育产业化”与“知识商品化”使教师的授课近乎于出售知识的商业行为，致使师道观念被人遗忘。“入则孝”指在家应孝顺父母。“出则弟”指出门在外对朋友、对族人、对乡亲都要友爱尊敬。“谨而信”指做人做事都要谨慎（但不拘谨），要言而有信，待人诚恳。“泛爱众”指对社会、对一般人，对其他动植物生命等都要有爱心，也包括爱国家、爱天下。“而亲仁”，是交友之道，也是为学之道。交友，要亲近有道德有学问的人，交接仁义之士；为学，要以“仁”为中心思想。“行有余力，则以学文”，指前述做到之后，倘若有余力再去学习其他知识。可见，孔子首重德育，他把做人摆在第一位，把求知摆在第二位。孔子的学问，首要就是如何做人做事，强调做人做事的思想道德意识与原则。孔子要求具备了良好的思想道德意识与行为规范后，再去学习其他文化知识。他认为，只有如此，才能抵制住当时的历史文化知识中渗透的不正确的思想意识的侵蚀与影响。孔子的教育思想集中地体现了“教书先教如何做人”的教育观念。

孔子认为，“仁者，爱人”，但“爱人”要由内及外、由近及远。首先要“入则孝，出则弟”，然后才有“泛爱众”。“孝”和“弟”是以家庭为基础的亲爱关系，推而广之到家族与社会即为“泛爱众”。“入则孝，出则弟，谨而信，泛爱众，而亲仁”，是孔子所描述的由内及外、由近及远、由浅入深的“修身”过程。这段话阐明了君子“修己”从“孝”的基点出发，以达“仁”的全德境界的“内圣”程序，其与“修己以敬，修己以安人，修己以安百姓”（第十四章“宪问篇”）的“外王”层次相表里。

这段话，不仅是孔子对君子的修身过程与道德观念的阐述，也是孔子的人本主义生命观的主要内容。孔子的教育正是利用“孝”、“弟”等血缘亲爱关系这种“人的基本属性”（既有人血缘的自然属性，也有社会属性），来清除鬼神在人们头脑中残余的统治地位，以巩固以人为本的生命观念。“行有余力，则以学文”则说明在巩固了人本主义生命观后，再学习历史文化知识，自然就不会再被历史文化中的鬼神思想所迷惑。同时这段话也表述了孔子“有教无类”与人人平等的思想观念。

六

子夏曰：“贤贤易色，事父母能竭

其力，事君能致其身，与朋友交，言而有信。虽曰未学，吾必谓之学矣。”

传统译文

子夏说：“尊重贤人，不贪女色，侍奉父母能尽全力；不惜生命竭尽自己的力量侍奉君主；与朋友交往说话诚实讲信用，这样的人即使没有系统地学过诗、书、礼等，我也认为他是学有所成的人。”

另　释

子夏，姓卜名商字子夏，孔子的弟子，小孔子四十四岁。“贤贤”指有道德学问的人。“色”应是指态度与表情。“易色”指肃然起敬。“贤贤易色”指见到有道德学问的人（贤人）就肃然起敬，“态色”也随之而更加恭敬，期望向其学习（宋朱熹解释为见到贤人可丢弃女色是曲解）。“贤贤”还有步步趋贤之意。“贤贤易色”还指逐步置身于贤列之中，而步步趋贤的基本准则就是“孝”、“忠”、“信”。“孝”、“忠”、“信”也是子夏所认为当时时代的“贤”的具体内容的体现。“事父母能竭其力”，是讲孝道，要点在“竭其力”，指孝顺父母要尽心竭力。“竭其力”，不是超越自身能力外的过分，而是尽其自身全力。“事君能致其身”，是讲“忠”，其中的“君”是泛指的领导者和长者。“君”是象形字。其上部的“尹”形如拐杖，下面的口指人。“君”的本义是拿着拐杖或指挥杖发号施令的人。“事君”指为家族、为长者、为国家，而并非特指“为君王”。所以，“事君能致其身”包括了“许身为国”、“为国献身”和为家族为国家竭尽全力的含义。“与朋友交，言而有信”，是讲“信”，指为人诚实，待人诚恳，言而有信。“虽曰未学，吾必谓之学矣”，是说这样的人尽管未读过书，但其已达贤、已“明德”，即已有了学的果，所以也认定他是真有学问。子夏的话间接地证明了孔子要求做的学问，不是文化，也不是知识，而是“明德”、“归仁”、“知礼”等，也就是“止于至善”。

七

子曰：“君子不重则不威，学则不固。主忠信，无友不如己者。过则勿惮改。”

传统译文

孔子说：“君子不庄重就没有威严，学习也不能巩固。要坚持忠诚和信用，不结交不如自己的人。有过错，不怕改正。”

另释

学习要扎实，不能轻浮。因为“轻忽外者，必不能坚乎内”。“重”应作“自重”解，立志并力行圣贤之道方为“自重”。“威”指“自重与信念”所产生的威严神态与正义凛然、百邪不侵的气度。“君子不重则不威，学则不固”，指君子首先要“自重”（包括自尊、自爱、自信和坚定的信念）；有了“自重”才能产生出坚强的神态与令人信服的器宇；没有坚强的自信与坚定的信念，做人做事的道德准则与行为规范就难以坚固。初觉“明德”，有进无退为“学固”。如不能“自重”，自然会“学则不固”，其病根为“不重”。“主忠信”，指对人要忠实诚恳，讲信用，也有立志于圣贤之道并有坚定信念的含义。“无友不如己者”，指每个朋友都有比自己强的优点，要善于发现别人的长处并努力向别人的长处学习（即：“三人行必有吾师”）。这样才能及时发现自己的缺点与过错，并要勇于克服自己的缺点，改正自己的过错（即：“过则勿惮改”）。“主忠信”、“无友不如己”、“过则勿惮改”，是孔子阐述的自重之道。

儒家炁功解

“重”指“抽铅”（内肾中真炁为铅，也叫坎中之阳）。“威”指“添汞”（心液中正阳之炁为汞）。“固”指“固本”（引心液补下田）。“君子不重则不威，学则不固”，指“没有抽添的功夫，贤炁就不能交溶于心液”，“学而”就难以“固本”，即所谓“须抽铅于肘后，方添汞于中黄”。

八

曾子曰：“慎终追远，民德归厚矣。”

传统译文

曾子说：“父母的丧礼，要慎重对待。祭奠祖先能敬重、虔诚，就会使社会道德风尚日渐淳厚。”

“慎”指慎重。“终”是终了，这里指人死为终。“追”指追念。“远”指先祖。“慎终追远”指慎重丧礼，虔敬祖先的祭礼，是孝敬父母尊敬先祖的具体表现之一。“终”也包含孔子、曾子所认知的生命本体与其所建立的人本生命观。“慎终追远”也含有引导人们通过行使孝道逐步认知生命真谛，建立人本生命观的含义。“终”还可指结果。“远”也可指始因。“慎终追远”还包括“欲慎其终者先追其远”（指任何事欲得其好的结果，先要有好的开始及好的动机）。“厚”是人先天本性中的朴实敦厚之“德”，复归人的先天本性就是“归厚”。“民德归厚矣”指人人复归先天本性的质朴，社会道德风气自然归于厚道严谨。“孝”是孔子思想的基础，也是儒家治国的基础。曾子以“孝礼”引导“民德归厚”，还意指“孝”是道德的根本，是一切好结果的开始。

九

子禽问于子贡曰：“夫子至于是邦也，必闻其政。求之与？抑与之与？”子贡曰：“夫子温、良、恭、俭、让以得之。夫子之求之也，其诸异乎人之求之与！”

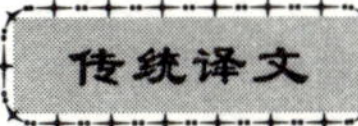

子禽问子贡说：“我们的老师到一个国家，必听该国的政事，是他自己求问还是人家主动告诉他呢？”子贡说：“老师是以他温和、善良、恭敬、节俭、谦让的美德得来的。他老人家这种求得的方法与别人求得的方法不同啊！”

子禽，姓陈名亢字子禽，孔子的学生，小孔子四十岁。子贡，姓端木名赐字子贡，孔子的学生，小孔子三十一岁。“夫子至于是邦也，必闻其政”，指孔子每到一个国家，都要了解人家的朝政与政策。“求之与，抑与之与”，指是他（指孔子）有所求，想当官？还是要帮助人家，向人家提供富国政见？子贡回答“夫子温、良、恭、俭、让以得之”，是说我们的老师对于官位从来都是先谦让给人家，实在推不开才勉强出来自己做；即使你认为老师是为了求官（即“夫子之求之也”），那也没有什么不应该，他希望得到的与其他人希望得到的没有什么不同吧？（即“异乎人之求之与?”）。“温、良、恭、俭、让”，是当时孔子修养已达到的境界，也是他修养的思想方法，同时也成为了后代君子的道德行为与良好修养的规范。《礼记·经解》中有：“其为人也，温柔敦厚，诗教也”，指温柔敦厚是《诗经》的教义；“广博易良，乐教也”，指学识广博、平易善良是《乐经》的教义；“恭俭庄敬，礼教也”，指人格的修养，人品的熏陶达“恭俭庄敬”是《礼经》的教义；“疏通知远，书教也”，指读史通达，透彻世故人情，而能礼让是《书经》的教义；“挈静精微，易教也”，指抽象思维、精微分析、逻辑严密是《易经》的教义；“属辞比事，春秋教也”，指熟悉历史政事，能以史为镜、比拟古今是《春秋》的教义。《诗经》、《书经》（即《尚书》）、《礼经》、《易经》、《乐经》、《春秋》被称为六经（传说均是孔子所修订），后《乐经》被秦始皇所焚而未留传，所余为儒家五经。按照《经解》中的观点，“温、良、恭、俭、让”，是六经教义的精华。

十

子曰：“父在，观其志，父没，观其行。三年无改于父之道，可谓孝矣。”

传统译文

孔子说：“当父亲在世时，观察他的志向；父亲去世后，观察他的行为。如果他长期不改变父亲的准则，就可以算做孝子了。”

春秋时，诸侯国君的世子日常并不和父母在一起生活，只是早晚问安及祭祀时跟在父母身后。所以对世子的评价，只看他有没有继承父业的雄心壮志。周武王与周公就是善继文王之志，孔子称他们为“达孝”。父死之后，世子继位，能在较长一段时间内不改变父亲所行之道，就可看出他内心对父亲的尊重和怀念，这也是孝的表现。

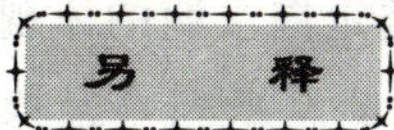

“志”，包含有“意志”的含义。“父在观其志”，指父在时观其意志与志向，查其是否当面与背后言行一致。“父没，观其行”（“没”通“殁”），指父母死后，看其是否仍然言行一致，勤勤恳恳，是否力行其志。“三年无改于父之道，可谓孝矣”，指经过多年的时间，他仍然志向不变能坚守做人做事的道德准则，言行一致，就算是孝子了。

十一

有子曰：“礼之用，和为贵。先王之道斯为美。小大由之，有所不行，知和而和。不以礼节之，亦不可行也。”

传统译文

有子说："礼的应用，贵在处理任何事情都能做到恰到好处。以前的圣明君主治理国家，在这一点上做得好，无论事大事小，他们都能以礼来衡量，以做得恰当为目的。但是也有行不通时，那就是一味地求恰当，不用礼法制约，也就行不通了。"

自从有了人类社会，就有了维持社会秩序的要求，也就有了规范人际间关系的规约，这种规约就是"礼"。所以说，"礼"是内在人性流露的结果，是人类社会集体的要求，也是人类走向文明的体现。儒家认为"礼"的应用目的是"和"，就是使人际关系达到一种理想的融洽状态。"贵和"是儒家思想的原则，要求从个人到家庭、家族、国家，事事都要以"和"为准则。

"礼"，不仅指以人伦为基础的行为规则，还应包括天地复合运动中，自然万物动态平衡协调的自然法则，如："四时行焉，百物生焉，天何言哉"（第十七章"阳货篇"）。"和"也不仅指人类社会的和谐，还应包括人与自然万物的和谐。孔子认为，"礼"，是人人都应该遵守的准则，是人际关系和谐的前提，也是人与自然和谐的基础。这里借有子之言，表述了孔子的思想。"礼之用，和为贵"，是指"礼"的应用，以做到社会和谐为可贵，也就是说，"礼"的社会用途的本质是"和为贵"。"先王"，指文王、武王、周公旦等，"先王之道斯为美"，指先王思想中的最美之处就是"礼"的精神，因为它体现了和谐的理念与"和为贵"的思想，并为"和"奠定了基础规范。"小大由之，有所不行，知和而和”，指无论是草民还是士大夫，任其所为是不行的，必须让他们认识并理解“和为贵”的思想，遵从“和”的理念，社会才能真正达到“和”。“不以礼节之，亦不可行也”，指如果不用“礼”来节制人们的行为，要想使社会达到和谐也是不行的。有子的这段话充分体现了孔子的和谐思想。

十二

有子曰：“信近于义，言可复也；恭近于礼，远耻辱也；因不失其亲，亦可宗也。”

传统译文

有子说：“与人有信约，符合了义，说的话才有可能实现；对别人尊重恭敬，符合了礼，才有可能免受侮辱；依靠自己亲近的人，也才有可靠的支柱。”

补　释

“义”，儒家有两种含义：一是“义者时宜”，指恰到好处；二是孟子所说的义，接近墨子的“侠义”。“信近于义，言可复也”，按“义”的第一种含义是指“信”近乎中道，无不适宜，自然可复归于本体。按第二种含义则是指“信”近乎侠义，守信用也必须合乎道义才近于侠义，即指实践合于“义”的诺言才是“信”。讲了话必须“复”即说话必须兑现，但要合乎“义”，不遵守不符合道义的约定不算失信（如孔子曾答应阳货出仕，但因帮阳货理政是为不义，故孔子末然）。“恭”指内心对事物的庄重与认真。“恭近于礼，远耻辱也”，指恭敬就是对人有礼，对人对事的“恭”近于“礼”的和谐法则，自然能远耻辱。也就是说只要对人对事有“恭”的态度，自然就能免于无谓的耻辱。“因”指动机。“宗”指后人的“宗敬”（即敬仰）。“因不失其亲，亦可宗也”，并非任人唯亲，而是指人不可能做到绝对的无私，有先亲后人的动机，助人的心行由近而远，逐渐扩及他人，也可得到后代宗亲的敬仰。

十三

子曰：“君子食无求饱，居无求安，敏于事而慎于言，就有道而正焉，可谓好学也已。”

传统译文

孔子说：“君子吃饭不贪求饱足，居住不讲究舒适，办事聪明敏捷，说话谨慎小心，能时常向有道德的人学习并改正自己的缺点，这样做就可以称得上是好学上进了。”

孔子认为，好学者应志向远大，不能为吃住等生活问题所累，生活不要奢侈（尤其在艰难困苦时），只要适当，能安贫乐道即“君子食无求饱，居无求安”；好学者应多做少说，在做中学习本领，对一切应该做的合于道的事就马上做，即为“敏于事”；说话要谨慎，不合道义的话不说即为“慎于言”；能如此去做就叫“有道”，就是“明

德”；努力去做就是知行合一，就是对“明德”的实证（含实践与验证），即“就有道而正焉”；这样做就是“好学”，即“可谓好学也已”。

十四

子贡曰：“贫而无谄，富而无骄，何如？”子曰，“可也，未若贫而乐，富而好礼者也。”子贡曰：“诗云：‘如切如磋，如琢如磨’，其斯之谓与？”子曰：“赐也，始可与言诗已矣，告诸往而知来者。”

传统译文

子贡说：“虽然贫穷，却不去巴结奉承；虽然富有，却不傲慢自大，这样做怎么样？”孔子说：“这样算不错了，但比不上贫穷却自得其乐，富有而崇尚礼节的人。”子贡说：“《诗经》上说：‘君子的自我修养就像加工骨器，切了还要磋，像加工玉石，琢了还得磨’，大概讲的是这个意思吧？”孔子说：“赐呀，现在可以同你谈《诗经》了。因为告诉你一件事，你就有所领悟而知道了未告诉你的事。”

补　释

子贡说，老师，人穷了，倒霉了，还是不谄媚，不低头；发财了，得意了，还能对人不骄傲，如何？子贡有由贫到富的经历，他的话说出了自己的心得。孔子引导他向更高的要求看齐，所以说，还可以，但比不上安贫乐道、富而有礼。一个人贫穷了、不得志、能不低头、不向权贵谄媚，这很好，但还不够，要能安于贫，并能致力于“道”，且在“修道”、“明德”的过程中自得其乐才是好的修养。一个人富贵了不骄傲，仅做到这一点也是不够的，还要进一步做到好“礼”。不仅要明了人伦之“礼”，更重要的是要明了天地自然之“礼”，才能真正“明德”、“了道”，达到“仁”的境界。子贡悟到了无论是贫是富都是人生的生活方式，不是人生的真谛；若要复归生命的真谛，无论生活方式是贫是富都要像制作骨器一样如切如磋地克己复礼，像制作玉器一样如琢如磨地修身以达“止于至善”（《大学》中有“如切如磋，道学也；如琢如磨，自修也”）。“赐”，是子贡的名字。子贡能由孔子的教导中体会到《诗经·淇奥》中所寓含的“比兴”的含义，表明他聪明过人和要求上进。所以孔子说，子贡啊，你懂得这个道理现在可以与你研讨《诗经》了。因为我刚提示了你一个道理，你就能够推演出另外的道理了。春秋时期，《诗经》的应用非常广泛，在政治、军事、外交等方面都发挥着巨大的作用。孔子所说的研讨《诗经》，并不仅限于“诗”中表述的事与“诗”的本义，而更注重的是“诗”中所寓含的理和各人的主观领悟与应用中对意志及事理的表述。所以孔子对悟性高的学生才说“可与言诗已矣”，这也体现出了孔子启发学生“举一反三”的教育方法。

十五

子曰：“不患人之不己知，患不知人也。”

传统译文

孔子说：“不忧虑别人不了解自己，忧虑的是自己不了解别人。”

孔子说，不担忧别人不了解自己，而担忧自己不了解别人。孔子认为知人很难，正直君子易知，邪曲小人难知，如不在知人上下工夫，则会贤愚莫辨、是非混淆。这段话也说明，君子不有意自我表现，不被人知是社会常态，但若不知人则是致命的缺陷。同时，本篇以这段话收尾，也是对本篇首句“人不知而不愠”的呼应。

小结：学而篇讲的主要不是学文化、学知识，而是认知生命与宇宙的本体，开启人的本性即“明德”，而“明德”的知行合一就是如何做人做事。该篇完整地阐述了孔子思想中的做人做事的道德范畴。孔子认为，做学问最重要的是在日常生活中加强思想品德修养，而加强思想品德修养的核心在于履行孝悌忠信等准则；在日常生活中能够按照孝悌忠信等准则行事，就能够培养出高尚的道德境界，才能够真正“明德”，向“归仁”迈进。

本篇也完整阐述了孔子以人为本的生命观念，使西周以来的人文文化体系建立了以“仁”为核心的人本生命观的中心思想，战胜并取代了以鬼神为中心的生命观与以神为本的思想体系，在当时历史文化发展的进程中起到了积极作用。

第 二 章

为政篇(为政第二)

上篇是讲“为学”，本篇是讲“为政”。“为学”是本，即做学问的“内圣”功夫，“为政”是用，即学问的“外王”之用的体现。孔子讲的“为政”不仅包括参与政事，还包括参与社会教化工作。

一

子曰：“为政以德，譬如北辰，居其所而众星共之。”

传统译文

孔子说：“用品德教化治理国家，执政者就会如北极星那样，泰然处在自己的位置上，其他众多的星辰都环绕着它。”

“德”，这里指“得也”，即好行为所获得的成果。“为政以德”，

指用德治的思想治理国家并获得好的效果。孔子以“仁”为核心的思想有两个落脚点：一是落在个人修养上，称为“内圣”功夫；二是落在齐家治国上，称为“外王”，即外用为政，就是施行仁政。古人说：“三王之治在道德，五霸之志在事功。”三王一般指尧、舜、禹（也有不同说法），孔子一生推崇尧、舜、禹、汤、文、武、周公等。所以，他极力倡导用道德思想的教化作为治理国家的主要手段，即“为政以德”，并以此来推广他的人本生命观及其文化思想体系。

“北辰”，指北极星。“共”通“拱”。古代天体运行考察中把天空分为十二星区，各区代表星宫统称为辰，东西南北各方作为参照系数的二十八个恒星星宫统称为宿。站在大地上的视角角度观察，北极星位置相对不变，北斗星斗柄外指绕北极星旋转（春天指向东，夏天指向南，秋天指向西，冬天指向北），而且满天星辰均随斗柄指向绕北极运行。所以孔子以“譬如北辰，居其所而众星共之”，比喻治理者只要内心有道、言行端正、行道德教化、以道德感化，就能像北极星一样坐北面南用斗柄施令，下面的人就会像满天星辰一样跟随你指挥的方向运动。这就是孔子所推崇的“无为而治”（《论语·卫灵公》）。

另 释

“为政”是对人类社会的治理。“以德”指服从于“天命有德”的本质特性。所以，“为政以德”是指治理人类社会应符合天命特性（即“德”），遵从天道运行法则。“北辰”，指北极星，古时称太乙星君。古人常把北极星比喻为天体运行的主导，所以称太乙星君，并有“太乙行九宫”之说。“九宫”指洛书九宫图，这里指天地间的八方与中央。“太乙行九宫”，是指太乙星君以北斗七星为战车，巡视天地八方，并以北斗星的斗柄为指令，率群星绕天左行（指面南背北而立，天体由左向右运行即“天道左旋”）。“共”指跟随或追随。“众星共之”指群星均随其指令运行。“譬如北辰，居其所而众星共之”，是孔子对天道法则的简述。全文的含义表明孔子的观点是：“人类社会的治理应遵从天地复合运动中阴阳运变的和谐法则。”因为天地复合运动造化了万物，形成了人类并赋予了人类先天的本性，即“天命之谓性”；所以，治理人类社会就理应遵从“天命有德，德为爱人”的本质特性。孔子认为，以“仁”（即“爱人”）为出发点并作为基本准则，才符合天地复合运动中阴阳运变的和谐法则。这段话集中体现了孔子的“天人合一”思想，同时也阐明了他的“人类社会发展应效法天地自然法则”的观点。

二

子曰：“诗三百，一言以蔽之，曰：‘思无邪’。”

传统译文

孔子说：“《诗经》三百篇，用一句话来概括它，就是思想纯正无邪。”

补　释

《诗经》中共收入诗歌三百零五篇，这里孔子取其整数以概括。“思无邪”，引自《诗·鲁颂·駉》。《诗经》集中了西周以来各诸侯国民众的作品，最初分为风（地方性）、雅（文学性）、颂（公事化）、赋（直述）、比（类比感想）、兴（心情宣泄）六类，后归纳为风、雅、颂三大类。孔子认为，人的思想感情是需要宣泄的，任何人都一样，否则就会引起严重的社会问题；治国要从始因起点入手即为治本，等到问题出现后再解决问题就成了治末了；道德意识是引导各阶层人们思想感情宣泄的规范途径；一切政治问题与社会问题，归根结底都是思想问题，思想纯正无邪，什么问题都能得以解决；德化教育是治国的根本，用道德思想规范各类人众的思想感情是治国的基础，而道德思想的核心精神则是“思无邪”。所以，孔子在这里借对《诗经》的概括评价来说明“思无邪”是政通人和的根基，并提醒为政者绝不可小视。因此该篇被收入“为政篇”中并强调“一言以蔽之，曰：‘思无邪’”。

三

子曰：“道之以政，齐之以刑，民免而无耻；道之以德，齐之以礼，有耻且格。”

传统译文

孔子说：“用法令制度来管理百姓，用刑罚来约束他们，百姓只会知道避免犯罪，但不懂得犯罪是可耻的；用道德去教化百姓，以礼仪来制约他们，百姓就会有羞耻之心，并能主动匡正自己的过错。”

“道”通“导”。“道之以政，齐之以民，民免而无耻”，指一个国家以政策制度为引导，以法令来管理，百姓会避免犯罪，但也会钻法规的漏洞且无羞耻之心。“格”是匡正。“且格”指得以纠正而达到目的。“道之以德，齐之以礼，有耻且格”，指用道德来引导，用礼义来教化，使民众树立正确的荣辱观，就会自觉改过，从而达到社会治理的目的。

“政”指执政手段，包括政策、法令、制度等。“齐”是斋戒，这里指戒律与约束。“刑”指刑律与惩罚。孔子的“礼”在“人道”中指人类行为的法则，既包括强制性法则，也包括自我思想约束的非强制性法则。所以说，“政”与“刑”都是强制性的“礼”，同样都在“礼”的范畴之内。孔子这段话是说仅用强制性的“礼”，而忽视德化教育会形成“民免而无耻”的结果，且“不教而杀”是执政大忌。所以强调要“道之以德”，即加强德化教育。“齐之以礼”，是以“礼”为戒律约束民众的行为，既包括“政策、法令、制度、刑律”等强制性的“礼”，也包括德化教育中的非强制性的思想道德约束之“礼”。可见，孔子的观点是治国应政德齐导，刑法与荣辱思想观念的约束兼备，才能达到使民“有耻且格”的效果与目的，而并非反对“法制”。

四

子曰：“吾十有五而志于学，三十而立，四十而不惑，五十而知天命，六十而耳顺，七十而从心所欲，不逾矩。”

传统译文

孔子说：“我十五岁时有志于做学问，三十岁时能做到自立，四十岁时已明白各种事情而不觉得疑惑，五十岁时知道天命是什么，六十岁时所听到的都能辨别清楚，并能融会贯通，七十岁时已能随心所欲地做事而不会逾越出规矩与法度。”

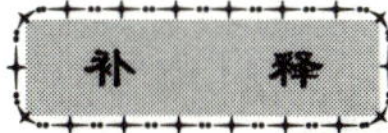

这段话可理解为孔子自述其生命成长与精神境界提升的历程，并以自身成长过程说明人生阅历与经验对为政的重要。孔子认为，为政者必须了解人生，要在人生经验中去认真体会，要把做人做事的原则与人生经验运用到“为政”工作之中。因此，孔子用他自身成长成熟的经历来说明这一点。孔子十五岁起立志做学问，经过了十五年的人生磨炼至三十岁才认知了天地自然法则，并以此为准，确立了做人做事的准则与人类社会的五伦原则（即“立于礼”）。又过了十年，至四十岁才坚定了信念且不再有疑惑（即达到了“知者不惑”的程度）。至五十岁时才真正认识到“天道”是宇宙的基本法则，以“仁”为中心的道德思想是“天命”（即“天命有德，德为爱人”）衍化出的人的先天本性（即“天命之谓性”），达到了心性与天命相通的境界（即“知天命”）。六十岁时，学问修养才达到什么话都能听进去，而且毫不动心（即“声入心通，无所违逆”），心境平和，能宽恕容忍、超然物外。但同时自己也能明辨是非善恶，对好人觉得可爱，对不好的人更觉得应助其改过。七十岁时，做事能随心所欲而不会逾越做人做事的行为准则。自己的一举一动、一言一行，都能符合中道而恰到好处，达到了无丝毫过分也无丝毫不及的圆融境界。

孔子的这段话既自述了自身思维的成熟过程，也揭示了人类思维发展过程的一般节律。因此后人有“求学之年”、“而立之年”、“不惑之年”、“知命之年”、“耳顺之年”等阶段的划分。这是孔子对人体生命中的自我意识向人类共识与人天合一方面发展变化趋势的概括与节律描述。而弟子们将这段话放在为政篇，大概是为了强调为政应符合“天道”、正执“人道”，强调为政者必须认知个体生命最终必然会依从“天命”的定律。

五

孟懿子问孝。子曰："无违。"

樊迟御，子告之曰："孟孙问孝与我，我对曰：无违。"樊迟曰："何谓也?"子曰："生，事之以礼；死，葬之以礼，祭之以礼。"

孟武伯问孝。子曰："父母唯其疾之忧。"

传统译文

孟懿子问孔子什么是孝。孔子说："不违背礼仪。"

樊迟为孔子驾车，孔子告诉他说："孟孙氏问我什么是孝，我答复他不违背。"樊迟问："什么意思?"孔子说："父母活着，按规定的礼节侍奉他们；父母去世了，按礼节来安葬他们，祭祀他们。"

孟武伯向孔子请教孝道。孔子说："子女对于父母，只是为他们的疾病担忧发愁。"

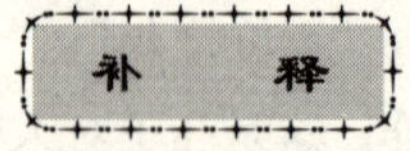

孟懿子，姓仲孙，名何忌，谥号"懿"，鲁国大夫，与季孙、叔孙均为鲁桓公的后代，所以并称鲁国三桓即三大权门。本篇是"为政篇"，主要是讲孔子的为政之道。孟懿子是鲁国大夫，因此其"问孝"包含"如何以孝治天下"的含义。所以，孔子答"无违"，不仅有

"不违背礼仪的含义"，同时也包含"不违背天下民愿"的含义。

樊迟，姓樊名须字子迟，孔子的学生，小孔子四十六岁。樊迟为孔子驾车时，孔子说："孟孙问我什么是孝，我告诉他不可违背。"这是孔子随时随地对学生施教的描述，也是他对"愤悱"式教育手段的应用。当樊迟进一步追问含义时，孔子则针对樊迟解释说："父母在，以礼供奉；死，按礼下葬，按礼祭祀。"

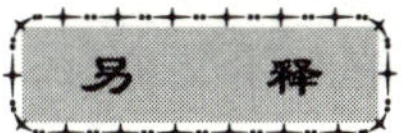

孟武伯是孟懿子的儿子，鲁国的公子哥。"父母唯其疾之忧"的含义是说，父母看到自己孩子生病时，那种担心、忧愁、关爱的心情，你应去体会。用父母关爱孩子的心情去关爱父母就是"孝"的心境。"孝"，是发自人的自然真情，发自先天本性的良知。用真情、用良知去对待父母，就像父母用真情对待我们一样，才是"孝"的本色。

孔子分别对孟懿子、樊迟、孟武伯解释孝，根据不同的对象，不同的认识理解程度与教育所需，解释了三个内容，既都在"孝"的范围之内（即："大孝者孝天下，中孝者孝宗亲，事孝者孝父母"），又阐明了以"孝"为本的道德意识，足见其因材施教的高超技术。

六

子游问孝。子曰："今之孝者，是谓能养。至于犬马，皆能有养；不敬，何以别乎？"

子夏问孝。子曰："色难。有事，弟子服其劳；有酒食，先生馔，曾是

以为孝乎?"

传统译文

子游向孔子请教什么是孝。孔子说:"现在所谓的孝顺,是指能够奉养父母。就连狗马之类也都能够得到人的饲养;如果对父母不诚心孝敬的话,那么养活父母与饲养狗马还有什么区别呢?"

子夏向孔子请教什么是孝。孔子说:"儿子在侍奉父母时,总是保持和颜悦色是一件难事。有事晚辈去操劳,有酒菜让长辈享受,难道这就能认为是孝了吗?"

子游姓言名偃字子游,孔子的学生,小孔子四十五岁。这里孔子强调了"孝"是子女发自内心对父母真诚的"敬养",属于内心自觉的伦理意识与道德感情。如果供养父母缺乏敬意,那和饲养动物就没有区别了。这一点对当今社会仍然具有针对性,现代有许多人认为,逢年过节给父母寄(或送)点钱或买些东西就是孝顺了,有多少人能真理解"孝"的含义而履行"孝"的责任呢?

"色"指"态色",包括态度与表情。"色难"是指奉养父母时体现内心的"敬"的"态色"很难。只有始终存着敬心,才能体现出"敬"的"态色"。深深爱着父母的孝子,侍奉父母时必然心气和顺,和颜悦色。一个人心中有一分孝,面部就会有一分悦色,自然流露,无可掩盖。所以,"态色"表明心中有无真诚的"敬"。"先生"是对长辈的尊称。"曾"是假定,类似白话中的假若或如果。"有事,弟子服其劳,有酒食,先生馔,曾是以为孝乎",是指有事弟子做,有酒肉长辈享,假若如此,就是"孝"了吗?而要做到"孝",最重要的是真诚的敬心,即"色难"。

孔子对子游与子夏的解释说明，实施“孝道”：第一是发自内心的“敬”；第二是始终（无论何时、何情况下）保持敬心，才能保持“敬”的“态色”。但要想完全做到是很难的。

“色难”也指出了“为君之道”驾驭部下的修养重点。教师讲求“诲人不倦”，要切实做到，也是“色难”；领导关爱部下，要做到真正地平易近人，同样是“色难”；干部就是服务，但在具体服务时，要做到全心全意照样还是“色难”。关键是能否保持对学生、对部下、对民众、对服务对象的一颗真正的爱心。

需要注明的是，在孔子的时代，殷商遗留的尚鬼观念在人们心目中还具有一定的统治地位。孔子之所以反复强调“孝”的时代意义，就是用人本生命观的思想意识来抵制、消除以鬼神为中心的生命观思想意识的影响。

七

子曰：“吾与回言终日，不违，如愚。退而省其私，亦足以发。回也，不愚！”

传统译文

孔子说：“我一整天与颜回谈论学问，他没有任何不同意见和疑问，如同一个呆子。等他回去后，我观察他的言行，发现他对我所讲的道理，不仅能领会并践行，而且还都能有所发挥。可见颜回一点儿也不愚笨啊！”

补　释

“回”，指颜回，姓颜名回字子渊，孔子的学生，小孔子三十岁。颜回是孔子最得意的学生，孔子在这里通过颜回跟教师从学的态度及其修养与智慧，来说明真正的人才都虚心好学，而且能举一反三。同时也说明孔子能时时虑及弟子与下人，并善于从平时各人的言谈举止中得到启发。“吾与回言终日，不违，如愚”，指我给颜回讲道，颜回只回答是，这种接受与服从的良好修养，看起来笨笨的。“退而省其私，亦足以发。回也，不愚”，指过后私下观察，颜回对我讲的道理不仅能心领神会，而且能扩而充之，举一反三，可见颜回一点儿也不笨。

孔子以颜回为例，描述了一个好学的智者典范。但这段话被编排在为政篇中，其意义又何在呢？我个人认为其作用是讲识别人才，为君者必须虑及下人，君者视臣与老师视弟子有诸多的共同点。南怀瑾先生认为这段话是讲“臣道”，描述了一个辅助者的典范。从这个角度上说，对今人也确有教育意义。而今大多数人都自认为自己有较强的领导能力，但却做不了辅助工作，处于辅助岗位的人也都只想着当领导，而忘记了自己的本职，殊不知做一个好的辅助者，可能更难。所以说，“臣道”也是中华民族需要传承的美德之一。

八

子曰：“视其所以，观其所由，察其所安，人焉廋哉？人焉廋哉？”

传统译文

孔子说：“观察一个人的所作所为，考察他的来历，了解他的居心何在，安于什么。那么，这个人还能隐瞒什么呢？这个人还能够隐瞒什么呢？”

补　释

要达到“知人”，是很难的。因为人总是有意无意地伪装着自己，尤其是小人更难知，因为他们更会伪装。如何“知人”，孔子提出了“视其所以，观其所由，察其所安”的三步观察法。“视其所以”，指看动机，察目的，并看其具体都做了些什么。“观其所由”指观来源，察过程和其具体行事的手段与方法。“察其所安”指察看其平时安于什么。“廋”指逃避与隐藏。“人焉廋哉”，指还有什么可以逃避得过观察呢？这三步观察法是孔子介绍的“为君之道”中如何考察人与事物的基本方法。对任何人与事只要能按孔子所说的“视其所以，观其所由，察其所安”的方法去审视，就能全面地了解与掌握（此三点可供组织部门借鉴）。尤其“察其所安”，是一个人做学问修养的重要观测点。有人安于享乐（有空即在麻将桌上或歌厅），有人则能安于贫困、安于平淡。人在各种环境下都能“安其心”，尤其在艰难困苦中仍能“自得其乐”，才算真具有修养的功夫。

孔子教给我们的观人之法，也是自观之法，可用于检查我们自身的思维判断是否正确适时。“视其所以”，可用于察视我们之所以如此思维判断的依据是否真实、客观、合理；“观其所由”，可用于察视我们思维判断的来源与过程；“察其所安”，可用于察看我们如此这般的用心，是否夹杂有个人的好恶或私利的影响。如能依此自观其心，我们心中的不善自然也就无处躲藏。从这三个角度自察与曾子所谈的三个方面的自省（指吾日三省吾身）均是儒学重要的“内圣”功夫之一。

九

子曰："温故而知新，可以为师矣。"

子曰："君子不器。"

传统译文

孔子说："温习已学过的知识时，能获得新的知识，能有新的发现，这样的人就可以为人师表了。"

孔子说："君子不能像器皿一样，只有一种特定的用途。君子应博学多能。"

另　　释

"故"还可作过去或历史解，"新"也可作未来解，"温故而知新"也有敝旧返新、化腐朽为神奇的含义。"师"还包含引导的含义。"温故而知新，可以为师矣"，还说明只有深入了解事物产生的原因、动机，熟悉事物的过去及历史发展过程并以史为镜，才能全面深入地认识现在，才有可能正确地预测将来，才能成为人类社会的导师，才能够真正领导社会的发展。

"器"指器皿，也泛指"形而下"的学识与对所有的"有形有质"的"象、形、体"的认知。"君子不器"，一是指君子应是"通才"，而不是"专才"；二是指君子不要局限于形而下的学识，不要拘泥于对有形有质的象、形、体的认识思维的束缚。要通过"明德"、"知性"而认知"形而上"的"道"，要认知"有形无质、有质无形、无质无形”等“形而上”的学问，才能真正成为人类社会之师，即“可以为师矣”。

孔子的这番话是说，为政者要了解历史，了解事物发展过程，应以史为鉴，才能领导一个国家。而且这样的为政者低标准应该是通才而不是单一精研的专才；高标准应是像尧、舜那样能识“天道”，知“天命”，行“人道”正执的圣人。

十

子贡问君子，子曰：“先行其言，而后从之。”

子曰：“君子周而不比，小人比而不周。”

传统译文

子贡问孔子如何能成为一位君子。孔子说：“君子是先把自己要说的话实行了，然后再说出来。”

孔子说：“君子是用道义团结人，而不是结党营私；小人是相互勾结，而不是团结。”

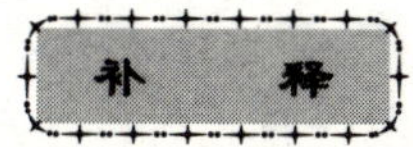

成为君子，是当时读书人向往的，所以子贡向老师请教，以便作为今后努力的方向。孔子说：“先行其言，而后从之”，是讲君子的用心是行其事的果，而不是言其事的名，所以要把实际行动摆在言论的前面。真正的君子是要少说空话，多做实在的事情。子贡利口巧辞，善思善辩，所以孔子给他点明君子的用心，并引导他要做到了再说，没做到时就先不说。

“周”是圆周，指“人性”与“天命”圆融相通。“天命有德，德为爱人”圆通于“人性”就是兼爱天下之人。“比”是朋比，表示并排同向，这里指利益相同。“君子周而不比”，指君子的爱人是推己及人而爱天下人，不是“比附一方”，更不结朋党。“小人比而不周”，指小人常以利益相同为基准而“比附一方”，甚至朋比为奸，丝毫没有博爱的胸怀。同时也说明君子与小人的根本差别就在于君子以“义”合，小人以“利”合。

孔子这两段话说明一个好的为政者应注重实际行动而少说空话，要有博爱天下的胸怀，以“义”为准则去团结绝大多数人。

十一

子曰：“学而不思则罔，思而不学则殆。”

子曰：“攻乎异端，斯害也已。”

传统译文

孔子说：“只知道读书却不思考，就会陷入迷惘；只知道冥思苦想却不读书，就会想入非非，带来危险。”

孔子说：“钻研于不正确的异端邪说，这就有危害了。”

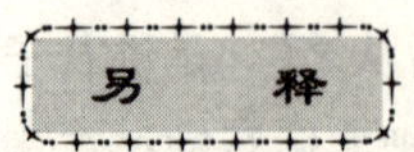

“学”既有求知的含义，也有“明德”的含义。“罔”通“惘”，

指迷惘。“学”是求知明德，以外求“格物、致知”，内求“正心、修身”为主。“思”是内求明理与外推及用的筹虑，以内求认知的升华与外求推理应用为主。“学”与“思”二者在人类生命智慧的开发中相辅相成，均不可偏废，否则会劳而无功。“学而不思则罔”，一是指有些人学了很多知识，可是没有智慧的思想，造成迂阔疏远、不切实际而迷惘；二是指有些人只会鉴别宇宙万物的表象而不假思索，总被现象所迷惑，不能够真正“明德”，因此而陷入迷惘。“思而不学则殆”，一是指思维活跃，常有新想法、新思想的人，如果不经过学问的踏实锻炼，将容易误入歧途，是很危险的；二是指专注于自身的意识思维，在自身意识的引领下不知不觉地进入虚幻，或摆脱不掉私欲形成的意识束缚，这当然是很危险的。

“攻”指攻读。“异”指特别，不同于一般。“端”指另外一头。“异端”指偏离中道走极端偏向的路线。“攻乎异端”指研究异端邪说及一切不正确的思想理论，也包括一味地标新立异的思想。多数人都具有爱好标新立异的天性，为政者对自身标新立异的欲念如不加以审辨与修正，很容易害人害己。所以孔子说：“攻乎异端，斯害也已。”

“攻”也有攻击的含义。孔子主张中道，对异端邪说攻之，迫其趋于中，否则会造成危害。

十二

子曰：“由！诲女知之乎？知之为知之，不知为不知，是知也。”

传统译文

孔子说：“仲由！我教你的内容都懂了吗，懂了就是懂了，不懂就是不懂，这才是明智的。”

补　释

“由”，姓仲名由字子路，孔子的学生，小孔子九岁。“诲”指教诲。“女”通“汝”，指你。子路好勇，有强其所不知的毛病，所以孔子对他说：“知之为知之，不知为不知，是知也。”孔子教育子路的言语，可供为政者戒之。尤其是做领导的，懂就是懂，不懂就是不懂，这就是智慧。如果不懂装懂，硬充内行瞎指挥就是愚蠢。

人的一生是有限的，而知识则是无限的，用有限的人生去认知无限的知识，是不可能全知的。即使是已经认知的，也是相对的，随着事物的发展，已往的认知有可能成为不知。所以“知”的后面就是“不知”，能理解“不知”承认“不知”，就为今后的“知”形成了前提。所以说，承认“不知”，也是一种“知”，甚至可以说是智慧的体现。“知”是“不知”的前奏，“不知”是“知”的前提，二者互为补充。“知之为知之，不知为不知，是知也”，是孔子所揭示的人类的认知程序之一。

十三

子张学干禄。子曰：“多闻阙疑，慎言其余，则寡尤；多见阙殆，慎行其余，则寡悔。言寡尤，行寡悔，禄在其中矣。”

传统译文

子张向孔子请教如何求得官职俸禄。孔子说："多听一听别人的意见，把你觉得可疑的地方暂时放在一边，其余的也要谨慎地说出来，这样就能减少过错；多看一看别人的行事，有怀疑的地方加以保留，其余的也要谨慎地做，这样就能减少懊悔。说话少过失，行动少懊悔，谋职求俸禄的途径就在这里面了。"

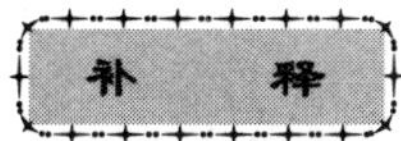

子张，姓颛孙名师字子张，孔子的学生，小孔子四十八岁。"禄"是官员的实物配给，带有永久性。"阙"指保留。"尤"指过错。"多闻阙疑，慎言其余，则寡尤"，指多听、多看、积累经验，有怀疑或吃不准的地方则保留等待请教别人；讲话要谨慎，不要讲过分的话，这样就少过错。"多见阙殆，慎行其余，则寡悔"，指做事前要先看看别人怎么做，有疑虑或把握不住的事则保留，多请教别人；做事一定要认真细心，谨慎从事，不要有过分的行为，这样处事就会减少后悔，做事也会少差错。"言寡尤，行寡悔，禄在其中矣"，指言语与行事均很少有过错，处理事情也就很少有后悔，这就是谋职求禄的途径。"多闻"、"多见"，是要广泛学习，就是求知；讲话严谨做事细心谨慎就是"知之为知之"。"阙疑"、"阙殆"，是要善于思考分清是非善恶，不懂的地方不能盲目决定，这就是"不知为不知"的求实态度。通过请教学习达到了"知"，仍然要谨慎从事，认真办理。"慎言慎行"，就是要检点自己，使言行不出差错。能如此行事，自会"寡尤"、"寡悔"，禄位也就自然在其中了。孔子的这段话可供初参加工作的青年学生谨记。

十四

哀公问曰："何为则民服？"孔子对曰："举直错诸枉，则民服；举枉错诸直，则民不服。"

传统译文

鲁哀公问："要做些什么事才能使百姓服从呢？"孔子答："把正直的人提拔上来，放在邪曲不正的人之上，百姓就服从了；若是把邪曲不正的人提拔上来放在正直的人之上，百姓就不服从了。"

补　释

"哀公"是鲁国的国君，鲁定公之子，姓姬名降，谥号"哀"。"对"，古代臣民回答国君提出的问题称"对"。"举"指官员的选拔。"错"通"措"，指放置。"诸"指放置在什么之上。"枉"指弯曲不直。孔子认为：民众服与不服，在德不在力，权力使人服从是"霸术"，民众被迫服从但心中不服；道德使人自然顺服是"王道"，民众才会心服。鲁哀公想摆脱孟孙、季孙、叔孙三家的控制，争取民众的拥护，向孔子请教"何为则民服"，是问如何做才能使百姓心服。"举直错诸枉，则民服，举枉错诸直，则民不服"，是指举用贤良，把忠诚正直的人提拔上来，把邪曲小人放下去，使朝政清明，国事公正，百姓自然心服；如重用邪曲小人，不重用正直之人，朝政就会混乱，国事不能公正，百姓便不服。可见，一个国家的吏制与具体用人是执政的要害。

我国古代的用人制度（即干部制度），在上古时期（指三代以前，即三皇五帝时期）是选贤举能制，三代（夏、商、周）至春秋战国是世卿世禄制（即世袭制），汉实行察举征辟制（地方官参考舆论把公认为贤、良、方、正之人推荐给朝廷），魏晋南北朝实行九品中正制，隋起至清末实行科举制。春秋及战国时期，一般平民有了知识和才华，要想得以展示就得依靠权贵人家以求出路。孔子虽未明确反对世卿世禄制，但他对上古时期的选贤举能制较为推崇，所以强调“举直错诸枉，则民服；举枉错诸直，则民不服”。

十五

季康子问：“使民敬忠以劝，如之何？”子曰：“临之以庄，则敬；孝慈，则忠；举善而教不能，则劝。”

传统译文

季康子问：“怎样做才能使百姓敬重并尽忠而又相互勉励呢？”孔子说：“用庄重严肃的态度来对待他们，他们就会敬重你；你能孝顺父母慈爱子女，他们就会尽忠于你；你选拔善良的人，教育能力差的人，百姓就会相互勉励而不断向上了。”

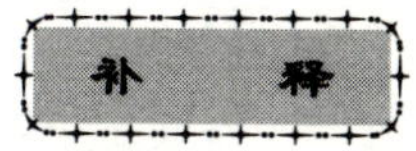

补　释

“季康子”是鲁国大夫，鲁哀公时的正卿，冉求曾帮助他推行革新。“临”指对待。“庄”指庄重。“使民敬，忠以劝”指用教育、劝导的方式让百姓敬重并忠于事（指忠心办事）。孔子对季康子的观点表示认可。但他强调在接近百姓时，自己的内心要从真正的“仁”出发，对百姓真诚地慈爱。能够做到如此，自然就会具有真正庄严的情操。对百姓的事庄重严肃，认真办理，百姓对你自然就恭敬，即“临之以庄则敬”。你自己做到真正爱百姓、爱部下，部下对你所交代的事自然会忠心去办。一个人对部下与群众付出像爱儿女一样的真情(不能光靠劝导教化，而要付出真情)，他们自然会尽忠于你，即“孝慈，则忠”。对善要奖励提倡，诚恳地举善（不是官样文章)；对能力差的人要细心地教他而不是讨厌他，百姓自然会受到感化而勉力向善，即“举善而教不能，则劝”。

十六

或谓孔子曰：“子奚不为政?”子曰：“书云：‘孝乎惟孝，友于兄弟，施于有政。’是亦为政，奚其为为政?”

传统译文

有人对孔子说：“你怎么不去做官从政呢?”孔子说：“《尚书》中说：‘孝就是孝敬父母，悌就是尊敬兄长、友爱兄弟’，能把这种品德影响到国政治理中去，也就等于参与了为政，为什么一定要做官才算为政呢?”

“或”指有人。“书”指《尚书》。“施”指延及、影响或作用于。有人对孔子说，你说了那么多为政的大道理，你自己怎么不从

政呢？即“子奚不为政？”孔子说：“《尚书》里讲孝道，一个人在家孝敬父母，友爱兄弟，用孝道影响族人与乡邻本身就起着社会教化的作用。因为家庭亲情关系的自然准则，用于社会就是为政的准则，所以在家行孝就是对社会的教化（即治国先齐家），这本身就是为政（即‘孝乎惟孝，友于兄弟，施于有政’）；只要作用于社会治理就是为政，为什么一定要做官才算为政呢？”（即“是以为政，奚其为为政？”）。这里，孔子所说的“为政”，严格地讲并不等同政治。孔子一向认为，“为政”并不是孤立的，应把治国问题与人文背景结合起来考虑。文化教育与民众的道德修养是治国的基础，“治国必先齐家”，“一家仁一国兴仁，一家让一国兴让”。所以说，在家行孝悌也是为政。

十七

子曰：“人而无信，不知其可也。大车无輗，小车无軏，其何以行之哉？”

传统译文

孔子说：“一个人若是不讲信用，真不知道他怎样立身处世。这就像牛车没有套横木的輗，马车没有套横木的軏，那车怎么能行走呢？”

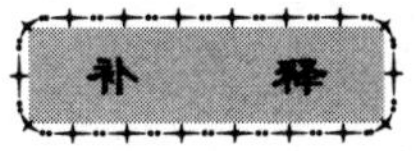

“輗”是车辕前横木两端的木梢。“軏”是小车的“輗”。没有輗与軏，就无法驾驭牲口，车就无法行走。孔子认为：言而有信是为政

的重要道理；“信”还包括政策的稳定性与求实性，为政最忌“朝令夕改”。“信”也是做人、处世的重要道理，它包括对“仁”的中心思想的信奉，也包括追求“明德、亲民、至善”的坚定信念与自信，还包括人的信用等。一个人如果没有信仰、信念、自信再加上不讲信用，就失去了为人之本，就像车没有輗与軏一样是无法行走的。“信”的要点是责任心，一个没有责任心的人、没有社会责任感的人，就没有做人的根本；一个助长不负责任风气的体制就是落后的体制；一个形成了不负责任风气的社会，也就失去了社会和谐的根本。

十八

子张问：“十世可知也？”子曰：“殷因于夏礼，所损益可知也；周因于殷礼，所损益可知也。其或继周者，虽百世可知也。”

传统译文

子张问：“今后十代的礼仪制度可预先知道吗？”孔子答：“殷代沿袭夏代的礼制，其中废除和增补的内容是可以知道的；周代沿袭殷代的礼制，其中废除与增补的内容是可以知道的。也许日后还有继承周的朝代，即使多达百代，其礼制的情况也是可以预先知道的。”

“世”指“代”，既指“朝代”，也有一代人的含义。“十世”指久

远。子张问孔子，将来世道的演变，您可以预知吗？（即“十世可知也？”）孔子认为，无论将来世道如何演变，人类社会的基本（指人伦）是不会改变的，变更的只是文化、思想、制度、礼仪等的更改与增减。商朝在夏朝的文化制度基础上制定了商朝的礼制，其更改与增减的部分是可知的；周朝在商朝文化与制度的基础上制定了周朝的礼制，其更改与增减部分也是可知的（即“殷因于夏礼，所损益可知也；周因于殷礼，所损益可知也”）。将来或许有继承周的朝代，但人类社会的发展总是在前人的基础上有所更改与增减。所以，即使再传百代，其父子、夫妻、兄弟、朋友等基本伦理也是不会改变的，而其他方面则必然有损益、有变化、有发展，只要能逐期推及，仍然是可知的（即“其或继周者，虽百世可知也”）。这说明，任何变革都有其“因承接续”，较前总有其损益可知。任何社会形态都绝非无中生有，这是人类社会历史发展的必然。

十九

子曰：“非其鬼而祭之，谄也。见义不为，无勇也。”

传统译文

孔子说：“不是自己应该祭祀的祖先却去祭祀，这就是谄媚；眼看正义的事情却不义无反顾地去做，就是没有勇气。”

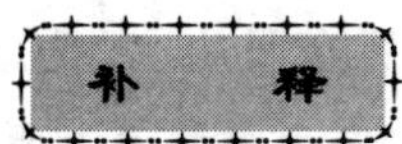

“鬼”指祖宗的灵魂。“谄”指谄媚。我国古文化中，夏朝的文化

尚忠（指注重诚恳，有明显的质朴特征），商朝的文化尚鬼（指注重敬祖，但神鬼意识占主导地位），周朝的文化尚文（指注重人文文化，有以人为本的突出特征）。西周时期是我国古文化由卜筮文化向人文文化过渡的转折时期。孔子尊承人文文化，所以他不赞成商朝时期普遍敬鬼的做法。春秋时，有些人为巴结权贵，沿袭商朝普遍敬鬼的做法去联宗（后世仍有不少人用这种方法去巴结权贵或从事政治联络），所以孔子认为这样做是谄媚，即“非其鬼而祭之，谄也”。从生命观上看，孔子提倡只祭自己家的鬼，这是对祖先的思念与诚敬，可见孔子的思想已经基本上摆脱了对鬼神的迷信。而且只祭自己家的鬼，本身正是孔子为确立以人为本的生命观的中心地位，而对以鬼神为中心的生命观所进行的无情批判。接着孔子马上提出了人应见义勇为的理念，就是在大力提倡人文文化的精神。孔子认为：为政者首先要有牺牲精神，要仁、智、勇齐备；见到正义的，该做的事，就要义无反顾地去做，否则就是无勇（即“见义不为，无勇也”）。见义勇为应是为政者必备的基本人格精神之一，也是“当仁不让”的基本精神的体现。

小人祭其不当祭之鬼除政治意图外还意在邀福，见义不为是意在避祸与不为无利。孔子认为，在天地运化的过程之中，周行节律相循，使正气始终流行环布，邀福者未必得福，见义不为也未必能免祸，即所谓“天道无亲，唯与善人”。君子有所为有所不为，见义勇为、全其心志是当为，为守其节义不祭他鬼是不当为。不当为而为，当为而不为，都属为政者所不该。

小结：孔子的“为政篇”，是讲学问的外用。为政不是政治，教化也不等同于教育。孔子的“为政”，是以“内修”为根本，是“内圣”功夫的外用，所以不同于具体的政治主张或政治思想。孔子主张“为政以德”，他认为：治理国家应该靠教化和礼制；对百姓应该用教育感化来影响和诱导，不应用暴力手段去强制民众服从；“为政者”要加强道德修养，要起表率作用，要言行一致，在道德修养上要身体力行；“为政者”要善于认识人，要爱所有人，团结所有人；“为政者”还要加强学习，“学”与“思”均不可偏废，要“求真知”，对标新立异的事情要慎重审查，不可走极端；为政要立足以“礼”，实行孝道，用道德、正义的力量去感化民众，影响民众，才能得到民众真心的拥护。

第三章

八佾篇(八佾第三)

本篇记述了孔子谈论礼乐以及批评贵族僭礼、僭乐之事，体现了内圣为学与外用为政综合起来的文化精神。

一

孔子谓季氏："八佾舞于庭，是可忍也，孰不可忍也？"

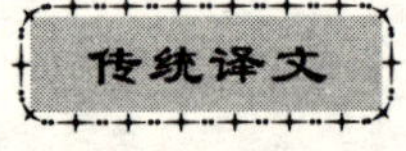

孔子谈论到季孙氏时说："他在自己家的庭院中奏乐舞蹈时使用了周天子才能用的'八佾'，这种事如果都能容忍，还有什么不能容忍呢？"

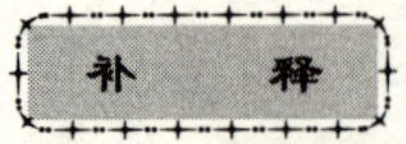

"季氏"，指季孙氏，世袭鲁国大夫，这里指季平子。"八佾"，古

代的配乐舞蹈，八人一行为一佾，“八佾”即八行共六十四人起舞，是周天子才能用的礼仪。当时季平子官居大夫，只应用“四佾”，但他为所欲为无人敢管。孔子重视人文文化，人文文化的核心就是人伦的道理（既包括道德伦理，也包括社会伦理）。季孙氏是鲁国的大夫，却使用了周天子的礼仪，属于大逆不道。孔子认为，像这种完全违背社会伦理的事，季平子都忍心做得出来，还有什么违背伦理道德的事他不忍心去做呢？即：“是可忍也，孰不可忍也？”事实上，孔子也仅是发发牢骚而已，对季平子的做法，虽不能容忍却也无可奈何。

二

三家者以“雍”彻。子曰：“相维辟公，天子穆穆。奚取于三家之堂？”

传统译文

孟孙、叔孙、季孙三家大夫，在祭祀祖先祭礼完毕时，用天子的礼节唱着“雍”的诗乐撤去祭品。孔子说：“助祭的是四方诸侯，主祭的是庄严肃穆的天子。这种诗句怎么可以在三家大夫祭祖的庙堂上唱呢？”

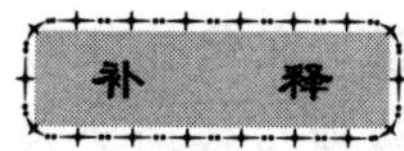

“三家”指孟孙、叔孙、季孙三家，是鲁国最有权势的三家大夫。“雍”是《诗经·周颂》中的一首诗，是周武王在祭祀周文王时所唱的乐歌，后为天子祭祀时通用。“彻”通“撤”，原指撤祭品，这里指撤去宴会用品。“相维辟公，天子穆穆”，指天子祭祀中，在奏“雍”

这支乐时，天子站在中央，辟公（诸侯）站在两边拥护着天子，然后天子从中间走过。“奚取于三家之堂”，指这三家权臣怎么可以把天子国乐用于自家宴会呢？孔子这段话里意指当时的社会风气变坏，就是这些权势者们带头破坏礼仪所造成的。实际上，任何时候，无视纪律、礼法、制度的人，大多都是有权势的人。因为权势者常常可以特殊化，不仅礼仪、纪律、制度难以对其约束，甚至法律有时都很难约束他们。所以说社会风气的好坏，首先取决于权势者们的带头作用。

三

子曰：“人而不仁，如礼何？人而不仁，如乐何？”

传统译文

孔子说：“作为人没有仁德，那么怎样对待礼仪制度呢？作为人没有仁德，那会怎样对待音乐呢？”

补　释

“仁”是孔子学问的中心。孔子认为，仁是礼的根本，礼是仁的体现。一个人如果没有“仁”这个中心思想，文化礼仪对他又有什么作用呢？文化思想、文明意识、礼仪精神与各项艺术等都是靠每一个人自觉、自发、自省地去领悟的。如果一个人没有了“仁”的中心思想，自己不去省悟，文化礼仪和艺术对他又有什么作用呢？（即“人而不仁，如礼何？人而不仁，如乐何？”）这是孔子针对季、孟、叔三家违理用“雍”乐而发出的感叹。孔子不仅认识到音乐有助于人格的完善与社会的和谐，而且进一步认识到音乐的根本也是“仁”，所以他把“礼”和“乐”放在了同等重要的地位。

四

林放问礼之本。子曰：“大哉问！礼，与其奢也，宁俭；丧，与其易也，宁戚。”

传统译文

林放问礼的本质。孔子说：“这个问题意义重大！礼，与其办得铺张浪费，不如朴素节俭；丧礼，与其办得事事周全，不如真心悲痛。”

补　释

“林放”，姓林名放字子丘，鲁国人。“大哉问”指你问的问题好大啊！“易”通“弛”，指松弛、轻率。“戚”指哀伤。林放是个善于思考的人，他看到当时“礼”的形式越来越奢侈，越来越繁杂，就怀疑偏离了“礼”的精神，所以就请教孔子“礼”的本质是什么。由于“礼”包含的内容较多，而且“礼”之本包含了许多“形而上”的学问，孔子认为中等资质以下的人不可与其言之。所以孔子从具体的礼仪实施方面进行引导，告诫他礼仪的过分铺张就是不合理，宁可简单节俭（即“与其奢也，宁俭”），办丧事太轻率不好，宁可取悲戚哀伤之态（即“丧，与其易也，宁戚”）。由此透出“仁”才是礼的根本。

五

子曰："夷狄之有君，不如诸夏之亡也。"

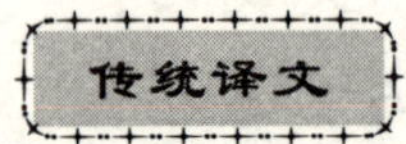

孔子说："边地的少数民族虽然有国君，还比不上中原各国没有国君。"

"夷狄"是指文化落后的边远地区的人，古时有东夷、北狄、西戎、南蛮之说。孔子认为那些蛮荒落后地区虽然也有君主（酋长），但他们的文化还仍然停留在以图腾为主的鬼神文化初期，他们的礼仪也主要是以祭奠鬼神为主的礼仪。这种文化礼仪严格地讲，只有形态而没有人文文化的精神实质与丰富的内容。所谓人文文化，一是具有明确的以人为中心的生命观念，二是具有以人伦道理为核心准则的礼仪内容，三是具有以歌颂人与人类社会为主要内容的丰富多彩的文化艺术。西周以来，中原已经形成了较完整的人文文化体系。所以孔子认为，"夷狄"的图腾文化比不上华夏文化的繁荣，虽然华夏的周天子早已名存实亡，但自西周以来逐步建立起来的人文文化体系已经丰富完整。所以说："夷狄之有君，不如诸夏之亡也。"

六

季氏旅于泰山。子谓冉有曰："女弗能救与？"对曰："不能。"子曰："呜呼！曾谓泰山不如林放乎？"

传统译文

季氏要去祭泰山。孔子对冉有说："你不能阻止他吗？"冉有回答："不能。"孔子说："哎呀！难道泰山之神还不如林放懂得礼节，竟然会接受不合礼仪的祭祀吗？"

补　释

冉有，姓冉名求字子有，孔子的学生，小孔子二十九岁，后来做了带兵的统帅，当时是季氏的管家。"旅"是祭名，指祭祀山川。"女"通"汝"。泰山是当时文化精神的集中点，只有国君才能去泰山祭祀，祈祷天神保佑国家。而季氏身为鲁国的大夫，以泰山打猎为名而去祭祀天神，这岂不是有称王之心吗？他怎么可以这样做呢！所以孔子对冉有说，你是季府的管家，难道就不能救（指劝其改过）他们季家吗？冉有答不能。孔子叹口气说，难道泰山之神还不如林放（前述问礼之本的那个鲁国人）懂"礼"吗？（即"呜呼！曾为泰山不如林放乎？"）意指即使泰山有神，神也不会不知礼，更不会佑护季氏这种谋逆之人。

七

子曰："君子无所争。必也射乎！揖让而升，下而饮。其争也君子。"

传统译文

孔子说："君子没有什么可争的事情。要是有争的话，那一定是比箭吧，互相揖让然后登场，射完后走下来饮酒，但那也是君子式的竞争。"

另　释

孔子认为，君子之学是为了进修德业。所以君子是无争的，一切都讲礼让而得。射箭比赛属于争，但双方也是先礼让再上场。射后胜者说承让，败者说领教，下场后一起饮酒，一切过程都在礼让之中。君子对胜负的态度是"不怨胜己者，反求诸己而已矣"（《孟子·公孙丑上》）。说明君子无争，即使有争也要以礼导之，使之成为文明的君子之争。礼让是我们中华民族的文明精神之一，而不争则是礼让的原则。

八

子夏问曰："'巧笑倩兮，美目盼兮，素以为绚兮。'何谓也？"子曰：

“绘事后素。”曰：“礼后乎？”子曰：“起予者商也，始可与言诗已矣。”

传统译文

子夏问：“有酒窝的脸笑得美，黑白分明的眼睛流露着媚态，洁白的底子上画上炫目的色彩，这句话是什么意思呢？”孔子说：“先以白色为底子，再上颜色。”子夏说：“那么礼乐是不是产生在仁义之后呢？”孔子说：“你这句话启发了我，卜商，现在可以和你讨论《诗经》了。”

另　释

“起”指启发。“予”指我。“绘”指绘画。“素”指白色。子夏问孔子，“巧笑倩兮，美目盼兮，素以为绚兮”这三句古诗的含义是什么。其实子夏并不是读不懂这三句诗，而是觉得这三句诗形容得太过分了，所以问孔子这三句诗是何意。孔子告诉他，“绘事后素”。“绘事后素”有两种解释：一是《礼记·礼器》中解释为“白受采”，指白底加彩色；二是《考工记》中解释为“绘画之事，后素功”，指用白色为彩画勾边。此处指第二种解释，是说众色绘布之后再以素色分布其间（即所谓的白粉勾勒）。孔子这句话的含义包括：一是指爱美之心人皆同之，赞颂美色只要发自本心也就无所为过分；二是指“后素”（即白粉勾勒）应依自然之势略加人工即可，喻比调和各方以行中道；三是以绘画作比喻，说明美人的笑、美人的眼睛之所以动人，是因为她们的形质（底子）本身就是美的，再加上“倩”和“盼”的修饰就更加动人。这是孔子的启发教育，子夏很快明白了其中的道理并能举一反三。他由孔子的答话中联想到了仁与礼的关系，进而以反问的方式提出了自己对“礼”的精神实质认识的心得，即“礼后乎？”

是问难道人的忠信之质（即“仁”）也需要礼仪的文饰吗？子夏已经领悟到执礼的要点是把握“中和”，而“礼”的根本是“仁”，把握礼仪分寸的标准也是“仁”，唯有做到“仁”，才能达到“中和”。所以孔子说：“起予者商也，始可与言诗已矣”（商是子夏的名，子夏姓卜名商），指你不但讲得对，而且启发了我，可以与你讨论《诗经》了。《诗经》在春秋时应用非常广泛，在政治、军事、外交及为政的各个方面都常用诗来喻比各项政治意图或表述各人的政治见解。孔子在这里所说的“始可与言诗已矣”，并非指交流对诗的本义的理解，而是指可与其探讨《诗经》中各诗所寓含的微言大义，并与其相互交流各自的领悟。

九

子曰：“夏礼，吾能言之，杞不足征也；殷礼，吾能言之，宋不足征也。文献不足故也。足，则吾能征之矣。”

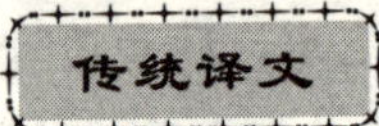

孔子说：“夏代的礼我能述说，它的后代杞国不足以为我证明。殷代的礼，我能述说，它的后代宋国不足以为我证明。这是典籍和熟悉礼仪的贤者不够的缘故。典籍和贤人够了，我就能证明它们了。”

据记载，孔子在出仕前对三代的礼乐制度就有广泛而深入的了解。他曾去他的先祖所在的宋国考察殷礼，三十五岁时曾到京师洛

邑去考察周礼，三十六岁赴齐时又专门到杞国去考察夏礼。由于历史文献不足，致使夏、殷的历史文化得不到系统整理，孔子对此十分惋惜。孔子认为，传统文化是根据历史而来的，而且历史与文化是分不开的。“杞”、“宋”都是西周时的封国，西周时推行封邦建国制，对夏、商的后代都有分封（明显不同于欧洲的封建制度），夏的后代被封到杞国，商的后代被封到宋国。孔子认为，如果把当时杞国的礼乐文化认做夏朝的礼乐文化就不够准确，也不完整；宋国所保留的商朝礼乐文化同样也不完整，这两国的文献资料也是不够的；夏、商灭亡后，他们的后人不重视自己的历史文化，如果他们保存了祖宗的礼乐文化资料，就有办法整理出完整的夏、商文化。从孔子的感叹中，可以看出孔子对人类文明发展的积极研究与对真理的执著追求。

由夏商礼乐文化的丧失，也可看出一个民族可以亡国，但不能亡了文化。亡了国，后代可以复国，亡了文化，则支撑这个民族的精神内核与向心力、凝聚力都将不复存在，那么这个民族也就会逐渐消失了。

十

子曰：“禘自既灌而往者，吾不欲观之矣。”

或问禘之说。子曰：“不知也，知其说者之于天下也，其如示诸斯乎！”指其掌。

祭如在，祭神如神在。子曰：“吾不与祭，如不祭。”

传统译文

孔子说："禘祭的仪礼，酒初献之后，我就不想往下看了。"

有人向孔子请教关于禘祭的道理。孔子说："我不知道，知道的人治理整个天下，会像把东西摆放在这里一样容易吧！"孔子边说边指着自己的手掌。

孔子在祭祀祖先时，好像祖先真的在那里；祭神的时候就好像神真的在那里。孔子说："我如果不亲自参加祭祀而让人代祭，那祭了也跟没祭一样。"

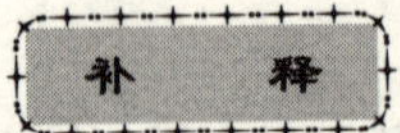

"禘"是每五年一次祭天地祖宗的大典。"灌"是以酒洒地，表示敬天地。古代国家举办"禘"礼，由皇帝代表全民进行祭祀大典，是件非常庄严肃穆的大事。春秋时礼仪文化衰败，诸侯、士大夫在参加"禘"典时，大多都是真戏假做，应付了事。所以孔子说，"禘"礼的祭典开始后，主祭者敬洒一爵奉献神祇的酒以后，心里就想赶快走了，后面都是在应付了事，简直就是做戏，我实在看不下去（即"吾不欲观之矣"）。所以当有人问到"禘"这个礼仪时，孔子幽默地说，"不知也"。孔子认为，"禘礼"的道理中包含了天地与人生的总体规律，如果真明白"禘礼"的精神，懂得"禘祭"道理的人，一定是仁孝诚敬之人，其必能把握"人道"的正执，治国的道理也就简单明了了。所以他指着自己的手掌说，真正懂得"禘"的文化礼仪精神的人，看天下国家大事的道理，就像呈现在这掌心上一样清楚明白了。

拜天地、祭祖先是中国古文化的基本精神所在，也是中华民族源远流长的传统，所以孔子非常重视祭礼。"如在"、"如神在"的诚心，是孔子在祭祀祖宗与祈祷时的心仪原则，即心在则神在，心在就是真祭，心不在不如不祭。所以他祭祖时好像祖宗就在面前，敬神时就如同神在目前（即“祭如在，祭神如神在”）。他说如果无心之祭、自欺欺人，或自己不亲自祭而由人代祭等，都等于没祭（即“吾不与祭，如不祭”）。

一个人做任何事情都要表里如一，这是孔子借祭礼告知的做人道理。所以，一个人的修养应达到对人对事都要有这种“祭神如神在”的诚心，否则表面的敬是没有用的。借祭礼来解说做人的道理，让学生触类旁通，这是孔子启发式教育的高明之处。

十一

王孙贾问曰：“‘与其媚于奥，宁媚于灶。’何谓也？”子曰：“不然。获罪于天，无所祷也。”

传统译文

王孙贾问：“与其巴结奥神，不如巴结灶神，这句话是什么意思呢？”孔子说：“不对，要是得罪了上天，就没有可祈祷的地方了。”

补　释

王孙贾是卫国的大夫。“奥”是古代的家神，一般安放在居室里的西南角部位。“灶”指灶神，民间称其为灶王爷。传说灶王爷不仅管灶房与伙食，还管人的思想与行为，家里人做过的好、坏事以及心里的好、坏念头，灶王爷都会清楚地记录下来，并在年终（阴历的腊月二十三）上天向天神报告。所以过去人们祭灶时都要“给灶王爷红包”，以使其“上天言好事，下地降吉祥”。

王孙贾是周人，在卫国做官，担心自己的地位不保前来请教孔子，问自己应该巴结卫灵公还是应该巴结南子（卫灵公的宠妃），即“与其媚于奥，宁媚于灶”。孔子告诫他，要堂堂正正做人，不要干违反道义的事，如果做坏事，迟早都会得到报应，巴结谁都没有用，即“获罪于天，无所祷也”。

另　释

孔子在卫国多年，卫灵公对他很好。王孙贾是卫国的大夫，他问孔子“奥”与“灶”的问题是有寓意的。他的意思是说，你（指孔子）老是跟诸侯往来，我们这些士大夫如不在君王面前替你说好话，国君再器重你也是没有用的，你拜访了诸侯，也该给我们烧香。孔子则义正词严地回答：“不然。获罪于天，无所祷也。”这首先表示出孔子“率性之谓道”的“人道”观念，即行事应率性而为，不可违心献媚，违心献媚就是自欺，自欺必“获罪于天”，将“无所祷也”。其次是表示了孔子的人格，宁可不做官也不违心去巴结权臣。同时孔子借用中国所特有的神灵思想的精神（即一个人除非不做坏事，做了坏事天神自会知道，无论灶王爷说多少好话都救不了你）说明人有人格，尤其在心理上要建立起自己的人格，不依靠任何外来的庇护。孔子的答复明确表明，你话里意指的那些手法我全知道，只是不屑于如此而已。

十二

子曰：“周监于二代，郁郁乎文哉！吾从周。”

传统译文

孔子说：“周朝的礼乐制度是借鉴夏朝、商朝而增减制定的，是多么丰富繁盛啊！我赞同周朝的礼乐制度。”

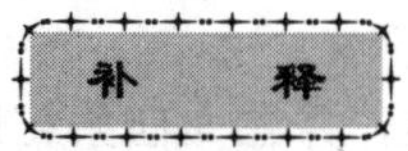

补　释

“监”通“鉴”，指借鉴。中国夏、商、周三个朝代文化的演变是“夏尚忠”，即偏重于忠诚朴实；“商尚质”（鬼），即重质朴、重鬼神，有较强的原始宗教观念与图腾文化特色；“周尚文”，即注重以家族血缘为基础而建立起来的以人伦为主的人文文化。“周监于二代”，指西周所建立的人文文化借鉴了夏、商两代，是集上古文化之大成。“郁郁乎文哉”，指周朝的文化是非常伟大与光辉的人文文化。“吾从周”，是孔子自称他的文化思想与人本生命观，是西周人文文化精神的扩充与发扬。而且孔子认为沿着西周人文文化的路线，是完全正确的。

十三

子入大庙，每事问。或曰：“孰谓鄹人之子知礼乎？入大庙，每事问。”子闻之，曰：“是礼也。”

传统译文

孔子进到周公庙，每件事情都要问一问。有人因此而说：“哪一个人说叔梁纥的那个儿子识礼呢？他进到太庙，对每件事情都要问。”孔子听到这话后，说：“这正是礼呀！”

补　释

“大”通“太”。“大庙”即“太庙”，是开国之君的庙。周公旦是鲁国的始封之君，所以鲁国的太庙就是周公庙。“鄹”是孔子的出生地邹地。“鄹人”指孔子的父亲叔梁纥，因他曾做过鄹大夫，所以称“鄹人”。

孔子在鲁国做官时参与了王室的宗庙大典，并在太庙祭祀时充当过助祭。他进了太庙之后，对每件事情都向“有司”（管祭祀的官）请教，每件事的细节都必问清楚。孔子博学多才，尤精于礼，对太庙祭祀之事，应该说是很了解的。但他仍然“每事问”，对祭祀之礼的每个细节都认真究其原因，察其细微，足以显示出他对祭礼事项的认真研究与细心考证。于是有人取笑他说，这个叔梁纥的儿子进了太庙什么都不懂，事事都要问人，别人还说他懂得“礼”。孔子知道后说：“这就是礼呀。”孔子通过这件事说明做人、做事、做学问都一样，诚恳地向人家请教就是“礼”的精神体现，也是做人的道理。

十四

子曰：“射不主皮，为力不同科，古之道也。”

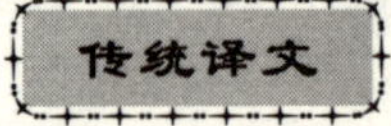

孔子说：“比赛射箭，主要不在于射透箭靶子，因为每个人的力量大小是不同的，这是从古以来的规矩。”

补 释

古代的箭靶子叫“候”，“候”的中间为“鹄”（靶心）。“鹄”约占“候”的三分之一，是用兽皮做成的。“射不主皮，为力不同科”，指射箭不以穿透皮革为主，而以中的为主，原因是各人的力量大小不同。孔子的这段话说明，做人做事的正确与否，主要看合不合“道”，是否“允执其中”。至于作用的程度与个人成就的大小，则是“为力不同科”，而要根据不同情况而论。

孔子认为，射箭比赛也是习“礼”的一种方式。《礼记·射义》中说：“故射者进退周旋必中礼，内志正、外体直，然后持弓失审故，然后可以言中。此可以观德行矣。”可见，射箭比赛不仅要求有好的技术，还要求有好的心态，好的体姿，还通过射箭比赛过程中的礼仪要求，来考察参赛者的德行修养。

十五

子贡欲去告朔之饩羊。子曰：“赐也，尔爱其羊，吾爱其礼。”

传统释文

子贡想要把每月初一祭祖庙的那只羊省去不用。孔子说：“赐呀，你爱惜那头羊，我爱惜那种礼。”

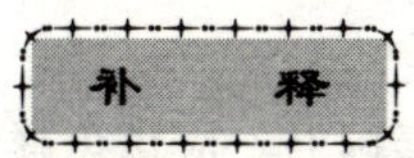

每月的初一为“朔”（十五为“望”），主政者要代表国家向天地

祖宗禀告其所作所为，称为“告朔”。告朔时用蒸过的（一般不蒸熟）羊为祭品，叫“饩羊”。子贡想省下告朔时所用的饩羊，孔子说你看重这只羊，我看重这礼仪和它的精神内涵。春秋时，社会风气衰败，礼仪精神衰落，所以孔子认为，问题的实质不在于这只羊要不要节省，而是这只羊所代表的礼仪精神必须要坚持。一只羊微不足道，但它代表着西周的礼仪制度，它的作用是勉励诸侯们“追远”与勤政。春秋末期，“告朔”已经成了形式，如果连羊都省了，就连形式也没了，那么这一礼仪制度也就彻底消失了，礼仪的精神也将无所依附。另外，祭祀中的实物另有其特定的作用，起码可以增加庄重的气氛。凡是社会性或政治性的某些仪式，通常仅靠绝对空洞的精神，来维系某种凝结与向心的力量是不够的，用某些实质性的东西配合庄重的仪式，才能达到一定的效果。这就是过去的帮会组织十分重视“香堂设祭”的原因。

十六

子曰：“事君尽礼，人以为谄也。”

定公曰：“君使臣、臣事君，如之何？”孔子对曰：“君使臣以礼，臣事君以忠。”

传统译文

孔子说：“能一切按照礼节服侍君主，别人却认为是在向君王谄媚，讨好。”

鲁定公问孔子：“国君使用臣子，臣子侍奉国君，应该怎样去做呢？”孔子说：“国君应该按照礼节对待臣子，臣子应该忠心竭力侍奉国君。”

补　释

春秋末时的鲁国是君弱臣强，季、叔、孟三家多简傲无礼，且僭用礼乐、以臣干君。臣僚们看惯了臣对君的无礼，见到“事君尽礼”反而怀疑为谄媚。所以孔子说，一切按照礼节服侍君主，别人会误会为谄媚。现代社会，由于责任心的衰退使职责观念薄弱，人们同样看惯了对公事的漫不经心和对领导与老师的不以为然，反而对事事执礼者产生误会。比如对主管或领导交办的公事尽心、尽责，而别人会认为是拍马屁，如自己意志不坚定，受环境影响，就会改变。事实上，是否谄媚，只有自己内心最清楚，内心是为讨好上司就是谄媚，内心存的是依礼而行，就不是谄媚。谄与不谄是自己内心把握的事，与形式没有关系。所以孔子还是认为，应以礼为准，尽臣道（包括子对父）。但在君王不对时，要言明其理，据理劝谏，这也是尽臣道。人格要建立在自己的身上，不能任何事都受外界影响而随波逐流。

鲁定公是孔子的国君，孔子对他既尽臣子之礼，又不失时机地引导他如何去做明君。鲁定公说：“君使臣，臣事君，如之何?”是问领导方法（“使”是支配），并暗引臣子应尽忠（“事”指侍奉）。而孔子则巧妙地用领导应具有的道德来回答了他。孔子认为，只要求臣子尽忠是错误的，领导首先应该以德服人，即“君使臣以礼”，才能获得“臣事君以忠”。这里的“礼”指礼敬，也是爱的一种形态。“君使臣以礼”和“使民以时”等，是孔子人本生命观中的民本思想的体现。“君使臣以礼，臣事君以忠”，也是孟子的“君仁”而“臣忠”，“父慈”而“子孝”的思想来源。

十七

子曰："关雎，乐而不淫，哀而不伤。"

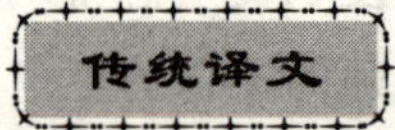

传统译文

孔子说："关雎这首诗，表现出了欢乐，但不过分，表现了哀思却没有伤恸。"

补　释

孔子认为，"饮食男女，人之大欲存焉"，即指"饮食男女"是人生最基础、最平实的两件大事。孔子把"关雎"排在《诗经》中的第一篇，就是根据"饮食男女"这一人类的基本要求表明，人生的伦理是由男女相爱结成夫妇开始的，所谓君臣、父子、兄弟、朋友及社会关系等都是由此发展而来的。《中庸》中有"天命之谓性，率性之谓道，修道之谓教"，是说天地赋予了人善良的本性，按照善良的本性要求从事就是道，按照道的原则劝化人们修养自身就是教化。我们知道，人人都有性欲望，但欲望只是某种性要求的具体反映而不是性本身，对欲望的规范就是"道"的要求（其具体规范的内容为"礼"）。用"礼"来要求自身与劝化民众就是"教"，而"教"的内容体现之一就是使人建立并形成合乎"礼"的思想意识，即"理智"。任何人对欲望的冲动如不作理智的处理，就会偏离"道"，甚至可能构成罪恶，所以要"发乎情，止乎礼"。对所有感情的理智处理不过分即为"不淫"（"淫"指过分，如雨下的太多称"淫雨"等）。所以孔子对

《关雎》的评价是：“乐而不淫，哀而不伤。”

十八

哀公问社于宰我。宰我对曰：“夏后氏以松、殷人以柏、周人以栗，曰，使民战栗。”子闻之，曰：“成事不说，遂事不谏，既往不咎。”

传统译文

鲁哀公向宰我询问，制作土地神的神主应用哪一种树木。宰我回答说：“夏朝的人用松木，商朝的人用柏木，周朝的人用栗木。用意是让老百姓害怕得发抖。”孔子听到这些话后对宰我说：“事情已经做了，就不要再解释了，已经完成的事就别规劝了，已过去的事情就不要再责怪了。”

“宰我”，姓宰名予字子我，孔子的学生，小孔子二十九岁。“社”原意是祭地祇的庙堂，这里应是指社稷的祭坛区，是一国最庄严肃穆的地方（类似于地坛）。“哀公问社于宰我”，是指鲁哀公向宰我询问社稷坛的演变。宰我告诉他，夏朝社稷坛区内栽的是松树，商朝栽的是柏树，周朝改为栽栗树（即“夏后氏以松，殷人以柏，周人以栗”）。栗树受风吹后能发出悚音，人听了会产生恐怖感，有点战战兢兢（即“曰，使民战栗”）。孔子对周朝的文武二王及周公旦都非常崇敬，但对社稷坛上栽栗树一事也觉不妥，但他不愿责备，表示出对先王不足之处的宽恕。所以他得知宰我与鲁哀公的谈话后，便对宰我说已成了事实就不要再评说了，即“成事不说”。同时借此教导宰我对已完成的事就别再规劝，即“遂事不谏”；已经过去了的事也就别再追究了，即“既往不咎”。因为“成事”、“遂事”、“既往”都已成过去，历史可以作为今人的借鉴，但对历史本身是无可追究的。

十九

子曰：“管仲之器小哉。”或曰：“管仲俭乎？”曰：“管氏有三归，官事不摄，焉得俭？”“然则管仲知礼乎？”曰：“邦君树塞门，管氏亦树塞门。邦君为两君之好，有反坫，管氏亦有反坫。管氏而知礼，孰不知礼？”

传统译文

孔子说：“管仲的气量很小啊。”有人就问：“管仲生活俭朴吗？”孔子说：“管仲有储放钱财的府库，他下属的官员众多都不用兼职，这哪里谈得上俭朴呢？”有人又问：“既然这样，那么管仲知礼吗？”孔子说：“国君的宫殿门前立有照壁，管仲府门前也立有照壁，国君设宴招待国宾，在堂上设有放置酒杯的土台，管仲的待客厅也设有这样的土台。倘若说管仲知礼，还有谁不知礼呢？”

补 释

“管仲”，齐国人，姓管名夷吾字仲，曾做齐国宰相并辅佐齐桓公成为春秋五霸之一。“器”指器宇（包括心胸、境界、气量与气度等）。孔子认为，管仲虽然帮齐桓公完成了霸业，但他只知尊王攘夷、以法治国，却不懂圣贤之道，不能辅助齐桓公为政以德、施行王道，所以他责备管仲器宇小。有人问：“管仲俭乎”？这里的“俭”既包括生活也包括思想与为政。这句话是说“管仲具备俭德吗？”孔子说，管仲就个人而言，家中盖有三归堂（指宰相府盖得相当豪华，因管仲当宰相时依然在与鲍叔雅合伙经商，家里很有钱，且盖有钱财府库），可见生活并不俭朴。他在齐国做宰相时“官事不摄”，指因人设官，使职位重叠，可见政事不俭，又怎能算具备“俭德”呢？当有人又提出管仲是否懂礼时，孔子又说，按礼制，只有国君才可以有“塞门”（大门外的萧墙），可管仲的宰相府也设置了“塞门”；只有国君（因与其他国君交往）的宴客厅设坫坛（放置酒杯的土台），而管府的宴客厅也设有坫坛。如果认为管仲懂礼，还有哪一位算不懂礼呢？

孔子就事论事、即人论人，尽管他高度赞扬了管仲的历史功绩，但对其缺点还是给予了无情的批评。孔子对人的评价从不以点代面，而是求实、求真，既具体又平实。如认为好人一切都好，坏人一切都坏，是有失公允的。

二十

子语鲁大师乐，曰：“乐其可知也。始作，翕如也；从之，纯如也；皦如也，绎如也。以成。”

传统译文

孔子把演奏音乐的过程讲给鲁国的乐官听，说“演奏音乐的过程是可以知道的。开始的时候，发音合奏；继续下去，音调和谐，明亮清晰，余音袅袅，然后结束。”

另　释

孔子和鲁国的大乐师讨论音乐的原理。孔子说，音乐的乐理是可以理解的，关键是“乐”的精神应是歌颂人事，而不是效法祭奠鬼神。接着他针对一首国曲的过程解释道：音乐开始的时候好像含苞待放的花蕾，轻轻地舒展，慢慢地发声；接着声音由小而大却很纯正；后来到了高潮，激昂澎湃，而又庄严肃穆；最后乐曲完了，但还是余音缭绕，幽幽未尽。音乐是没有形质的艺术，孔子用语言即拟态词与拟声词描绘了乐理与乐对人的精神感染力，这说明孔子在音乐上有着较深的造诣与较高的修养。孔子以他对音乐的造诣与修养为基础，通过对“诗、礼、乐”的修订，把上古时期列于鬼神的“礼乐”全面转向了人间，使“乐”变成了人类社会的美的象征，并使之成为了人文文化的内容之一。

二十一

仪封人请见。曰：“君子之至于斯也，吾未尝不得见也。”从者见之。出曰：“二三子，何患于丧乎？天下之无道也久矣，天将以夫子为木铎。”

传统译文

卫国的“仪”这个地方的封疆官，请求孔子接见他说：“凡是到这个地方的贤人君子，我没有没见过的。”孔子的学生领他去见了孔子。出来后他对孔子的学生们说：“诸位，何必忧虑你们的先生失掉官位呢？天下无道而黑暗的日子已经很久了，天意将把你们先生当做木铎来警醒人民，传道于天下。”

另　释

“仪”指地名。“封”指封疆。“封人”是管理诸侯国界的人，即边防官员。“封人”来见孔子遇学生挡驾，“封人”说：“到这个地方来的各类君子我都见过，你们老师虽然伟大，也该见我一见。”学生领他去见了孔子。出来后他对诸学生说：“你们诸位不必担心文化的衰落，天下乱了这么久，文化已经凋零，此时上天降生了你们的老师孔子，他的学问道德将影响所有世人。天生你们的老师孔子，不是让他在某一国任职治国，而是让他担负教化民众、改变世风，使天下由无道化有道的重任。你们不要担忧了，上天要以孔子作为敲响警惕世界之钟的木铎（庙堂里敲大钟用的粗木棒），用他来唤醒民众，摆脱鬼神的束缚，传‘人道’于天下。”

二十二

子谓韶：“尽美矣，又尽善也。”

谓武：“尽美矣，未尽善也。”

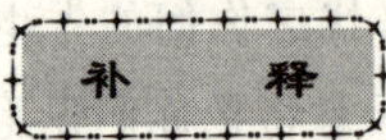

孔子评论“韶”和“武”两首乐时，说：“韶乐太美了，也很完善。武乐太美了，但不十分完善。”

补　释

“韶”是上古舜帝时的乐曲名，是一首歌颂舜帝受尧帝禅让，以德继位而使天下大治的乐曲。“武”是西周时的乐曲名，是一首歌颂周武王用武力推翻残暴的殷纣王而继位，致使天下大治的乐曲。这段话是孔子借礼乐对历史的品评。“韶”是歌颂舜帝的乐曲。由于舜帝道德高尚受尧帝禅让而得帝位（传说上古时帝君之位由上代帝君考察部下的品德，选品德高尚者接帝位，故有尧、舜、禹相传的禅让制），致使天下太平，所以孔子认为既美妙又完善。“武”是歌颂周武王的乐曲。由于周武王是吊民伐罪，打败了殷纣王，取商而代之所得的帝位，虽然也达到了天下大治，但周武王伐纣毕竟是以征伐取天下，所以孔子认为很美但不够完善。由此可以看出，孔子论乐始终与伦理道德连在一起，体现了“仁”为乐之本的观点。

二十三

子曰：“居上不宽，为礼不敬，临丧不哀，吾何以观之哉？”

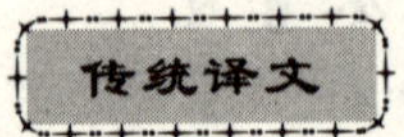

孔子说：“居于统治地位的人，不能宽以待下，行礼的时候不能

庄重严肃，遭遇丧事时没有悲痛哀戚，这种样子我怎么能看得下去呢?”

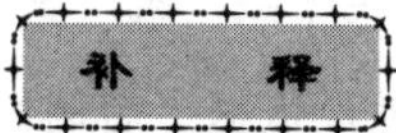

中国的上古文化，是以血缘家族为中心的家族式村社文化为源头的，尽管早期也以图腾为主，原始宗教性较强，但毕竟是以血缘关系为凝聚中心的。孔子的人本生命观及其人文文化体系，正是这种村社文化脱离了图腾鬼神笼罩后的升华与革新，但它仍然是建立在这种以血缘家族为基础的社会结构之上的。“父宽子孝，上宽下敬，诚敬祖先，兄友弟恭”，正是这种（天子—诸侯—大夫—家族村社）社会结构最理想的伦理原则。所以孔子认为，居上者要对下宽厚，不能要求苛刻；上对下要真心关怀爱护，下对上要诚心敬爱拥护；要诚敬祖先，丧祭时要有真正悲痛的心情；否则的话其结果是很危险的。但春秋末期，世风衰败，诸侯、大夫们“居上不宽，为礼不敬，临丧不哀”，其局面实在是让人难以入目，即“吾何以观之哉?”

孔子认为，“居上主于爱人”，应以宽为本；“为礼”应以敬为本；“临丧”应以哀为本；这些都是为人处世的根本。曾子说：“临事而不敬，居丧而不哀，祭祀而不畏，朝廷而不恭，则吾由知之矣。”（《大戴礼记·曾子立事》）可见，一个人处世如不能把握根本，居心必是不正，自然也就不会很好地做人，也必不能很好地做事。

小结：佾指舞蹈，八人一排，八佾是八排的舞蹈，为天子礼仪。八佾为本篇名，代表本篇为礼乐，重在阐明“礼”的精神、内涵与作用，强调继承和发扬礼乐制度的必要性。孔子认为，“礼”、“乐”，均以“仁”为根本，以“诚敬”为基础，离开了“仁”与“诚敬”，礼乐就变成了形式主义而毫无意义。同时，孔子借对礼乐的阐述，进一步强调了做人之道与为政之道。孔子在学而篇讲述了为学的宗旨，在为政篇介绍了为学的外用，而在本篇则阐述了把个人的内圣为学和外用为政综合起来的文化精神。

本篇也集中反映了孔子极力维护"君君臣臣、父父子子"的封建礼制与"天子理天下、诸侯治邦国、大夫统封邑、家族管理农业村社"的社会治理结构。为了维护这种体制与社会结构，孔子塑造了"天子"的偶像，并在最后一篇用浓重的笔墨渲染了尧、舜、禹、文、武等先王的圣德，以论述崇拜"天子"偶像的理论依据。后儒们也依此建立了中国两千多年的皇权至上的统治思想，使中国的封建王朝避免了"政教合一"的局面。孔子塑造"天子"观念的主要原因，是以"天子"为人们心目中的最高尊崇者，来取代鬼神在人们心目中的最崇高地位，并以此为手段使人本生命观彻底地战胜了鬼神生命观。虽然以"天子"为依据的皇权思想给中国后来的社会发展带来了诸多负面影响，但在当时历史条件下，与鬼神至高无上的思想相比，还是先进的。"天子"的观念与皇权的确立，毕竟都属于人文的范畴，有了它才彻底战胜了神权，使我国的历史避免了"政教合一"的黑暗统治。

中国是个有着几千年封建统治历史的大国，"天子观念"统治人们的思想长达两千多年，而且至今仍起着潜在的影响作用。在我们今人看来，这种"天子观念"是多么落后与愚昧，几乎人人都深恶痛绝。但平心而论，与神权至高无上的思想相比，仍然有它进步性的一面。

第四章

里仁篇(里仁第四)

“仁”是孔子思想的核心，本篇主要是讲“仁”的思想、“仁”的观念、“仁”的原则与“仁”的应用。

一

子曰：“里仁为美。择不处仁，焉得知？”

子曰：“不仁者不可以久处约，不可以长处乐。仁者安仁，知者利仁。”

传统译文

孔子说：“若能居住在行仁道的地方是美好的。如果挑选不行仁道的地方居住，又怎么算得上聪明呢？”

孔子说：“不仁的人不能长期处于穷困中，更不能长期处于安乐中。有仁德的人不论什么情况下都会安于仁，聪明的人认识到仁会给他带来好处而实行仁。”

另　释

“里”一般指所住的地方，也可以指所处，即自身所处或自处之道。所以“里仁”还可指“自处于仁”，将“仁”根植于心。把“仁”作为自立的核心，就是把做人的核心价值准则定位为“仁”。确立了“仁”这个核心价值准则，时时处处与事事都从“仁”的要求出发，就是“自处于仁”，也就是“里仁”。“里仁为美”是指做人做学问要以仁为标准，达到仁的境界才是美。“择不处仁，焉得知?”是指自处如不择仁，不以仁作为核心价值准则，学问和修养又岂能达到智慧的成就?

明代高僧智旭法师在《周易·四书禅解》中说：“里以宅身，尚知以仁为美。道以宅心，反不择仁而处，何其重躯壳，而轻性灵也!”

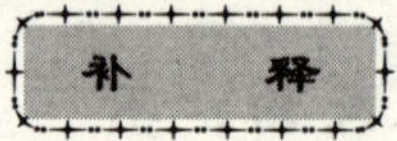

“约”的含义同于“俭”。这句话是指自己做人的原则如不建立在“仁”的基础上（即“不仁者”），就不能安处困境（即“不可以久处约”），也不能长处“乐境”（即“不可以长处乐”）。没有真正修养的人通常会得意忘形，失意也忘形。只有“自处于仁”将“仁”根植于心并通过自身修养达到或接近“仁”的境界的人才能“安心于仁”（即“安仁”）。能将自心安于仁，才能看透事物之理，才是真有智慧、真有修养。能够真正“安仁”的仁者，自然会乐天知命、安之若素，从仁中获得自乐（即“知者利仁”）。

二

子曰“唯仁者，能好人、能恶人。”

子曰：“苟志于仁矣，无恶也。”

子曰：“富与贵，是人之所欲也；不以其道得之，不处也。贫与贱，是人之所恶也；不以其道得之，不去也。君子去仁，恶乎成名？君子无终食之间违仁，造次必于是，颠沛必于是。”

传统译文

孔子说：“只有有仁义道德的人，才能够正确地爱人和憎恨别人。”

孔子说：“一个人假若能够立志于施行仁道，便不会做坏事了。”

孔子说：“发财和做官，是人人都想要的，但如果用不正确的手段得到它，君子是不会接受的。贫穷和卑贱，是人人都厌恶的，但假如不用正当的手段摆脱，君子不会那样做。君子丢掉了仁义，怎能称得上君子的名号呢？即使只是一顿饭工夫，君子也不能丢掉仁义，在匆促之时要把握住它，在颠沛流离的时候也要把握住它。”

补 释

孔子说：一个有“仁”的修养的人，对人对事都有明确的是非善恶观念（即“能好人、能恶人”）；但在真正做到了“自处于仁”的“仁者”眼中，是没有绝对恶人的（即“苟志于仁矣，无恶也”），对喜欢的人要爱护他，对讨厌的人也要怜悯、慈悲、帮助、感化他；任何一个人，只要能立志行仁，内心就会有一股向善的自律力量，这股自律力量就会使人弃恶向善，有了过错就能自觉改正。

孔子还说，富与贵每个人都喜欢，都希望有富贵功名，但如果不是由正道得来的则不要；相反，贫与贱每个人都不喜欢，但要以正道的方法上进，去脱离贫贱，而不应该走歪路。如“非道”取富贵及“非道”去贫贱，就是“去仁”，所以不为。孔子认为：一个人如果不能“自处于仁”，从心中去掉了“仁”，就没有了中心思想，那还靠什么称君子之名呢？因此，做学问的人在任何时候哪怕是一顿饭的工夫也不能违背了正道（即“仁”）。任何造就、作为与成功，都是靠“仁”来完成的。不顺利时甚至倒霉的时候，只有依靠“仁”才能安然处之。得意时要行“仁”，失意时也要行“仁”，在任何情况下都要坚守“仁”这个中心。

三

子曰：“我未见好仁者，恶不仁者。好仁者，无以尚之；恶不仁者，其为仁矣？不使不仁者加乎其身。有能一日用其力于仁矣乎？我未见力不足者。盖有之矣，我未之见也。”

传统译文

孔子说："我没有见过真正爱好仁和真正厌恶不仁的人。真正爱好仁的人，没有什么能让他超过对仁的喜爱；真正厌恶不仁的人，他在施行仁义时，不使自己沾染上不仁的因素。有没有哪怕用一天的时间真正全力施行'仁'的人呢？我没有见到过在这方面能力不足的人。也许这样的人真有，只是我没有见过罢了。"

补　　释

孔子对人性的认识是：在人的先天本性之中，"为己"与"为他"并存。人本身所具有的摄取维持生命所需的本能反应是"为己"，是私欲的本原，如果私欲不加以节制，而达到损害他人的程度即为"恶"。人本身所具有的接续生命的本能，由生理上升到心理的思想意识就是"爱"，包括对异性的爱、对子女的爱与子女对父母有意识的回报之爱。这种"爱"所反映出的主要特征是"为他"，孔子视其为"善"的本原，称其为"爱人"，并推而广之为"泛爱众"。所以孔子认为，人性之中是善恶并存，没有人是百分之百的善（即"未见好仁者"），也没有人是百分之百的恶（即未见"恶不仁者"），但人可以通过思想意识形成理智，来有意识地扩充善性抑制私欲。孔子注重对人性中"善"的一面的开发与对"为己"私欲的节制。所以他强调"为仁由己"，应主动"求仁"，立志"行仁"，并通过"克己"、"修己"、"明德"、"复性"以"归仁"；并认为"行仁"不在于力量大小而在于心志是否坚定。孔子说，有没有在一天时间内都全力施行了"仁"的人呢？有没有由于能力不足而未能行"仁"的人呢？也许有但他没见过。孔子这句话，是勉励弟子如果立志于"仁"，就应在每一天所有时间内都全力施行"仁"，而不要推托客观原因。

另　释

孔子说，他没有看到过一个真正喜好“仁道”的人（好仁者）会讨厌一个不信奉“仁道”的人（不仁者）。一个仁者见到不仁者应该是同情他，怜悯他，想办法把他改变过来，这才是真正仁者的用心（即“好仁者，无以尚之，恶不仁者，其为仁矣？”）。仁者如果讨厌不仁者，就是同样以不仁的心理对待别人，那么自己的“仁”也就不彻底。所以不能用不仁的手段对待别人（这表明了孔子忠恕之道的思想），对于不仁者只是不让自身沾染上不仁的恶习而已（即“不使不仁者加乎其身”）。孔子认为“为仁由己”，因为“仁”不是外在的，而是人先天本性的主要内容，只要正心修身就能“复性”、“归仁”；虽然完全达到“仁”的境界是很难得的修养，但只要想行仁，就能够成仁（即“我欲仁，斯仁至矣”《论语·述而》）；一个人只要立志于“仁”，就应在每一天所有时间内都全力施仁，没有因为力量小而达不到的，也许有，但他没有见过。

四

子曰：“人之过也，各于其党，观过，斯知仁矣。”

传统译文

孔子说：“人的过错，各与其相应的社会类型有关。考察一个人的过错，就可以知道他是哪种类型的人。”

补　释

孔子认为，人的毛病与过错，各有其类；每一个人都会犯错，其过错往往有其社会类型的因果。看到别人的过错，自己就要反省，检查自己是否也有类似的错误或缺陷，如有就改正，如无就更加勉励，这就增进了“仁”的修养。

孔子还认为，在社会变革时期，某类人的过错反映着该社会类型在整个社会关系的发展变化中所起的作用，通过观察分析就可以捕捉人类社会发展变化的各种信息，以增强“仁德治世”的能力，也就增进了“知”与“仁”的修养（即“观过，斯知仁矣”）。

五

子曰：“朝闻道，夕死可矣！”

孔子说：“早晨明白了‘道’的真理，即使当晚死去也没有遗憾。”

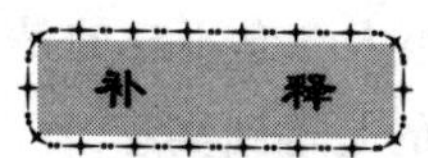

孔子这里所说的“道”，应同于老子所说的“道”，既包括“天道，地道、人道”，也包括对自身生命体的认知，对“天命”与“人性”、“宇宙与生命”、“天道法则”与“人道正执”等的认知总和。孔子认为，人生就是怕不闻“道”，一个人如果真正能“闻道、得道”，哪怕早晨“得道”，晚上死去都没有遗憾。这里的“夕死可矣”并非必死，而是说只要能“闻道”，无论付出多大的代价，即使是生命也在所不惜。可见对真理的求知欲是孔子追求的最高生命价值。

六

子曰：“士志于道，而耻恶衣恶食者，未足与议也。”

子曰：“君子之于天下也，无适也，无莫也，义之与比。”

子曰：“君子怀德，小人怀土；君子怀刑，小人怀惠。”

子曰：“放于利而行，多怨。”

传统译文

孔子说：“一个读书人有志于追求探悟古圣先王之道，但是却以自己吃穿太差而羞耻，这种人不值得与他论道。”

孔子说：“君子对于天下的事情，没有专门的规定该怎么做，也没有专门的规定不该怎么做，而是以是否适宜作为取舍的标准。”

孔子说：“君子念念不忘的是道德修养，小人念念不忘的是土地房屋；君子心里想的是遵守法度，小人心里想的是得到实惠。”

孔子说：“为了追逐私利去做事，会招来许多怨恨。”

补　释

孔子认为，一个进入了社会管理层的读书人如果真正立志于正执

“人道”的事业，而自己却贪图享受，羞于穿不好的衣服，吃不好的食物，那就没有什么可谈了。也就是说，如果一个人的意志会被物质利益所引诱，会因物质环境而转移的话，那么这个人也就不足以与之论“道”了。

孔子说，君子对于天下事，绝不轻易地否定或肯定，而且不考虑是否符合个人的意愿，只看它是否符合道义、是否达到适宜。所以君子处理国事，没有个人的企图与固执的成见，以义为准则，有所为有所不为。义当生则生，当死则死，当富贵则富贵，当贫贱则贫贱。只用“义”作为对比的标准，看该不该做，该做就做，不该做就不做。

孔子认为，君子与小人二者心里的想法不同。他们的分野是：君子的心中有“道”，念念不忘的是“德”，小人的心中装的是“欲”，念念不忘的是利益；君子做事看合不合道德，小人做事看有没有利益；君子担心违反道德，小人担心利害得失；君子胸中装着礼法，行事不违法；小人心中想着利惠，行事以不失利为准则。二者的差别在于为公与为私之不同。

孔子说，一个人基于利害关系而做人做事，必然会招来怨怼；对于朋友若以利害相交，最终会得到怨恨的结果。正如《朱子语类》中说：“凡事只认自家有便宜处做，便不恤他人，所以多怨。”“若放于利，则悖理徇私，其取怨之多，必矣。”

七

子曰：“能以礼让为国乎？何有？不能以礼让为国，如礼何？”

子曰：“不患无位，患所以立。不患莫己知，求为可知也。”

传统译文

孔子说："能够用礼让来治理国家，那还有什么困难呢？不能以礼让来治国，那又怎样对待礼仪呢？"

孔子说："不忧虑没有官位，只忧虑没有安身立命的能力；不忧虑没人知道我，应该追求能使别人知道自己的本领。"

上古文化的传统思想，是立国以礼让就位，即"天命有德，人德配天"。所谓"天子"乃具有"至诚"的上德者，所以上古有尧、舜、禹的禅让。孔子崇敬这种真诚崇德的精神，赞赏"退位让国"与"依礼治国"。但自周武王之后，退位让国早已不复存在，尤其春秋时期，权力的争抢极尽巧取豪夺之事，上古的文化精神已无人奉行。所以孔子才感叹说，能以礼让为国的人哪里还会有呢？即"能以礼让为国乎？何有？"不以礼让为国而是靠争夺欺骗，不依礼治国而是靠武力统治，那么如何对待"礼"呢？上古文化的精神又何在呢？即"不能以礼让为国，如礼何？"

古人认为，人之著于世的不朽事业包括立德（尧、舜、禹等称为立德）、立功（举世闻名的丰功伟业）、立言（以思想学说著留后世）。孔子这里讲的"立"是指自己的真实本领，能使自己站得起来的"立"。所以孔子说不怕没有禄位（即"不患无位"），而怕没有"立身"的仁德、智慧与勇气（即"患所以立"）。不求人人知道自己（即"不患莫己知"），只求"明德"与"修身"，使自己真正"认知"并"闻道"，获得真正的智慧（即"求为可知也"）。

八

子曰："参乎，吾道一以贯之。"曾子曰："唯。"子出。门人问曰："何谓也?"曾子曰："夫子之道，忠恕而已矣。"

传统译文

孔子说："参呀，我的学说可以用一个原则来贯穿。"曾子说："是"。孔子离开以后，别的学生便问曾参说："这是什么意思?"曾子道："先生的学说就忠和恕而已。"

另　释

孔子所说的"吾道一以贯之"中的"一"，历史上有众多说法。曾子解释为"忠恕"为后世所接受，但远未尽贯穿道的那个"一"的内涵。有人认为是指"仁"，也有人认为是指"中"，还有人认为是指"明德"。儒家炁功学派认为这个"一"是指"儒家心法"（指《大学》中的前56字组成的原经文），据说曾子根据孔子所传心法而述《大学》。所谓"心法"是指难以用语言和文字解说清楚的法理，通常以"心印相授"，而修行不到之人是无法领悟的。"吾道一以贯之"即我传你的"心法"可"一以贯之"，曾子领悟后说："是"。但其他弟子难以理解，就待孔子出门后问曾子，刚才老师讲"吾道一以贯之"是何意？曾子便根据其他弟子的理解程度解释为"贯穿老师学说的统领思想就是忠与恕而已。"

补　释

朱熹注中说："尽己之谓忠，推己之谓恕。"所谓"尽己"是指"尽心于己"而"不自欺"。所谓"推己"是指推己及人，如"己欲立而立人，己欲达而达人"，"己所不欲，勿施于人"等。后来曾子著《孝经》述《大学》，尽言忠恕以传孔子之道，子思著《中庸》更详尽地阐述并扩充发扬了忠恕之道。《中庸》中与本节曾子的回答是一致的，即"忠恕，违道不远"。

九

子曰："君子喻于义，小人喻于利。"

子曰："见贤思齐焉，见不贤而内自省也。"

传统译文

孔子说："君子懂得的是大义，小人明白的是私利。"

孔子说："看见贤人，应当向他看齐；看见不贤的人，就应该自己反省，看有没有跟他一样的毛病。"

"喻"指用比喻谈问题，也有告之的含义。"君子喻于义，小人喻于利"，指与君子交谈能晓谕于义，君子行事只论道德上该与不该，

即合不合义；而小人只晓得利，言谈与思虑无非名利，行事只论有没有利益可图。

孔子认为：一个人如果见到有道德学问有修养的贤者，就应向他看齐，努力去达到他的修养造诣；如果看到不贤的人，就应借以自我反省并引以为戒。

十

子曰："事父母几谏，见志不从，又敬不违，劳而不怨。"

子曰："父母在，不远游，游必有方。"

子曰："三年无改于父之道，可谓孝矣。"

子曰："父母之年，不可不知也。一则以喜，一则以惧。"

传统译文

孔子说："子女侍奉父母，如果父母有不对的地方，应当婉转地劝谏。把自己的意见表达了，父母没有听取的意思，应当照常恭敬，不要触犯他们。虽然忧心，但对父母并不抱怨。"

孔子说："父母在世时，不作远行。若不得已要远行，也该有一定的去处。"

孔子说："如果在守丧的三年期间，不改变他父亲所奉行的为人处世原则，就可以说是孝了。"

孔子说："父母的年纪，不可不时时记在心上。一方面为他们的健康长寿而高兴，一方面又为他们的日益衰老而忧惧。"

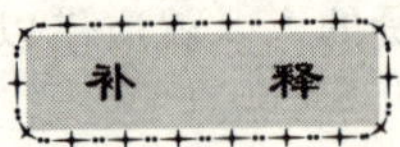

孔子认为，父母不一定完全对，作为子女发现父母有不对的地方，要尽力劝阻，但要温和地劝导，即使阻止也要有个限度。如果父母不听劝导，或见解不同，同样应保持恭敬，只能劝谏不可触犯，而且仍然要为父母去分忧代劳而不抱怨。孔子还认为，父母年迈，为能时时照应，应尽量不出远门，如不得已外出，也要先把父母的生活照料安顿好（即"有方"）。离开了父母，仍然长期（三年比喻长时间）把对父母的爱心、孝心深系于怀，就是孝子。子女对父母的年龄不可忘怀，应根据父母的年龄段按照人体生命各不同阶段（主要指"衰体"阶段与"弱体"阶段《上古天真论》）的养生要求为父母尽孝。做子女的，既应为父母的高寿而高兴，同时也应为他们的日益衰老而忧惧。

"孝道"是以血缘家族为基础的村社结构凝聚力的核心，也是孔子以人为本生命观念的重要思想基础。大力提倡孝道，在当时是极得人心的事。所以，"孝道"就成为孔子用以巩固人本生命观并战胜鬼神生命观与鬼神思想统治的最有效的思想武器。

十一

子曰："古者言之不出，耻躬之不逮也。"

子曰："以约失之者，鲜矣。"

子曰："君子欲纳于言，而敏

于行。”

子曰：“德不孤，必有邻。”

传统译文

孔子说：“古时候的人不轻易把话说出口，因为他们以说得出而做不到为可耻。”

孔子说：“因为严于律己而犯错误的是很少的。”

孔子说：“君子说话要谨慎、郑重，而做事要勤奋敏捷。”

孔子说：“有道德的人不会孤立，一定会有志同道合者来和他做伴。”

补　　释

孔子说，古代的人从不乱讲话，更不说空话，因为他们“重然诺”，以说到做不到为耻。知耻是一个人的重要品格，一个人能知耻就有律己观念，就会约束自己走正道。“约”指约束、检束，也有小心谨慎的含义。孔子认为：讲话随便的人容易失信，自我不检的人容易犯错，所以人应该时常约束自己；真正的君子从不随便应承，但做起事来却很敏捷。孔子还认为，“德”不是孤立的。从系统人生观的反映上来看，如果某一方面体现出了“德”，那么与之相关的诸方面必然也有“德”的显现，即所谓“有一善端，善毕至矣”。所以，孔子说“德不孤，必有邻”。孔子在这里所说的“德”，也可理解为有德之人。一个有道德修养的人，自然会影响并作用于周围的人而产生共鸣，所以有德者不会孤立，自然会有共鸣者做伴，也就必然会“有朋自远方来”。

十二

子游曰："事君数，斯辱矣；朋友数，斯疏矣。"

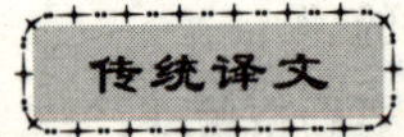
传统译文

子游说："服侍君主太频繁琐碎，反而会招来耻辱；与朋友相交太频繁琐碎，反而会被疏远。"

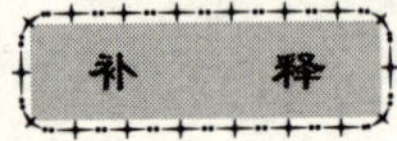
补　释

与人相处，讲"仁爱"之"行"，也要懂得方法。侍奉君王太细，接触太频繁，可能会令其厌烦而招来耻辱；与朋友太近，诸事皆悉，同样也会令人生厌甚至生疑而被疏远。每个人都有不愿被外人所知的隐秘，这是多数人的共性，君主与朋友也一样。子游的话说明，每个人（或每个人群）都有其不能与他人（或外人）共享的隐秘或不愿被外人知的隐情。按照"己所不欲，勿施于人"的原则，应把这一点作为人际交往的距离准则。如果只顾自己的好奇而有意去探查别人的隐秘，孔子则视其为小人行径，即所谓"恶徼以为知者"（《论语·阳货》）。

小结：该篇的核心在于阐明"仁"是立身行事的根本。孔子认为，为人处世的根本立足点应该放在"仁"的基础上；在思想意识上要牢固地树立"仁"的观念；在言行与为人处世上要以"仁"为准则，宽厚待人；向有道德学问的贤者学习，注意迁善改过；对父母的孝，对君主的忠，与友交往中的信都属于"仁"的范畴；先义后利是“仁”的基本原则，要始终使利服从于义；具体的“仁爱”行为也要讲究方法策略，与人交往要保持一定的距离，不可过于频繁琐碎。

第五章

公冶长篇（公冶长第五）

本篇内容主要是评论古今人物的贤否得失。儒家认为这是格物穷理的一个重要方面。

一

子谓公冶长："可妻也，虽在缧绁之中，非其罪也。"以其子妻之。

子谓南容："邦有道，不废；邦无道，免于刑戮"。以其兄之子妻之。

传统译文

孔子谈到公冶长时说："可以把女儿嫁给他做妻子，尽管他曾经坐过监狱，可那并不是他的罪过。"于是就把自己的女儿嫁给公冶长做妻子。

孔子谈到南容时说："国家政治清明时，他不会被罢免；国家政治黑暗时，他也能免遭刑罚。"于是就把自己的侄女嫁给他做妻子。

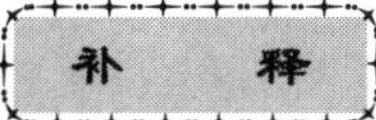

春秋时，儿子与女儿均称为“子”。公冶长，姓公冶名长，孔子的学生，后成为女婿。“缧绁”，是捆犯人的绳子，此处指监狱。南容，姓南宫名适字子容，孔子的学生，后成为侄女婿。传说公冶长懂鸟语，因受鸟所骗而入狱，并非他自身有罪。非自身之过而获罪之人，回到社会后肯定会谨慎行事，所以孔子把女儿嫁给了他。孔子出身贫苦，他的生母是继室，父亲前室留下一个残废的哥哥，家里很穷，孔子十二岁就担负起了家庭生活的重担，饱尝艰难困苦。他哥哥孟皮不幸早亡，留下一个女儿，他对哥哥的女儿视同亲生，将其嫁给了南宫适。古人重玉，因为玉洁，象征君子的人品像玉一样洁白。南宫适注重自身的品德修养，常朗诵赞美玉洁无瑕的诗，而且有特别的感慨。孔子认为南宫适才能卓越，又不露锋芒，有用世之才自处之道并善于审时度势，所以说他“邦有道，不废，邦无道，免于刑戮”，因此把侄女嫁给了他。孔子认识许多权贵，他的弟子中有钱有势者很多，权贵们也都很敬仰他。但他却把女儿嫁给了公冶长，是因为公冶长是个“人不知而不愠”的君子；把侄女嫁给南宫适，是因为南宫适之贤更在公冶长之上，这是厚于兄薄于己。可见，孔子挑婿以道德学问与可靠稳定为主，并不看重富贵贫贱。

二

子谓子贱：“君子哉若人！鲁无君子者，斯焉取斯？”

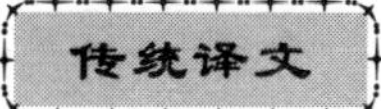

孔子谈到子贱时说：“子贱这个人是个君子啊！如果鲁国没有君

子的话，他从何处学得这么好的品德呢？”

补　释

子贱，姓宓名不齐字子贱，孔子的学生，小孔子三十岁。“若人”指这个人（即子贱）。孔子特别提出子贱对同学们说，无论品德与才能，宓子贱都可称得上君子，如果有人认为鲁国没有君子，那么子贱不就是君子吗？同时也说明，如果没有西周人文文化在鲁国整体的文明传统，也不会产生像子贱这样的贤人君子。

孔子有个侄子叫孔蔑，与宓子贱一起做官。孔子去看望孔蔑并问他做官得到了什么。孔蔑说不仅没得到什么还失去了三样：一是工作忙，没时间复习，所学知识有所遗忘；二是俸禄少，亲戚得不到周济而疏远；三是公事多，顾不上朋友间的丧喜吊贺、探病问疾，致使友情淡漠。孔子听了很不高兴，就用同样的话去问宓子贱。宓子贱回答说，自己做官以来没失去什么，却有三样收获：一是过去记熟了的知识得以实践，使自己理解得更加深刻；二是得到的俸禄自用外还有结余，可以帮助亲戚，加深了亲情；三是对朋友吊死问疾，加深了友情。孔子听后十分感叹地说：“君子哉若人！鲁无君子者，则子贱焉取斯？”（《孔子家语·子路初见》）

三

子贡问曰：“赐也何如？”子曰：“女器也。”曰：“何器也？”曰：“瑚琏也。”

传统译文

子贡问孔子说：“您对我有什么样的看法呢?”孔子说：“你如同一件器物。”子贡问：“是什么器物呢?”孔子回答说：“是宗庙里盛黍稷的瑚琏。”

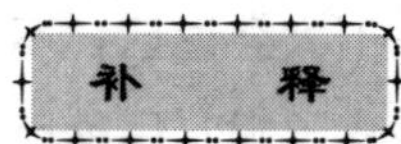

瑚琏是古代的一种玉器，是用来供于庙堂之上象征清洁、庄严、高贵的一种器物。子贡为人豪迈慷慨，品格高尚清雅，性格无拘束且不骄傲。子贡与其他弟子相比属于多面手，无论在语言、文学、知识，还是政治、经济、外交等各方面都是出类拔萃的。所以孔子把子贡比做瑚琏，说明他已形成了高、贵、清的风格，是国家的廊庙之材。同时也说明子贡的学问造诣当时还处在“形而下”的学识水平上(即“器也”)。

四

或曰：“雍也仁而不佞。”子曰：“焉用佞？御人以口给，屡憎于人。不知其仁，焉用佞?”

传统译文

有人说：“冉雍这个人是个有仁德但口才不好的人。”孔子说：“为什么一定要口才好呢？应答敏捷地同别人争辩，往往让人讨厌。我不知道冉雍是不是做到了仁，但做人哪里需要嘴快话多呢?”

补　释

雍，姓冉名雍字仲弓，孔子的学生，小孔子二十九岁，平民出身，是唯一被孔子认为有帝王之才的学生（即“雍也，可使南面”《论语·雍也》）。由于孔子对冉雍器重，有人不服气，就对孔子说，冉雍他人蛮好，仁慈、爱人、宽宏、厚道，就是不太会说话，不善辩也不随和。孔子听到后就说，人为什么非要耍嘴皮子呢？用嘴巴和人家对抗的人，常被人讨厌。假若一个人不努力进行“仁”的修养，光是一张利嘴又有什么用呢？

孔子强调言行一致，但同时也很注重对弟子们的语言训练，因为口才与辩论的能力也是才能的重要方面。但孔子对弟子的口才要求是述说准确、比喻恰当而非巧言力辩。他主张君子应“先行其言而后从之”，反对花言巧语。所以，他要求弟子们做不到的话不能说，做事未行之前不要先说，没用的话、不着边际的话不应说，说多了就成了花言巧语，会让人讨厌。

五

子使漆雕开仕。对曰：“吾斯之未能信。”子说。

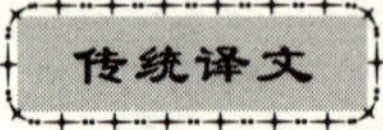

孔子叫漆雕开去做官。漆雕开回答说：“我对做官还没有信心。”孔子听了非常高兴。

补 释

漆雕开，姓漆雕名开字子若，精于《尚书》，孔子的学生，小孔子十一岁。孔子虽然自己不是官，但他名气大且有三千弟子，其中不少弟子已成为名人。所以各诸侯国的国君对孔子推荐的人才，还是相当重视的。前来孔门学艺的弟子中有不少人都抱着求“干禄”（指当官食俸禄）之心，能得到老师的推荐是入仕的最好台阶。漆雕开只小孔子十一岁，是孔门弟子中的年龄较大者。孔子欲推荐他出去做官，他却说谢谢老师，我对做官没有信心。据《韩非子》“显学篇”中介绍，漆雕开性格刚直，对自己要求严格，答应别人的事情，一定会做好，否则宁可不答应。所以，清王夫之在《读四书大全》中说：“而子之所以悦开者，悦其不自信之切于求己”，是说孔子喜欢漆雕开的严格要求自己。这也说明漆雕开并不热衷于官位名利，显示出了他的为学之诚与行道之笃，所以，孔子听了非常高兴。

六

子曰：“道不行，乘桴浮于海，从我者，其由与？”子路闻之喜。子曰：“由也，好勇过我，无所取材。”

传统译文

孔子说：“我的主张在此行不通了。我想乘木排到海外去，可能只有子路一人会跟随我吧！”子路听了非常高兴。孔子说：“由啊，你的勇敢精神大大超过我。但你不知道怎样裁度事理。”

补释

孔子晚年感觉到，振兴春秋时期衰颓的文化礼仪精神，挽回社会风气，专靠德育教化，其效果是不理想的。他已深刻地认识到，时代变了，人们注重的是现实，真正奉行文化礼仪精神的人越来越少了。但他自己仍然信念坚定，意志不改。所以说“道不行，乘桴浮于海”，即指我的思想理念如在中原行不通，我愿到海外蛮荒的岛国去传播。“从我者，其由与?”指如果真这样做，可能跟着我的只有子路一人吧。子路听了很高兴，但孔子接着说，子路啊，你的勇武超过我，但这样的大事你不知道该怎样仲裁呀！（即“无所取材”）这句话是告诫子路要有勇有谋才行。

孔子说的“道不行，乘桴浮于海”只是一时的感叹。孔子以教化天下为己任，为挽救世道人心“知其不可为而为之”，所以他绝不会放弃自己的理想与责任。

七

孟武伯问：“子路仁乎?”子曰：“不知也。”又问。子曰：“由也，千乘之国，可使治其赋也；不知其仁也。”“求也何如?”子曰：“求也，千室之邑，百乘之家，可使为之宰也；不知其仁也。”“赤也何如?”子曰：“赤也，束带立于朝，可使与宾客言也；不知其仁也。”

传统译文

孟武伯问："子路算得上仁吗?"孔子说："不知道。"孟武伯又问了一遍，孔子说："仲由啊，一个具备千乘兵车的大国，可以让他负责军事与赋税。至于他有没有仁德，我可就不知道了。"孟武伯又问："冉求怎样呢?"孔子说："求呢，一个千户规模的大城，一个具备兵车百辆的县里，可以让他当总管。你问他的仁德，我不知道。"孟武伯继续问："公西华又怎样呢?"孔子说："赤呀，国家有宾客往来，可以让他穿着礼服在朝廷上接待应对。至于仁德吗，我就不知道了。"

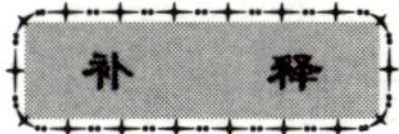

孟武伯即孟孙氏，官居鲁国大夫，是当时的当政者，他向孔子征询人才，要孔子介绍学生。孔子认为，学问修养的最高境界是"仁"，理解"仁道"，树立"仁道"的信念，把握以"仁道"入世的态度等，是许多人都可以做到的，但认知后能否终生行"仁道"而真正得"仁"，则是盖棺后才能定论的。孟武伯自然理解不到这个深度，所以从孔门中几个著名的弟子问起，且一再追问是否修养到了"仁"的境界，孔子只好答不知道。但孔子也把他所问的这几个弟子的才能长处一一作了介绍，如：子路有将帅之才，冉求有行政与财政之能，公西赤（姓公西名赤字子华，孔子的学生，小孔子四十二岁）擅长外交等。孔子的回答中已经表露出，这几名弟子在我门下多年，均已理解"仁道"并已树立了"仁道"的信念，也能把握"仁道"的入世态度，且各有其才能特长，但他们是否真正能够终生"行仁"达到"仁"这个最高境界，谁又能知道呢？同时也说明了孔子对自己学生的才能与长处了如指掌，而对自己弟子的评价也是实事求是，没有一点水分。

八

子谓子贡曰：“女与回也孰愈?”对曰：“赐也何敢望回？回也闻一以知十，赐也闻一以知二。”子曰：“弗如也。吾与女弗如也。”

传统译文

孔子对子贡说：“你与颜回，哪个强些?”子贡回答说：“我哪能跟颜回比？他呀，听了一个道理就可以推出十个道理来；我呢，听到一个道理只能推出两个道理来。”孔子说：“你确实赶不上他，我和你都不如他。”

补　释

“愈”指超过、胜过。颜回是孔子认为最好的学生，品学兼优且聪慧异常，但天妒英才不幸早亡，孔子对他时常怀念。子贡是孔子最亲近的学生（孔子死后，子贡亲选墓地并在墓地守孝六年）。一天孔子因怀念颜回，便对子贡说：“你与颜回都是英才，你们俩谁更强些呢?”子贡知道老师在怀念颜回，而且自身也对颜回钦佩，所以答：“我怎能与颜回比，颜回闻一能知十，我顶多闻一知二。”孔子对子贡能有自知之明，恰当地给自己定位十分赞许。所以感叹地说：“是的，你不如他。不但你不如他，我和你一样都不如他呀!”

九

宰予昼寝。子曰:“朽木不可雕也,粪土之墙不可杇也。于予与何诛?”

子曰:“始吾于人也,听其言而信其行;今吾于人也,听其言而观其行。于予与改是。”

传统译文

宰予白天睡大觉。孔子说:“朽烂了的木头,不能再雕刻了,肮脏的土墙不能再粉刷了。对于宰予,我还有什么可责备的呢?”

孔子又说:“起初我对别人是听了他说的话,便相信他的行为;现在对别人,我听了他的话,还要考察他的行为。这种态度,我是从经历了宰予的事情之后开始改变的。”

另　释

宰予即前“鲁哀公问社于宰我”中的宰我,姓宰名予字子我,是孔门高徒之一。对于此段话历代都认为是孔子在严厉地批评宰我,但南怀瑾先生认为是孔子见到宰我体力不支,联想到颜回与冉耕的早死而发出的感叹。因为宰予身体较差,体力难支,白日卧床休息。孔子感怀颜回与冉耕的早逝,又眼见宰予病体不支,感叹只有才学而没有好身体是难以成事的。因此他说,身体好比木料的材质,才华好比物体的雕纹,如没有好身体形同朽木,又何须雕琢呢？“粪土之墙”，不是用粪土污物垛的墙，而是指被雨水冲刷而流坦了的墙，“杇”指粉刷。墙一旦被雨水冲刷流坦，也就没有再粉刷的必要了。

“听其言而信其行”中的“行”，还有“行为能力”的含义。南怀瑾先生认为，孔子话语的含义，还可以理解为：我从前看一个人，认为有思想，有才能与品德，便相信这个人将来一定会有成就（即“听其言而信其行”）；后来发现并非如此，一个人即使有道德学问，有才干能力，但没有良好的身体，做事没有足够的精力，也免谈事业；是宰予使我对人生作为的看法发生了改变（即“今吾于人也，听其言而观其行，于予与改是”）。

十

子曰：“吾未见刚者。”或对曰：“申枨。”子曰：“枨也欲，焉得刚？”

传统译文

孔子说：“我没有见过刚毅不屈的人。”有人说：“枨不是吗？”孔子说：“枨嘛，他欲望太多，哪里还能做到刚毅不屈呢？”

补　释

申枨，姓申名枨字周，鲁国人。一天，孔子感叹说，我没有见过一个能够称得上刚强坚毅的人。有人说申枨这个人不是很刚毅吗？孔子说，申枨这个人有那么多的个人欲望，怎么能称得上刚毅呢？孔子认为，一个人有着放不下的个人欲望是不可能刚强坚毅的，只要有所求，一遇所求便会为之所驱。刚毅不屈是《周礼》中的“德”目，也是“仁”的品质之一，一个人如私欲重就不可能刚毅，要力求刚毅就必须克服私欲。所以佛家说“有求则苦，无欲则刚”，人到无求品自高，无私无欲方能刚。

十一

子贡曰：“我不欲人之加诸我也，吾亦欲无加诸人。”子曰：“赐也，非尔所及也。”

传统译文

子贡说：“我不愿意别人凌驾于我之上，也不想使自己凌驾于别人之上。”孔子说：“赐呀，这不是你所能做到的。”

另释

子贡根据自己修养的心得认为，凡是我不喜欢别人加诸我的那些事，我也不加诸别人（即“我不欲人之加诸我也，吾亦欲无加诸人”）。也就是说，别人带给我的痛苦、烦恼，我不喜欢；因此，我也不会把痛苦和烦恼带给别人。子贡的想法很好，但事实上是不可能完全做到的。因为人活在世上是互助的，每个人的幸福都会有赖于其他人，或者会妨碍到其他人，如能常生警觉，少妨碍其他人就已经是好的品德了。一个人绝对无私、无欲是做不到的，只要能做到少私，先公后私，少欲，尽可能清心寡欲就是圣贤了。所以孔子说：“赐也，非尔所及也。”

十二

子贡曰："夫子之文章，可得而闻也。夫子之言性与天道，不可得而闻也。"

传统译文

子贡说："先生关于诗书礼乐方面的学问，我们能够听到。先生关于人性与天道的论述，我们就听不到了。"

另　释

"性"也称"心性"，指人的先天本性。《中庸》中有"天命之谓性"，指人的先天本性禀受于"天命"。"天道"指对宇宙的规律性认识，包括天地复合运动的法则、周期与周期节律和与之相应的阴阳运变法则及周期与周期节律以及古人所认知的天地相交、阴阳交合生成生命形成万物的法理等。上古认为，人是天地相交，阴阳交合所产生，在人类的生命接续中同样包含天地相交、阴阳交合的因子，并体现在人的心性之中。由于人是天地交合所产生，因此人体生命的本质与天地复合运动的本质是一致的，所以说人的心"性"禀受于"天命"（指人体生命禀受于宇宙生命能，而宇宙生命的生命接续特性即"性爱"、"母爱"与子女的"回报之爱"构成了人性中善良的一面），"人道"与"天道"是相通的。孔子认为对人"性"（包括生命本质）与"天道"的感悟无法用语言表达，只能靠"以心传心，心印相授"（如"吾道一以贯之"）来感知，而提高心灵体会与感悟能力的方法是

"心斋"（孔子的"心斋"请参看《庄子·人间世》）。所以子贡说，老师的诗、书、礼、乐等学问，我们可以听到，而老师对人"性"（包括生命本质）与"天道"感悟的学问，我们是听不到的，只能通过"心斋"用"心灵"去体会与感悟。说此话时，子贡已开始领悟到了某些"形而上"的学问。

十三

子路有闻，未之能行，惟恐有闻。

传统译文

子路听到一种说法，还未能去实践，只恐怕又会有新的说法。

另　释

子路武功好，人易冲动，但品德高尚，凡听到老师的教诲，必履行实践。"子路有闻，未之能行，惟恐有闻"是倒装句，含义是指子路最怕听到孔子的讲话（即"惟恐有闻"），因为他怕听了之后做不到（即"子路有闻，未之能行"）。子路因为怕做不到事理合一，所以怕听到老师的教诲。子路做事最重事理合一，后来在卫国战乱时，不愿逃避而战死在沙场就是明证。但孔子对子路这种一任其真、不急于"闻"而急于"行"并敢作敢为的性格并不完全赞同，所以当子路问"闻斯行诸"时，孔子说："有父兄在，如之何其闻斯行之"（《论语·先进》），是希望子路在"行"之前要多动脑筋思考。

十四

子贡问曰："孔文子何以谓之'文'也？"子曰："敏而好学，不耻下问，是以谓之'文'也。"

传统译文

子贡问："孔文子这个人，凭什么称他'文'呢？"孔子回答说："因为他既聪明又勤奋好学，不以向不如自己的人请教为耻，所以得谥号'文'。"

补　　释

孔文子，姓孔名圉字仲叔，谥号"文"，生前是卫国大夫。中国古代自周始一直通行着"谥法"制，就是人死后，根据他一生的是非功过确定一个"谥号"。卫国的大夫孔圉死后，其谥号为"文"。子贡问孔子，为什么他的谥号能获得这个"文"字呢？孔子说，孔圉一生最大的特点就是聪明好学，不耻下问，所以谥号谓之"文"。

古谥法制度使每一个人死后都要受到公众的评议，连皇帝也不例外。所以形成了中国文人的留"后世名"的追求，也形成了中华民族"求名要求万世名"的美德。如今的官员或一任主管，在任时极力自我宣传政绩（短期行为与虚假政绩随处可见），卸任后人们的品评也没有任何效用，真该提倡一点"谥法"的精神。

十五

子谓子产："有君子之道四焉：其行己也恭，其事上也敬，其养民也惠，其使民也义。"

子曰："晏平仲善与人交，久而敬之。"

传统译文

孔子评论子产说："他具有君子的四种道德品行：他自己的行为显得谦逊，他侍奉国君很谨慎，他养育百姓有恩惠，他役使百姓都合乎道义。"

孔子说："晏平仲擅长与人交往，交往时间愈久，别人愈是尊敬他。"

补　释

子产，姓公孙名侨字子产，在郑简公、郑定公两朝任宰相。晏平仲即晏子，姓晏名婴字子仲，平是他的谥号，曾任齐国宰相。子产是历史上著名的好宰相，他很赞成孔子的人本生命观，同时也极力反对鬼神生命观与鬼神思想。一次晋平公生病，郑国派子产去问候，晋平公说："卜者说我的病是鬼神作祟，对吗？"子产说："您的病是饮食、哀乐、女色过度所致。"又一次，郑国发生了火灾，郑定公想祈祷鬼神来消除灾祸。子产说："作为国君，您祈祷鬼神不如修养自身的品德。”子产多次以人本生命观来抵制、反对以鬼神为中心的生命观。所以孔子非常佩服他，说他有四点君子之德：一是对自己要求严谨（即“行己也恭”）；二是对君主非常恭敬（即“事上也敬”）；三是他促进了郑国的经济繁荣，使百姓生活安定并得到了实惠，百姓感恩于他（即“养民也惠”）；四是他安排民众服劳役，合法、合时、合理（即“使民也义”）。

晏子最让孔子佩服的地方是他对于交朋友的态度。晏子不轻易交朋友，一旦交了朋友，就会全始全终，之所以与朋友能全始全终，是因为他待朋友能“久而敬之”。“久而敬之”在当今社会作为交友之道在上下级之间、同事之间，也都值得提倡。

十六

子曰：“臧文仲居蔡，山节藻棁，何如其知也？”

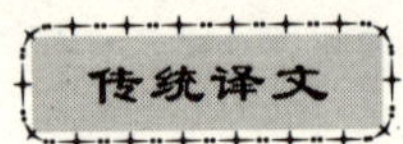

孔子说：“臧文仲屋里蓄养着来自蔡地的大乌龟，屋中柱子、斗上、拱上都雕饰着山的图案，梁上短柱雕饰着水草的图案，这怎么可以说是明智的做法呢？”

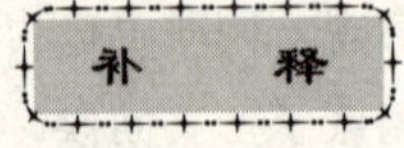

臧文仲，姓臧孙名辰，是鲁国著名的大夫，也是春秋时崇尚鬼神生命观的著名代表人物，尤其迷信蔡龟。“居”指收藏。“蔡”是玳瑁，指大乌龟。“藻”指水草。“棁”是房屋大梁上的短柱。鲁国的大夫臧文仲，收藏了一只大乌龟。他专门为龟在家里建了一座房屋，这间房屋的梁柱上雕刻有山水与海藻形的花纹。为了供养一只乌龟，专门修建龟屋，还建得如此豪华、奢侈，竟然还有人认为臧文仲有智慧。孔子说，像他这样的人，崇尚鬼神、迷信龟卜，几乎近于无知，怎么能算是有智慧呢？这段话是孔子对尚鬼文化的否定，也是对鬼神生命观与龟卜天命观的批判。

十七

子张问曰："令尹子文三仕为令尹，无喜色；三已之，无愠色。旧令尹之政，必以告新令尹。何如？"子曰："忠矣。"曰："仁矣乎？"曰："未知，焉得仁？"

"崔子弑齐君，陈文子有马十乘，弃而违之。至于他邦，则曰：'犹吾大夫崔子也。'违之。之一邦，则又曰：'犹吾大夫崔子也。'违之。何如？"子曰："清矣。"曰："仁矣乎？"曰："未知，焉得仁？"

传统译文

子张问："令尹子文多次做令尹，没有见到他有高兴的神色；多次被免职，也没见到他有怨恨的神色。每次离任，一定将任上原有的政事全告诉新上任的令尹。由此来看子文这个人怎么样呢？”孔子说：“可算是忠于职守了。”子张又问：“可算有仁德了吧？”孔子说：“他只是尽到了忠，并未知仁，又怎么能算得上仁呢？”

子张又问：“崔子杀了齐庄公，陈文子有四十匹马，舍弃不要，离开齐国到了别国。他说：‘这里的当权者跟我们的大夫崔子一个样。’于是又离去，到了另一个国家，他又说：‘这里的当权者跟我们的大夫崔子差不多。’于是又离开了这个国家。由此看来，陈文子这个人怎么样呢？”孔子说：“算是很清白了。”子张又问：“算得上仁吗？”孔子说：“不知仁，怎么能算是仁呢？”

补　释

“令尹”，楚国的宰相称令尹。“子文”，姓斗名穀字於菟，谥号子文。“三仕”指三次做官。令尹子文是楚国的名宰相，他三次上台做宰相，从未因此高兴，三次下台卸官，也从未感到沮丧与懊恼。上台下台做到了不喜不愠，这说明子文有很好的修养。“旧令尹之政，必以告新令尹”，并不是指普通的工作交接，而是指子文把他未完成的事与准备做的事都告知接任他的人，并且详述做这些事的具体办法，把事情的困难、机密与因由都毫不保留地告诉接任人。这表明子文不顾忌个人得失，做到了“忠于事”，即为国家尽忠。所以孔子说，“忠矣”。子张又问，像令尹子文这样的做法，他的学问修养有没有达到“仁”的境界呢？孔子说：“仁是什么，他还不知道，怎么能称得上仁呢？他只是个国家的忠臣，算不上仁者。”

“崔子”，姓崔名杼，齐国大夫。“陈文子”，姓陈名须无字文（子是尊称），齐国大夫。齐国的大夫崔杼叛乱，杀死了国君齐庄公。陈文子也是齐国的大夫，他在齐国有十辆马车四十匹马，因不愿与叛乱弑君的崔杼共事，所以丢弃了自己的财产不要而离开了齐国。春秋时，各国都较乱，争权夺利，尔虞我诈，到处都一样。他连去了几个国家，都因看到权臣与崔杼一样无德，国家无道，而又离去。子张就问孔子，像陈文子这种人怎么样呢？孔子答，可以算得上“清高”。子张又问，像他这样，可算得上“仁”吗？孔子说，他连“仁”的观念都没有，哪能谈得上“仁”呢。自己的国家有难不救，只会自己逃跑，这样的清高又有什么用呢？

孔子的答复也说明了仁者必忠，但忠者未必能达到“仁”；仁者必清，但清者也未必能达到“仁”。

十八

季文子三思而后行。子闻之，曰：“再，斯可矣。”

季文子每办一件事，都要经过反复考虑之后才行动。孔子听说后，说：“考虑两次就行了。”

“三”可指疑虑而非仅专指三次。“再”也可指果决而非仅专指两次。季文子，姓季孙名行父，谥号文，是鲁国的大夫。做任何事都会有得有失，如一味追求十全十美，越反复思虑，会越觉得不可做，常常会失去做事的时机。季文子处事，过分计较祸福利害，处处小心谨慎，孔子认为，他想得太多，不仅瞻前顾后谨小慎微，而且世故太深，常常为一己之私再三思虑利害，而失去为国家做事的时机，所以说：“再，斯可矣。”

十九

子曰："宁武子邦有道则知，邦无道则愚。其知可及也，其愚不可及也。"

传统译文

孔子说："宁武子这个人，在国家政治清明时，他就显得聪慧；在国家政治黑暗时，他就装傻。他的聪慧，别人容易做得到；他装傻，别人就无法做到了。"

补　释

宁武子，姓宁名俞，谥号武。宁武子是春秋时卫国有名的大夫，他经历了卫文公和卫成公两朝。卫文公时，国家政治清明，他的智慧得以充分发挥，展现了他的才能。到卫成公时，政治昏暗、朝政混乱、官场险恶，他却表现得愚蠢鲁钝，好像对什么都很无知，其实是难得糊涂。所以孔子说，宁武子那种聪明才智的表现，别人也可以做到，但他那大智若愚般的难得糊涂，就不容易学了，一般人也就无法做到了。

二十

子在陈，曰："归与！归与！吾党

之小子狂简，斐然成章，不知所以裁之。”

子曰：“伯夷，叔齐不念旧恶，怨是用希。”

子曰：“孰谓微生高直？或乞醯焉，乞诸其邻而与之。”

子曰：“巧言、令色、足恭，左丘明耻之，丘亦耻之。匿怨而友其人，左丘明耻之，丘亦耻之。”

传统译文

孔子在陈国，说：“回去吧！回去吧！我故乡的弟子，他们志向远大但才学浅薄。尽管文采不凡，我还不知道该如何指教他们呢！”

孔子说：“伯夷、叔齐不顾念旧日的仇怨，所以别人对他们的怨恨就少了。”

孔子说：“哪个说微生高这个人直爽呢？有人向他讨一点儿醋，他不说明自己家里没有，却向邻居要来转给人家。”

孔子说：“花言巧语，装着善良的面孔，过分恭敬，左丘明认为这是可耻的，我也认为这是可耻的。把怨恨深深藏在心里，表面上却表示友好，左丘明认为这样做可耻，我也认为这样做可耻。”

补　释

孔子周游列国，走到陈国后对天下大事已了然于胸。他认为要使天下得以安定，必须以文化教育为基础，于是他决定回鲁国授徒讲学创办私学教育。孔子眼看着跟着他的这些年轻学生们，一个个都蛮有豪气，但把天下事看得太简单、太容易了（即“狂简”）；他们虽然文采不错，对天下事能纵论长短（即“斐然成章”），文章见解固然有，但不能够把握具体的“该不该”与“能不能”，不知道如何中道地裁度（即“不知所以裁之”），不知道文章是文章，天下事乃天下事；还是带他们回去，让他们继续学习修养吧。因此，孔子认为，必须要回鲁国去从事教育；必须把精神、精力放在教育与文化传承上；必须致力于培养人才、培养国家的根本。

孔子游历各国之前曾做过鲁国的司寇（掌管司法），当年也曾有过不少恩恩怨怨。但他想既然要回国讲学，也就该抛弃以前的恩怨，像伯夷、叔齐一样，“不念旧恶”自然“怨是用希”，过去有人对不起自己，别放在心上，怨恨也就稀少了。

微生高，姓微生名高，鲁国人。有人说微生高很直爽、坦率，孔子以为不然。有人向微生高要一杯醋，他没有便到邻家去要了一杯转给此人（即“乞诸其邻而与之”）。孔子认为，这种行为是借用邻居的醋来给自己买好，借助或牺牲别人而树立自己当然不算是直。直的人，有就是有，没有就是没有，不必绕弯子买好。孔子在这里借用这个“直”来说明他“以直报怨”的观点。他既已决定回鲁国办教育，对过去在鲁国时的恩怨也就不再考虑了。虽然可以“不念旧恶”，但好就是好，不好就是不好，对不好的事可以既往不咎，但不等于不好的可以认作好。所以他接着又说，花言巧语，满脸堆笑，过分地恭敬，这种人多数说假话，做假事，左丘明认为可耻，我也认为可耻，我和左丘明一样讨厌那些说假话做假事的人。有些人明明对人有仇怨，却不表现出来，表面上还伪装友好，这种人用心险恶，左丘明耻于如此，我也耻于如此。做人应该正直，好就是好，不好就是不好，伪装就可耻。

二十一

颜渊、季路侍。子曰:“盍各言尔志?”子路曰:“愿车马衣轻裘,与朋友共,敝之而无憾。”颜渊曰:“愿无伐善,无施劳。”子路曰:“愿闻子之志。”子曰:“老者安之,朋友信之,少者怀之。”

子曰:“已矣乎!吾未见能见其过而内自讼者也。”

子曰:“十室之邑,必有忠信如丘者焉,不如丘之好学也。”

传统译文

颜渊和子路侍立在孔子身边。孔子说:“何不谈谈自己的志向呢?”子路说:“我愿意把车马衣服拿来与朋友共用,用坏了也不抱怨。”颜渊说:“我希望做到不夸耀自己的好处,不表白自己的功劳。”子路说:“希望听听老师的志向。”孔子说:“对老年人要安养他,对朋友要以诚信相待,对年轻人要关怀。”

孔子说:“完了,我没有看到过一个因为自己的过失而内心自责的人。”

孔子说:“即使是十户人家的小邑,也一定有像我这样既忠诚又守信用的人,只是不如我爱好学习罢了。”

补　释

有一天，颜渊（即颜回）与子路站在孔子旁边。孔子说，何不把你们的愿望讲出来听听？子路说，他希望与朋友共享车马衣服等。子路具有侠义与豪爽，他愿把所有的财物与朋友共享，全部消费光也无憾。颜渊说，他希望有最好的道德行为和最好的道德成就，对社会虽有善行贡献而不骄傲不自我显善（即“无伐善”），而且不把自己的烦恼与痛苦放在别人身上（即“无施劳”）。子路说想听听老师的愿望。孔子说，他希望天下的老年人无论在精神还是物质方面都能有所安顿（即“老者安之”）；希望社会上的所有朋友之间都能相互信任，人与人之间没有仇恨与怀疑（即“朋友信之”）；希望年轻人永远有着伟大的抱负，高尚的精神，美好的理想与愿望（即“少者怀之”）。可见，子路达到了“忘物”，有“济人利物”之心，颜回达到了“忘善”，有“平物勿我”之心，而孔子则有“万物得其所”之心，完全达到了“忘我”，所以才有建立一个理想大同世界的崇高愿望（即“老者安之，朋友信之，少者怀之”）。孔子虽然向往着大同世界，但他深知这种美好愿望是建立在人人都要具备仁德的基础之上的。通过他自身对人类的观察，发现人们的理智始终克服不了欲望。所以他又感叹从来没有看到过能时常反省自己，检查自己，自责自己的人，包括他自己也未能完全做到（即“吾未见能见其过，而内自讼者也”）。因此他感到，自己是个教育者，劝导人朝着这个方向努力是自己的责任。虽然他自己也未能完全做到，但自己一直在不停地学习进步，同时感到他自己可以引以为豪的是，虽然如自己一样忠信的人有不少（即“十室之邑，必有忠信如丘者焉”），但他们都比不上自己这样永远地好学上进。

小结：本篇通过孔子对各人的评述，反映了孔子关于认识人才和选拔人才的观点。孔子视“仁”为做人的最高境界，所以他认识和选拔人才首先着眼于这个人的思想品德，看是否是一个有仁德的人。孔子评价人并非面面俱到，而是善于抓住特点，找人最突出、最值得评价的方面入手，几句话就把人的特长勾画出来，使人感到既简要又生动。孔子对各人的评述，极具教育意义，体现了孔子的教育方法和他对启发式教育的重视。

第六章

雍也篇(雍也第六)

本篇主要记述了君子的言行、规范以及如何修身养性，阐明了孔子的“君子之道”与人生的道理。

一

子曰：“雍也，可使南面。”

仲弓问子桑伯子。子曰：“可也，简。”仲弓曰：“居敬而行简，以临其民，不亦可乎？居简而行简，无乃大简乎？”子曰：“雍之言然。”

传统译文

孔子说：“冉雍这个人，可以让他去治理国家担任要职。”

仲弓问孔子，子桑伯子这个人怎么样？孔子说：“还可以，他行事简洁而不繁琐。”仲弓说：“自身有礼再以简约治民，自然是可以的；自身不知礼而一味求简，不也太过简陋了吗？”孔子说：“你说得对。”

补 释

“南面”，指面南而坐。“雍也，可使南面”，指孔子认为冉雍有帝王之才，可做国君（《史记集结》中将可使南面解释为“可任诸侯之治”）。仲弓即冉雍（姓冉名雍字仲弓），子桑伯子是鲁国人（事迹不详）。“简”指为人豁达，不拘小节，处世简化不注重程序。一次冉雍与孔子谈及子桑伯子这个人，孔子认为子桑伯子这个人还算不差，他突出的特征是“简”，即指他为人豁达，不拘小节且处理事情简单明了，但不太重视程序。接着冉雍发表了他的观点，认为：作为一个领导人如对事、对人都有着敬重的心理，处理事情自然可以简化（即“居敬而行简”）；但如果内心中没有对人对事的敬重，不重视行政组织与程序，这就缺乏敬业的心理；对人对事满不在乎而只求“简”，甚至把“简”当成一种权术或手段，这就成了为了“简”而“简”（即“居简而行简”）。上位者如果“居简而行简”就不会认真地为老百姓办事，百姓的困难也就得不到合理解决，所以说这种“简”就太过了。孔子听了冉雍的话，马上表态说：“你说得对。”

二

哀公问：“弟子孰为好学？”孔子对曰：“有颜回者好学，不迁怒，不贰过。不幸短命死矣。今也则亡，未闻好学者也。”

传统译文

鲁哀公问孔子："在你的学生当中，哪一个最爱学习呢？"孔子回答说："颜回好学，他从不把怒气转移到别人身上，也不重犯同样的错误。不幸短命死了。现在没有了，我还没有听说谁好学呢？"

另释

"好学"有学得最好，道德学问修养最高的含义。鲁哀公问"弟子孰为好学？"的含义是"你的弟子中谁的道德学问最好，谁能继承你的学问作为'人师'承担教化天下的重任呢？"孔子答："只有颜回。"孔子认为：颜回足以为"人师"的学问德业在于"不迁怒"（从不迁怒别人）与"不贰过"（不犯同样的过错）；但他不幸短命；现在已没有了（即"今也则亡"），恐怕再也找不着第二个了（即"未闻好学者也"）。孔子认为，在他的三千弟子中，目前还没有发现有人能像颜回一样，可以做到"不迁怒，不贰过"的。

三

子华使于齐，冉子为其母请粟。子曰："与之釜。"请益。曰："与之庾。"冉子与之粟五秉。子曰："赤之适齐也，乘肥马，衣轻裘。吾闻之也，君子周急不继富。"

原思为之宰，与之粟九百，辞。子曰："毋！以与尔邻里乡党乎！"

传统译文

公西赤出使齐国，冉有替他的母亲请求给点儿粟米，孔子说："给她一釜粟米。"冉有请求再增加一点儿，孔子说："那就再给她一庾粟米"。冉有最后给了她五秉数量的粟米。孔子说："公西赤到齐国去，乘着高头大马拉的车子，穿着轻软暖和的衣服。我听说君子只周济急需救助的人，而不帮助富人富上加富。"

孔子的学生原思做了孔子家的总管，孔子给他奉米（年）九百斗。原思推辞不要。孔子说："不要推辞！拿去给你家乡的乡亲吧！"

补　　释

子华，姓公西名赤字子华，孔子的学生，小孔子四十二岁。"粟"是未去壳的谷粒。"釜"是容量单位，合六斗四升。"益"指增加。"庾"也是容量单位，合二斗四升。"秉"是大容量单位，合十六斗。原思，姓原名宪字子思，孔子的学生。

有一次公西赤被派出使齐国，冉有为公西赤的母亲向孔子请求给些粟米。孔子说："好吧，给她一釜。"冉有嫌少要求多给些，孔子说："那就再加一庾"。实际上冉有给了公西赤母亲五秉粟米。事后孔子并未责怪冉有，而是不失时机地实施教育，他对冉有及其他弟子说：这次公西赤出使齐国，坐的是好车，穿的是好衣，可见他有的是置装费，尽可以拿一些钱孝顺老娘。我们帮助别人应是在别人急难时给予帮助，而不是给人锦上添花。其实孔子并不小气，他的学生原思在他府上做总管，他给原思的酬资是一年九百斗粟米，原思认为太多，希望少一些。而孔子则说："不要推辞，你用不完可以周济贫穷的乡邻。"可见，孔子绝不小气，他是强调"周急不继富"的帮人原则，同时也喻示了中庸的道理。

四

子谓仲弓，曰："犁牛之子骍且角，虽欲勿用，山川其舍诸？"

子曰："回也，其心三月不违仁。其馀则日月至焉而已矣"。

传统译文

孔子谈论到冉雍，说："耕牛的犊子长着红色的毛皮，端正的双角，虽然不想用它祭祀，山川之神难道会舍弃它吗？"

孔子说："颜回的心长久都不肯背离仁德，其余（'馀'通'余'）的人却只是偶尔做到了仁而已。"

另　释

仲弓即冉雍，他出身卑微，家境贫苦。孔子则认为他有国君之才，劝他不要因为家贫在心理上存有下意识的自卑感。孔子说犁牛（指杂毛牛）因为毛杂，除了用于耕地，不能用做其他（如拉车、祭祀等）。但它所生的小牛却是赤黄发亮，头角峥嵘的俊美小牛。意指你的父亲虽然是"贱人"（地位低于民），但你却是出类拔萃的人才。你不应该介意自己的家庭出身如何，在生命本体面前，人人是平等的，你不比别人缺什么。只要自己真有学问，真有才能与修养，就能够自立，社会不用你，恐怕天地都不会答应（即"虽欲勿用，山川其舍诸？"）

孔子称赞完冉雍的才后，又赞扬颜回的德，认为颜回能够长期心明如镜，不为私欲所累。所以孔子说颜回能把“仁”的境界一直保持三个月，而其他人只能做到一月一次或一日一次达到“仁”的境界（即“日月至焉”）。因为孔子认为冉雍有国君之才，而国君更需要“仁”心（即“为君者止于仁”），所以孔子以颜回为例来教导冉雍今后在“仁”的修养上还要再多下工夫。

五

季康子问：“仲由可使从政也与？”子曰：“由也果，于从政乎何有？”曰：“赐也可使从政也与？”曰：“赐也达，于从政乎何有？”曰：“求也可使从政也与？”曰：“求也艺，于从政乎何有？”

季氏使闵子骞为费宰。闵子骞曰：“善为我辞焉！如有复我者，则吾必在汶上矣。”

传统译文

季康子问孔子：“仲由这个人可以让他管理政务吗？”孔子说：“仲由果敢决断，管理政务怎么会有问题呢？”季康子又问：“端木赐这个人可以让他管理政务吗？”孔子说：“端木赐明达事理，管理政务怎么会有问题呢？”季康子又问：“冉求这个人可以让他管理政务吗？”孔子说：“冉求多才多艺，管理政务怎么会有问题呢？”

季氏差人请闵子骞做他的封邑“费”那个地方的总管。闵子骞对来人说："好好地替我推辞掉吧！若是再来召我的话，我肯定已经出走到汶水之北了。"

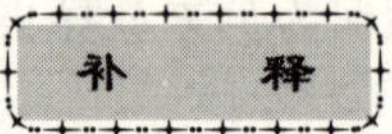

季康子，姓季孙名肥，康是他的谥号。季康子身为鲁国大夫，鲁哀公时期，他主持国政，所以向孔子求管理政务的人才。他先问仲由（子路）从政如何？孔子说，子路果敢，决断迅速，可统率三军，管理政务自然是可以的。季康子又问子贡从政如何？孔子说子贡通达，功名富贵全不放在心上，让他管理政务也没问题。季康子又问冉求从政如何？孔子说，冉求是个才子，六艺皆通，管理政务也是好样的。

南怀瑾先生认为，"于从政乎何有"是不适合从政的含义。他认为孔子深知季氏僭礼越位、图谋不轨，不愿弟子为其效力而托故推辞。

孔子对这三个弟子突出特点的评价，说明孔子要求做学问应该达到三点齐备：第一要性情通达、心胸宽广；第二要果敢决断，处事果决、刚毅；第三要多才多艺，能通晓各门学问。

季孙氏差人私下请闵子骞出任"费"地的总管。闵子骞，姓闵名损字子骞，孔子的学生，小孔子十五岁。"费"是鲁国的一个县邑，属于季氏的封地。"费宰"类似于县令，即费邑的总管。闵子骞是著名的孝子，他认为身处乱世，遇恶人当政，不宜为官，所以不同意给季氏当家臣。因此他回复来人说，好好地替我推辞掉，我是不会去当这个"费宰"的，如果非要我去做的话，我就躲到国外去；假如季氏再次派人来找我谈这件事的话，我就已经到了齐鲁两国交界的汶水那个地方了。

这两段话说明，孔子对学生未来的社会职业从不作任何要求，愿意做官就去做官，不愿意做官就不做官，完全由自己选择，学生可以率性而为。后来冉求和子路都做了季氏的家臣，子贡经商，闵子骞则从教。

六

伯牛有疾，子问之，自牖执其手，曰：“亡之，命矣夫！斯人也而有斯疾也！斯人也而有斯疾也！”

传统译文

伯牛生了病，孔子去探望他，隔着窗户握着他的手和他诀别，说：“失去你，真是命啊！这样好的人，会有这样的病！这样好的人，会有这样的病！”

补　释

伯牛，姓冉名耕字伯牛，孔子的学生，小孔子七岁。孔子待学生亲如子女，伯牛得了传染病（传说是麻风病），孔子知道他的病情严重，生命已无法挽回，便前往与他诀别。古时，臣下有病，君主前来探望时，就让病人躺在南面的窗下，君主立于南窗外探视。伯牛家待孔子以最高的探视礼，孔子认为不妥当，所以从窗外伸手进去拉住伯牛的手（即“自牖执其手”）感叹地说：“快不行了，这真是命啊！这么好的人怎么得这样的病呢！”孔子一生重道德修养，伯牛的德行修养在孔子眼中虽不及颜回但也属上品，深受孔子喜爱，但不幸的是，伯牛与颜回都如此短命，使孔子对人生命运颇为感叹。

七

子曰："贤哉，回也！一箪食，一瓢饮，在陋巷，人不堪其忧，回也不改其乐。贤哉，回也！"。

传统译文

孔子说："颜回多么贤德啊！一箪饭，一瓢水，住在破陋的小巷子里，别人都不能忍受那种愁苦，颜回却不改变他的自得之乐。多么贤德啊，颜回！"

补　释

"箪"，古代竹制的圆形盛饭的器皿。孔子赞叹颜回的德行修养，在"一箪食，一瓢饮，在陋巷"这样艰苦的物质条件下，心境依然恬淡平静。别人到此境遇都会不堪忍受，心生忧愁，但颜回不仅能安于贫困，而且其心能在保持恬淡平静之中依然自得其乐。所以孔子赞叹说："贤哉，回也！"一个人能做到不受物质环境的影响，已经很难，能安于贫困且不为贫困而忧愁，心中保持恬淡平静就更难。能在艰难困苦的条件下，不但无忧愁，心中始终保持恬淡平静，并且能努力修行依然自得其乐，则更是难上加难。

八

冉求曰："非不说子之道，力不足也。"子曰："力不足者，中道而废。今女画。"

子谓子夏曰："女为君子儒，无为小人儒。"

传统译文

冉求说："不是我不喜欢先生你的学说，而是我的能力不够。"孔子说："如果力量不够，走到半道就走不动了。现在你是自己划下界限，不向前走呀！"

孔子对子夏说："你要做一个有修养的君子式的学者，不要做无修养的小人式的学者。"

补　释

冉求有一次对孔子说，老师呀，我们对你的学问非常敬仰，你所教导的道德学问的修养，我们也很喜欢，只是我们力不能及而做不到。孔子说，你这话错了。如果尽力去做，只做了一半，无法完成，这是力量不足的原因（即"力不足者，中道而废"）。可是你在开始做之前，就先认定自己力量不足，这就等于你自己给自己先画了一个圈，把自己圈到"做不到"的界限内（即"今女画"），又怎么能行呢？"力不足者"是想为而不能为。"自画者"是能为而不肯为。这两种心态、两种表现是截然不同的。孔子教导冉求的意思是，你不管能否做得成功，只要肯立志，坚决地去做，做到什么程度算什么程度，这便是真正的努力。

“儒”是需字边加人，指社会所需要的人，后来泛指读书人。春秋时执丧礼的职业也叫儒。《礼记》中有“儒行篇”，对“儒者”有各种分类及各种标准。孔子在这里把“儒”，分为“君子儒”与“小人儒”。他所说的“君子儒”，指道德、才能、学识兼备者，而“小人儒”除了指无德小人式的学者外还包括只知读书不会应用的书呆子。因为子夏也是孔子学生中德行修养较好者，属贤者之一，所以不可能以无德小人论比。孔子在这里所说的“小人儒”，应是指只知读书写文章，讲理论头头是道，做事情一窍不通的书呆子。子夏偏好读书，孔子教导他读书是好，但不能光靠读书，要了解天下事，锻炼做事的才能，修养仁德与通达的胸怀。

九

子游为武城宰。子曰：“女得人焉尔乎?”曰：“有澹台灭明者，行不由径，非公事，未尝至于偃之室也。”

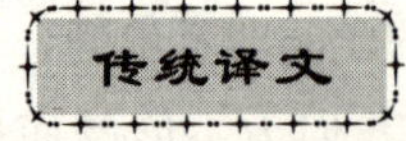

子游做武城的地方长官。孔子说：“你在那儿得到什么人才没有?”子游说：“有一个叫澹台灭明的人，处世正道，不为公事他从不到我府上来。”

补 释

“武城”，是鲁国的一个小城邑。“偃”即子游，孔子的学生，他在武城做地方官（即“宰”）。子游回来看老师时，孔子问他在武城发现什么人才没有。子游说：“有个叫澹台灭明的人，他平时行事有时不依常规（即‘行不由径’），但为人正直。他在武城做事，不为公事，从不来找我。”澹台灭明，姓澹台名灭明字子羽，在此之前曾去拜见过孔子，孔子因其长相丑陋而不喜欢，致使澹台灭明离去。孔子听了子游的介绍后才意识到澹台灭明也是个人才，于是才有了后来的感叹，即所谓“以貌取人，失之子羽”。子羽即指澹台灭明。

十

子曰：“孟之反不伐，奔而殿，将入门，策其马，曰：‘非敢后也，马不进也。’”

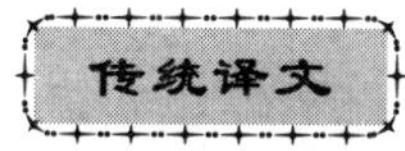

孔子说：“孟之反不自我吹嘘，打了败仗他走在最后掩护撤退。快进城门时，他鞭打着马说：‘不是我愿意在最后走，是我的马不肯快跑。’”

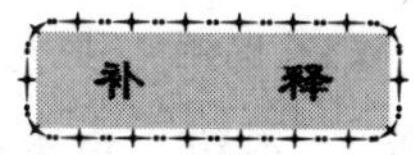

“伐”是自我夸耀。“不伐”指不居功自傲，不炫耀自己。“殿”即殿后。“奔而殿”指打了败仗逃跑的时候，殿后掩护撤退。孟之反是鲁国的大夫，他曾带兵数年，打仗多次，但从不表功，更不夸耀。

打败仗时，他作为主帅不仅不先逃，而是殿后掩护别人撤退，快回到己方的城门时才策马赶前，而且还谦虚地说：“不是我胆大走在最后，而是我的马不肯快跑。”孔子在这里借孟之反的言行塑造了一个“德行”的典范，来教导学生从事“德行”的修养。

十一

子曰：“不有祝鮀之佞，而有宋朝之美，难乎免于今之世矣。”

子曰：“谁能出不由户？何莫由斯道也。”

传统译文

孔子说：“卫国这个国家，假若没有祝鮀那样好的口才，反而有相貌好的宋朝那类人，在今天的社会里，怕是难逃灾祸了。”

孔子说：“谁能走出屋子却不经过房门？为什么没有人依仁义之路行走呢？”

补　释

“祝”是负责宗庙与祭祀的官名。“鮀”是人名，其姓不详，只知其名鮀字子鱼，是卫国大夫，曾做祝官，故称祝鮀，善口才。“佞”指能言善辩。“宋”指宋国。“朝”是人名。“宋朝”指宋国的公子“朝”，其长相俊秀，以貌美著称。孔子说，当初卫国如果没有善辩的祝鮀，而只有宋朝般的美貌，真不知会遭到什么样的灾祸？同时也说明假使一个人没有像祝鮀那样的好口才，即使长得像宋公子“朝”那样漂亮，在当今社会也是行不通的。这是孔子对当时社会的感叹。春秋末期，诸侯纷争，到处是尔虞我诈，能言善辩者常得青睐，所以孔子感叹相貌美好不如口才好。孔子虽然对那个时代感叹，但他还是强调人应该坚持走正道。因此他举例说：“谁能出不由户？”（大门以内的门都叫户），指哪一个外出的人能不经过户而到大门外呢？意指“道不可须臾离”，为人处世应走“仁义”之路，就像人出院子的门必须经过房门一样，也指“仁义”是人类社会最终成功的必经之路。“何莫由斯道也”，含义是为什么没有人行正道呢？同时也指尽管有许多人不走正道而得意一时，但那不过是侥幸，其终究还是要失败的。

十二

子曰：“质胜文则野，文胜质则史。文质彬彬，然后君子。”

子曰：“人之生也直，罔之生也幸而免。”

传统译文

孔子说：“质地胜过文采，就会像一个没有教养的人一样，粗俗野蛮；文采超过质地，则像官府里的文书一样，浮华虚饰。质地与文采配合恰当，才是君子。”

孔子说：“一个人因为正直，所以在世上能够生存；不正直的人也能在世上生存，那是他侥幸免于祸患。”

补释

“质”指人的本性与朴素的生命本质特性。“文”指人类有了文明之后自己加上去的人文文化特性。孔子认为，现代的文明人与原始人在生命本质特性上是一致的；如原始人敦厚朴实的特性过多，人文文化的文明成分过少，人类将流于落后、荒蛮（即“质胜文则野”）；加之人类自身的文明文化知识掩饰了人的生命本质，掩盖了人性中自有的敦厚朴实，则社会将走向没落（即“文胜质则史”）；只有后天的文化熏陶与先天的单纯、朴实、敦厚相互均衡（即“文质彬彬”），才是君子的特性。

孔子认为：人的先天本性原是直道而行（即“率性之谓道”），即率直的、天真的（即“人之生也直”）；虚伪（即“罔”）空洞的人，虚假地度过一生，即使得逞一时、免去了灾祸（即“罔之生也幸而免”），也只是侥幸而并非必然，虚假的人最终是不会有好结果的。孔子这段话的含义是说，人天生是率直淳朴的，年龄越大，经验越多，反而使很多人变得越来越虚伪，如果以虚伪的手段处世，其结果是不会好的，即使无灾祸也是“幸而免”。

另释

“人之生也直”指人真正的心性，天生便应是直心道场，就如婴儿观世界，虽粗陋却本真。“罔之生也幸而免”指人后天由于受物欲的诱导与环境的影响，迷失了先天的本性，致使人先天的心性被一层层的私欲与虚妄所蒙蔽，只有小孩子能幸运地避免。

十三

子曰：“知之者不如好之者，好之

者不如乐之者。”

子曰：“中人以上，可以语上也。中人以下，不可以语上也。”

传统译文

孔子说：“对于任何事业和学问，知道它不如喜爱它，喜爱它不如从心里以它为乐。”

孔子说：“中等资质以上的人，可以跟他讲高深的学问，中等资质以下的人，就不能跟他讲高深的学问。”

补　释

人们学习某种艺业或钻研某种学问，一旦从心里感到枯燥无味，则很难真正学好。如果因某种需要迫使我们不得不学好它时，理智会要求我们去努力（即所谓“知之者”）。但假若心里对该种艺业或学问有兴趣的话，理智的要求便成为自愿的行为，其效果肯定较前者要好得多（即“知之者不如好之者”）。如果学习者对某种艺业或学问的认知、理解与探索能带来心底欢悦的话，那么他必然会全身心地投入，并能进入其境界，也必然会有较高的成就（即“好之者不如乐之者”）。孔子揭示的这一道理说明，教育应注重培养学生的兴趣，更要注重因材施教，老师应善于发现学生的“好”与“乐”，要善于引导与发挥学生的“好”与“乐”的作用。

孔子认为，人的资质是不一样的，中等以上资质的人，可以与其研究“人性”与“天道”等“形而上”的学问，中等以下资质的人不适应研究“形而上”的学问，应使其学习其力所能及的艺业。古时把“天道”、“天命”、“人性”、“生命本质”等问题均归结为“形而上”的学问，包括无形无质的“道”，有形无质的象与相，有质无形的炁与炁等（对有形有质事物的认知则称为形而下的学问）。孔子的这段话，同样是强调因材施教的问题。

儒家炁功解

“之”指“道”。“知之者”是认知“道”，指“明德”。“好之者”是“修道”与“行道”，指“明明德”。“乐之者”是“了道”，指“得道”后的欢跃。“知之、好之、乐之”是对“识道、行道、了道”三个阶段与层次的表述。

十四

樊迟问知。子曰：“务民之义，敬鬼神而远之，可谓知矣。”问仁。曰：“仁者先难而后获，可谓仁矣。”

传统译文

樊迟问什么是明智。孔子说：“致力于人世间该做的事情，对鬼神抱敬而远之的态度，这就可以说是明智了。”樊迟又问什么是仁。孔子说：“有仁德的人总是先付出艰苦的努力然后才有收获，这就可以说是仁了。”

另　释

樊迟是孔子的学生，有一天他问孔子什么是智，即怎样才算智慧。孔子告诉他，从政（务民有从政的含义）要致力于为民该做的事情（即“务民之义”）。对民众的祭祖（鬼）、祭天地（神）要保持崇敬的心理，尊重其祭奠的礼仪但不可迷信，即远离民间存留的商朝“尚鬼”的风俗思想（即“敬鬼神而远之”）。孔子认为，尊重民间的敬天地祖先的信仰是敬重民众的重要表现，敬民间信仰的“鬼神”就是敬民，既要做到敬重民众，获得民众的信服，又不受落后风俗思想的影响，这就是智慧（即“可谓知矣”）。尊重各民族的宗教信仰是政治家领导各民族的必要手段，而政治思想远离各民族宗教信仰的迷信，则是政治家的必然。所以孔子认为这样做就是为政者的智慧。樊迟又接着问什么是仁。孔子说，一个领导人（务民者）要有仁爱的心怀，要有“敬其事”的思想；任何事都要先从难处着想，要从多方面考虑；通过“执其两端而竭焉”来比较出“中道”的方式与政策；行事“允执其中”就是“仁”的应用，就能获得好的结果（即“仁者先难而后获”）；能做到如此，就可以说是仁了（即“可谓仁矣”）。

十五

子曰：“知者乐水，仁者乐山；知者动，仁者静；知者乐，仁者寿。”

孔子说：“智者喜爱水，仁者喜爱山；智者好动，仁者好静；智者快乐，仁者长寿。”

孔子认为：智者达于事理、周流无滞，就像水一样既安详又活泼

（即“智者乐水”）；仁者安于义理、厚重不迁，就像山一样稳健宁静（即“仁者乐山”）；智者有动性特征（即“智者动”），像水，仁者有静性特征（即“仁者静”），像山；智者性格活泼、聪明好动，一般兴趣广泛，属乐观型（即“知者乐”）；仁者宁静，涵养高，不易冲动，也不易发脾气，一般较长寿（即“仁者寿”）。

十六

子曰：“齐一变，至于鲁；鲁一变，至于道。”

子曰：“觚不觚，觚哉！觚哉！”

传统译文

孔子说：“齐国政治一变革，就会达到鲁国的程度了；鲁国一变革政治，就进而符合先王施行的仁义之道了。”

孔子说：“觚不像个觚，这怎么是觚呀！这怎么是觚呀！”

另　释

春秋时期，各国的语言文字并没有完全统一，各国的政治措施与文化思想也不尽一致。当时文化较发达的主要是齐、鲁两国。周武王时封姜尚（即姜子牙）到齐，封周公（旦）到鲁。齐国依姜尚的思想主要承继了早期的道家文化与术士的思想，而鲁国依周公的思想形成早期的儒家文化。早期的道家文化以黄帝的思想为主，包含大量的天文、历普、算筹、医学、养生、炼炁及神仙术等“方术”内容；而早期的儒家文化则是以人伦观念与礼制思想为主的。孔子认为，周公（旦）的系统人伦观念与礼制思想（即早期儒家文化）是由黄帝及尧、舜、禹的思想发展而来的（即所谓“三皇立世，五帝定伦”）。所以说鲁国文化的源流是由齐国文化的前驱发展而来的（即“齐一变，至于鲁”）。而鲁国文化经孔子发扬光大后，形成了以“人本生命观”为宗旨，以“五伦”为基础，以“仁”为核心，以“仁、义、礼、智、信”为主要内容并与天道相符的系统人文文化思想（即“鲁一变，至于道”）。

“觚”是一种上圆下方有棱角的酒杯。孔子感叹春秋时期的文化衰落，人心不古，“仁政”与“德治”的思想不被诸侯们所接受，各国争斗不休，世道衰落。他觉得什么都变了，连酒杯的形状都变了，所以感叹说：“酒杯不像个酒杯（即‘觚不觚’），这怎么是酒杯呀！”（即“觚哉！”）

十七

宰我问曰：“仁者，虽告之曰：‘井有仁焉’，其从之也？”子曰：“何为其然也？君子可逝也，不可陷也；可欺也，不可罔也。”

子曰：“君子博学于文，约之以礼，亦可以弗畔矣夫！”

传统译文

宰我问：“有仁德的人，即使告诉他说：‘井里有仁人掉下去了’，他会跟着跳到井中去吗？”孔子说：“为什么要这样做呢？君子可以让他去井边想办法救人，但不能也让他陷入井中；君子可被人欺骗，但不能受别人愚弄。”

孔子说：“君子要广泛地学习一切知识，并且用礼来约束自己，这样就不会背离君子之道了。”

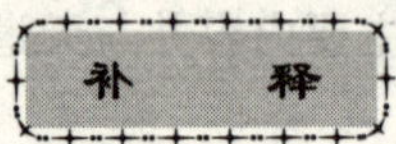

补释

宰我对孔子说，你天天要我们学“仁”，现在世道又这么不好，坏人到处都是，假若有人骗我们说有人掉井里了，救之为仁，难道我们就应该跳下去吗？孔子说，你怎么这样想呢？一个做学问修仁德的人并不是笨蛋，必须能通晓应变，要坚定自己的中心思想去适应社会的变化。现在的确世道不好，坏人较多，欺骗到处都有，但君子要会应变。君子可以为救人而献身，但不能落入别人的陷阱（即“君子可逝也，不可陷也”）；君子可以被欺骗，但不能茫然不知（即“可欺也，不可罔也”）。

孔子说，君子要博学各类文化知识，眼界开阔、通达事理，才能成为通才。同时也要有专精，并且还要约束自己，做人做事要合乎礼才能提高道德修养。如果能做到这样，人生道路就不会离谱（“弗畔”指没有离经叛道），也就不会背离君子之道了。

十八

子见南子，子路不说。夫子矢之曰：“予所否者，天厌之！天厌之！”

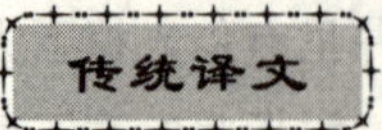

传统译文

孔子去见南子，子路不高兴。孔子对天发誓说：“如果我的行为不合礼、不合道的话，天厌弃我吧！天厌弃我吧！”

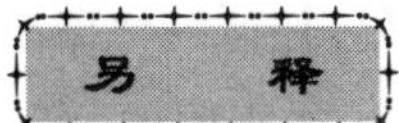

另释

南子是著名的美女，卫灵公的爱妃，乘受国君宠爱之机，把持了朝政。由于妃子受宠掌权，卫国的士大夫们都对其不满，所以南子在士大夫中的声誉不好。孔子在卫国时，南子几次要求见他，最后只好答应。传说孔子见南子时，南子穿着礼服向孔子跪拜，对孔子非常尊敬，孔子送了南子一件狐皮裘（因南子是国夫人，当属正常献礼）。子路对孔子去见南子并送狐裘，误会为孔子走南子的门路，要在卫国做官，所以很不高兴，即：“子见南子，子路不说（悦）。”孔子解释说：“我根本没想在卫国做官（事实上，卫灵公与南子都劝孔子做卫国宰相，孔子未答应），而且对于南子这个人，我和你们的看法也不一样，她不是你们想象中的那种坏女人，只不过是宠妃掌权，遭人非议而已。”然后又接着说：“我所否定的人，都是那些不可救药的人（即‘予以否者’），不但人讨厌，天也讨厌（即‘天厌之’）。”

十九

子曰：“中庸之为德也，其至矣乎！民鲜久矣。”

传统译文

孔子说：“中庸作为一种道德，可算是顶高的啊！但人们缺少此德已经很久了。”

补释

孔子认为，一切事物都在变，没有不变的事。任何一件事都存在对立的两面，有正面必有反面，有好就有坏。一项所谓的“正确”，在它产生的同时也就伴随着一个不正确（孔子在他编撰的《易传》中充分地表述了上述思想）。一切都是相对而言的，在这个相对的中间（即阴阳运变中的动态和谐），有一个“中和”的道理（如太极图中的阴阳动态平衡线所代表的阴阳和合的法理），“中庸”就是这个“中和”的作用。如能始终保持“中和”，使相对的两面各自都弃其不对的成分，保留其正确的部分，即为“允执其中”。这就是“中庸”，就是“人道”的正执，所以说是“德”的至高体现。因此孔子说：“中庸之为德也，其至矣乎!”意指中庸就是德，是“仁德”的应用与极致发挥，但许久都很少有人能够善于运用了（即“民鲜久矣”）。

二十

子贡曰：“如有博施于民而能济众，何如？可谓仁乎？”子曰：“何事于仁！必也圣乎！尧舜其犹病诸！夫仁者，己欲立而立人，己欲达而达人。能近取譬，可谓仁之方也已。”

传统译文

子贡说：“假使有人能广泛地给百姓以好处和救济，这个人怎么样呢？能称得上是仁人吗？”孔子说：“不仅是仁人，还必定是个圣人啊！尧舜还恐怕做不到这样呢！有仁德的人，自己想建树的也帮助别人建树，自己想要做到的也帮助别人做到，能由自己推及别人身上，这就是实行仁的方法。”

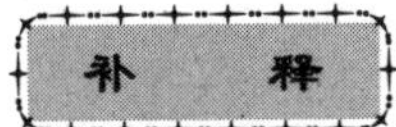

子贡是个商人，很有钱，说话也豪气。他说：“假若有一个人能广泛地博施济众，为整个人类谋福利事业，这个人怎么样呢？可称得上是仁人吗?”孔子说：“真能这样，那太伟大了，岂止是仁人，简直就是圣人；但你做不到，像尧舜那样的圣明君王也做不到呀!”孔子认为，“仁”是人的心性，是人性中内在的善良本质；人绝对地无私是做不到的，能推己及人扩充为公，就是行“仁”的方向与道路。所以孔子告诉他：自己想有所建树，就帮助别人也有所建树，自己想达到目标，就帮助别人也达到目标（即“己欲立而立人，己欲达而达人”）；“行仁”应由自身做起（即“能近取譬”），由身边的人与事做起，不要想得太高远；在想自己利益的时候，也替别人的利益着想，扩而充之，想到天下人的利益，这就是仁的方向与道路（即“可谓仁之方也已”）。

小结：本篇孔子谈到了许多君子的言行规范和修身养性的途径与境界，其中心内容在于阐明修养道德学问的途径与方法。孔子主张，首先要划清“君子儒”与“小人儒”，要做“君子儒”，不做“小人儒”；其次要从“德行”、“才能”、“学识”、“多艺”等几个方面都下工夫。孔子强调：一方面要陶冶思想情操，培养高尚的道德精神境界；另一方面还要积累知识，锻炼能力，增长才干，练就经纶济世的本领。本篇贯穿了孔子“执其两端而竭焉”的“中庸”之道与“允执厥中”的“中庸”思想，并把这种思想与方法看做是至高无上的思想方法，认做是仁德应用的最高体现。

第七章

述而篇(述而第七)

本篇主要记述了孔子谦己诲人的言辞和他的器宇、神态以及行事等，集中描述了孔子的个性与人格魅力的各个侧面。

一

子曰：“述而不作，信而好古，窃比于我老、彭。”

子曰：“默而识之，学而不厌，诲人不倦，何有于我哉？”

传统译文

孔子说：“只传述旧作，不进行创新，相信而且喜爱古文化，我私下把自己和老、彭相比。”

孔子说：“把所学的知识默默地记在心里，勤奋学习而不满足，教导别人而不倦怠，对我来说，这些事又做到了哪一点呢？”

补 释

夏商周三代的历史演进，为中华民族积累了灿烂的文化。孔子集前人之大成，兴办私学，传承三代文化并把西周文化的核心由“尊尊亲亲”提升为“仁义”原理，建立了以“仁”为核心的思想体系。孔子说他自己“述而不作”，是指他只是承前启后地把传统文化继承了下来。修《诗》、《书》、《礼》、《易》、《乐》、《春秋》，均是承继前人，尊重事实，直述所见所闻。“信而好古”指修撰六经均经过了严格的考证，所撰入的内容必有可信的证据资料。如所修《尚书》从尧典始，就是因为尧帝以前的文献资料不足，他不敢轻易断言。“述而不作，信而好古”，说明孔子治学严谨，谦虚谨慎，注重证据，尊重历史。“窃比于我老、彭”是指他认为自己并没有什么了不起，只想努力向老子与彭祖看齐。

接着孔子又说，做学问要宁静，不可心存外物，更不可力求表现，要默默然领会在心（即“默而识之”）；做学问的志趣要持之以恒永远不厌倦（即“学而不厌”）；从事教育要不厌其烦，不怕疲倦，对资质不高之人有时重复施教也不生厌倦（即“诲人不倦”）；我除了在以上三点尽了努力外，还有什么呢？（即“何有于我哉”）。其实孔子这番话是他自己学、教经验的总结，同时也告诫弟子们学与教都无止境，不要满足于已有的成绩而停步不前。

二

子曰：“德之不修，学之不讲，闻义不能徙，不善不能改，是吾忧也。”

子之燕居，申申如也，夭夭如也。

子曰：“甚矣吾衰也！久矣吾不复

梦见周公!”

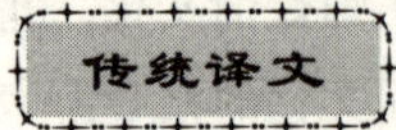

孔子说:“品德不加以修养,学问不勤于研究,听到符合道义的事,不能竭力去做,自己有缺点不能勇于改正,这些都是我所忧虑的啊!”

孔子在家闲居时,看上去一副舒展整洁、轻松和畅的样子。

孔子说:“我衰老得多么严重呀!我有很长时间没有再梦见周公了。”

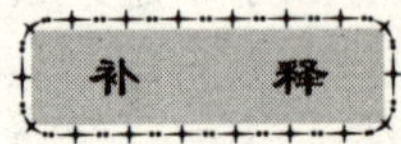

春秋末期,诸侯纷争,社会风气日下。孔子忧天下,忧国家,忧人心不古,忧社会道德衰退。所以他说,当今社会之人不“修身”不“明德”(即“德之不修”),只认现实利益;不追求“仁德”的学问(即“学之不讲”),只求知识在实用中的利益转换;明知自己走错了道,且听到了“义”的正确路线,但又不向“义”的方位迁移(即“闻义不能徙”,“徙”音喜,指迁移);明知不对而不能改过(即“不善不能改”)。以上四点也是君子修养中的四诫,所以孔子说,这些都是我所忧虑的啊!(即“是吾忧也”)

孔子虽然忧国忧民,但他并不是一个多愁善感的人。他平时在家的日常生活(即“子之燕居”)很舒展,很爽朗(即“申申如也”),而且活泼愉快(即“夭夭如也”),从衣冠到容貌神色无不合于礼。可见,孔子虽然忧国忧民,但并不是每天都在忧愁之中,而是能保持爽朗的胸怀、活泼的心情,挺拔于尘俗之中,足见其高深的修养。

自周朝建国以来的人文文化,都是由周公一手整理并付诸实行的。春秋末期，时局混乱，文化不受重视。孔子一心承继周公，肩负着中国文化承前启后的重担，深感责任重大，压力也沉重。所以他感叹说，我衰老了，而且老了这么多，好长时间没有再梦见周公了（即“甚矣吾衰也！久矣吾不复梦见周公”）。同时这段话也说明孔子从政之心未泯，心有不甘，虽然身体逐渐衰老，但行道的理想永远不变。

三

子曰：“志于道，据于德，依于仁，游于艺。”

传统译文

孔子说：“志向在‘道’上，执守在‘德’上，依据在‘仁’上，以礼、乐、射、御、书、数等为学习对象。”

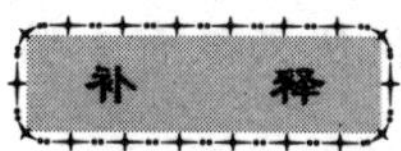

孔子说：做学问要志存高远，以真正“闻道”为目标（即“志于道”）；为人处世要依据“明德”的要求努力允执其中（即“据于德”）；内心的修养要“依于仁”，要有爱心，克己之私念，推己及人；学习要广泛，要游历于六艺即礼、乐、射、御、书、数等（即“游于艺”）。“志于道，据于德”是孔子要求的中心思想，“依于仁，游于艺”是孔子要求的生活与处世的准则。孔子认为，具备道、德、仁、艺这四个方面，才算是真有学问。

另　释

人之所以为万物之灵，是人能“复性”使“仁心”觉醒。君子之所以为人中之杰，是君子“志于道”。行道凭借德，故君子“据于德”。德发自仁心，即“依于仁”。仁心是人的先天本性，但被后天私欲所蒙蔽所以要“复性”即“明明德”。诗书礼乐皆为艺，是养仁育德的园地。志是心之动向，“志于道”、“据于德”、“游于艺”都依据“仁”的价值观与理想性，即依据“仁心”的觉醒，依据“复性”，依据“明明德”。

四

子曰：“自行束脩以上，吾未尝无诲焉。”

传统译文

孔子说：“只要是带着薄礼求见我的，我从来没有不给予教诲的。”

另　释

“束”指用绳子捆在一起。“脩”是干肉，类似现在的腊肉。“束脩”指十条干肉，古人多数解释为学费。“自行束脩以上”，还包括自行依礼求见的含义，如仅理解为持礼物而求见，那么无礼物者，孔子是否不见或不教诲呢？如果把“束脩”仅认做学费的话，那么像颜回那样只有“一箪食，一瓢饮”的穷学生不知如何支付这十条干肉的学费。孔子的教育思想是有教无类，所以这句话的含义应是指：凡自行以礼求见我的人，不分贫富、地域、学历、身份，我都来者不拒，从来没有不给予教诲的。

五

子曰："不愤不启，不悱不发，举一隅不以三隅反，则不复也。"

传统译文

孔子说："教导学生不到他想弄个明白而又不能弄明白的时候，我不去点拨他；不到他想说出来而又说不清楚的时候，我不去启发他。教给他某一方面，他不能由此推知其他几方面的，那就不必再教下去了。"

另　释

"愤"是激愤。"启"是启发。"悱"是内心怀疑。"隅"是四个角的方向，这里指某一方面。这段话是孔子自述的教学方法与启智方法。孔子认为，资质较好且顽劣的学生，常有较强的个性，善于独立思维；对于这类学生，可先刺激他的思想，使其发愤，树立坚强的求知心，才能启发出他本身的智慧（即"不愤不启"）；引导其对所学用怀疑的眼光去审视（如孟子的"尽信书不如无书"的观点）或产生不同看法，有了怀疑或不同看法，他自然就会去认真研究（即"不悱不发"，"发"有开发研究的含义）；而且要引导他对认知之"理"推而广之，这样才能回到（即"复"）他自己思想智慧的本位，成为他自己的智慧才能；如果他不能够推而广之，举一反三，他的认知只是"死理"，便不能够回归于自身的思想智慧之中（即"举一隅不以三隅反，则不复也"，"复"指回复、回归），也就不能成为他自己的智慧才能。可见，孔子教学方法的要点是调动学生学与问的主动性与积极性；其启智方法的要领是引导学生"审问"、"慎思"，培养独立思考的能力；同时强调"时习之"、"笃行之"、"举一反三"等，使学生将认知之理推而广之并广泛实践，成为自身的智慧才能。

六

子食于有丧者之侧，未尝饱也。子于是日哭，则不歌。

子谓颜渊曰："用之则行，舍之则藏。唯我与尔有是夫！"

子路曰："子行三军，则谁与？"子曰："暴虎冯河，死而无悔者，吾不与也。必也临事而惧，好谋而成者也。"

传统译文

孔子在有丧事的人旁边吃饭，从来没有吃饱过。孔子在吊丧这一天哭泣过，那他在这一天里就不再唱歌了。

孔子对颜渊说："有用我的，就实行我的主张；不用我，可将它收藏起来。只有我和你能有这种态度了！"

子路说："如果您去率领军队指挥作战，找谁与您共事？"孔子说："能空手与老虎搏斗，徒步涉水过河也不后悔的人，我是不与他共事的。与我共事的必须是临事能小心谨慎，善于谋划而能成功的人。"

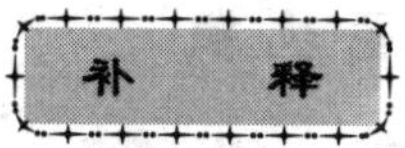

孔子对生死之"礼"非常重视，他去丧家，吃饭从来没吃饱过；参加丧礼或去丧家吊念，哭过后，心里难过，一天里都心怀对丧家的尊重而不再吟唱诗歌。

有一次孔子对颜回说，如果有主宰社会的机遇，就抓住机遇推行先王之道，为天下尽力（即"用之则行"）；如果没有机遇，宁可闲居也不可鲁莽行事（即"舍之则藏"）；能做到这样的，只有我和你了。子路勇武过人，但性子急躁，听到孔子的话语后心中不服，但又深知自己的修养远不及颜回，就以自己的长处予以表现。所以他问孔子，假若老师率领三军（古时军队出征，分左军、右军、中军，合称三军）出征打仗，您带谁去？孔子听了觉得他鲁莽率直，倒也天真可爱，就教训他说：像你这种脾气，打仗也不与你同去，你像一只发了疯的暴虎一样，站在河边就想跳过去，看起来很英勇，死了也不后悔（即"暴虎冯河，死而无悔者，吾不与也"）。但你如此鲁莽，有勇无谋怎么行呢？一个带兵的统帅，临事要小心谨慎，考虑周详，还要善于谋划，才能成功。

这段话说明，孔子对颜回的修养较为满意，认为颜回和自己一样都能以平常心对待"用"与"舍"。子路一直把勇敢视为自己的长处，而看不到它的负面作用。《论语》中孔子对子路类似的批评有多次，可惜子路始终没有把老师的忠告听进去，最后还是落了个"暴虎冯河，死而不悔"的结果。

七

子曰："富而可求也，虽执鞭之士。吾亦为之。如不可求，从吾所好。"

子之所慎：齐，战，疾。

子在齐闻"韶"，三月不知肉味，曰："不图为乐之至于斯也！"

传统译文

孔子说："假如财富是可以合理求得的话，就算是做下等差役，我也愿意去做。若是不能合理求得，那么我还是干自己喜欢的事。"

孔子所小心谨慎对待的事有三件：一是斋戒，二是战争，三是疾病。

孔子在齐国听到"韶"乐后，被乐声陶醉得长时间尝不出肉味，于是就说："没想到欣赏音乐能到达如此境界啊！"

另　释

孔子认为，现在求富贵的人，大多被物欲所役，成了财富的奴隶（即"富而可求也，虽执鞭之士"），人们现在的所作所为不正是这样吗？我以为是这样的（即"吾亦为之"）。既然不可被物欲所役使，还是"率性而为"去做自己喜欢的事（即"如不可求，从吾所好"）。孔子的意思是说，作为君子不应去追求财富，而应去从事自己所喜欢的事业（如修己安人）。因为富贵只是人的生活形态，不是人生的目标。

孔子非常小心注意的三件事是齐、战、疾。“齐”是斋戒，这里指“心斋”（即以“心体气应”达心境空明，请看《庄子·人间世》)。“战”是战争。“疾”是疾病（这里指卫生保健与养生之道)。孔子首重“心斋”，在他修订的《礼经》中认为，通过修身提高人的气质的第一步就是“斋心”，强调用心体会，用气感应。所以说孔子最重净化心灵，并且在心性修炼方面最谨慎小心。孔子平时不轻谈战争，对战争之事谨慎小心。孔子注重个人卫生与保健，对养生之道与养气之术，身体力行，注重修正，对老子所传之道（传说孔子入周，问“礼”于老子时，老子授之“道”，即将历代圣人口授心法传之）慎行，不轻言。

“韶”，是古乐名，传说是舜帝时的乐曲。孔子听了“韶”乐之后，心境宁静，思想专一，食而忘味，达到了忘我的境界。所以他感叹说：“上古时代的音乐竟然达到了如此高的境界！”西周初，周武王把舜帝的后人封到“遂国”，齐桓公灭“遂”而得“韶”乐。鲁昭公二十五年（公元前517年），鲁国内乱，孔子到了齐国，初闻“韶”乐并在齐国学习“韶”乐。《史记·孔子世家》中记载：“与齐太师语乐，闻韶音，学之，三月不知肉味”，即为此事的记录。

八

冉有曰：“夫子为卫君乎?”子贡曰：“诺，吾将问之。”

入曰：“伯夷，叔齐何人也?”曰：“古之贤人也。”曰：“怨乎?”曰：“求仁而得仁，又何怨?”

出曰：“夫子不为也。”

传统译文

冉有对子贡说：“老师会帮助卫君吗？”子贡说：“嗯，我要去问问他。”

子贡进去问孔子说：“伯夷，叔齐是怎样的人呢？”孔子回答说：“他们是古代的贤人啊。”子贡又问：“他们互让君位而出逃，心里会有怨恨吗？”孔子回答说：“他们一心谋求仁德，并且又得到了仁德，又有什么可怨恨的呢？”

子贡出来后对冉有说：“老师不会帮助卫君。”

孔子周游列国时，各国几乎都不容他，因为他的学说与国君及大夫的私利相违，而且他弟子众多，各国都怕他夺取国君的政权。唯有在卫国时，卫灵公、南子、一般大臣都对他很好。卫灵公的儿子蒯聩原被立为卫国太子，因谋杀南子未成，被灵公驱逐，逃到了晋国。卫灵公去世后传位于孙子蒯辄，当时卫国政局不稳，蒯辄想请孔子出任宰相以稳定政局。蒯聩得知后，一边准备回国争位，一边派人大造谣言，说孔子欲夺取卫国的政权。冉有听到后，就问子贡说：“老师真的想做卫国的国君吗？”子贡说：“我去问问他。”子贡进入孔子的房间内问：“伯夷，叔齐是什么样的人呢？”孔子答：“是古代的贤人。”子贡接着问：“他们有埋怨与后悔吗？”孔子说：“他们求仁得仁，有什么可埋怨的？”伯夷、叔齐乃亲兄弟，是孤竹国君的两个儿子，两兄弟因为互相谦让君位而出走。周灭商后，他们认为周是以下犯上为不忠，故不食周粟饿死在首阳山上。子贡以伯夷、叔齐互让君位而出走，最后饿死在首阳山的历史典故来探测孔子心意，由孔子对伯夷、叔齐求仁得仁、无怨无悔的认定态度，断定孔子没有夺权的意图。所以他出来告诉冉有，老师不会那样做。

九

子曰："饭疏食饮水，曲肱而枕之，乐亦在其中矣。不义而富且贵，于我如浮云。"

传统译文

孔子说："吃粗粮，喝凉水，弯着臂膊当枕头，乐趣也就在这里面了。用不符合道义的手段去得到富贵，对我来说就如同天上的浮云一般。"

补　　释

孔子说，只要有粗菜淡饭和白水充饥解渴，弯起臂膊做枕头，也自有快乐在其中。孔子的"乐"不是物质的享受，而是一种精神上的平静与满足。孔子的修养使他已丝毫不受外界物质的诱惑，也丝毫不受虚名与荣耀的诱惑。所以他又说，不合道义而获得富贵，如同天上的浮云。人如能做到不受外界物质环境与名誉、富贵的影响，就已经形成了自己的精神人格。

十

子曰："加我数年，五十以学'易'，可以无大过矣。"

子所雅言，诗、书、执礼，皆雅言也。

叶公问孔子于子路，子路不对。子曰："女奚不曰：'其为人也，发愤忘食，乐以忘忧，不知老之将至云尔。'"

传统译文

孔子说："若增加我的寿命，让我多活几年，五十岁时学《易经》，就能做到行为上没有大的过错了。"

孔子使用通行语言的情况是：读《诗经》、《尚书》，演习礼仪，都使用周王室认可的通行语言。

叶公向子路打听孔子的为人，子路不回答。孔子说："你为什么不回答他，这个人学习时勤奋得忘记吃饭，快乐时忘记了忧愁，都不觉得老年将至，如此而已。"

补　释

孔子认为《周易》是一部穷理尽命之书，一个人如果学通了《周易》就能明乎消长之理，运用进退之道，能正确地把握中和、认知吉凶。所以孔子说，如果能让他多活几年，五十岁时学《易经》，就不会有大过了（同于"五十而知天命"，所以无大过）。《易经》用六十四卦模拟了阴阳运变的周期与三百八十四时位的周期节律，并附有六十四卦辞与三百八十四爻辞（另有用九、用六两条爻辞）的文字解说系统。六十四卦是我国古人模拟出的天地复合运动及宇宙万物运动法则的模型，它表述了事物运动的基本规律与内变外动的运行法则。

"大过"是六十四卦中的第二十八卦，属震宫第七卦，其卦辞之意是阳过盛、过多，如房梁被压弯，已形成过失。孔子在这里意指行为上的过错。五十岁是人生智慧发展最成熟的时候，此时研究《周易》可透析天道而知天命，以此指导人生，能更准确地把握"中和"，使行为合乎"中道"而无过错。

"雅言"指周王室认可的通行语言。孔子比较注重通行语言与标准语音，他在读《诗经》、《尚书》和演礼仪时，都使用通行语言与标准语音（因春秋时，各国语言并未统一）。这说明孔子的一言一行都是合乎规范的，为了普及教育，读书演礼时的口语也是规范的"雅言"(类似现在的普通话)。

叶公（即"叶公好龙"成语中的叶公）有一天问子路，孔子是一个什么样的人？子路没有回答他。孔子知道后就对子路说，你何不告诉他，我是一个常常穷得没饭吃，却发愤求学，连肚子饿了都没感觉，学问有所得，就快乐得忘记了忧愁，完全忽略了身体衰老的那种人。孔子把自己说得很平常，但常人却难以做得到。孔子的"发愤忘食，乐以忘忧"，渗透了追求真知与理想的忘我精神。他在追求真知与理想的过程中能"发愤忘食"，在有收获后能"乐以忘忧"，一生都致力于对理想的追求，对真理的探索，以至忘掉了"老之将至"，这才是真正"好学者"的思想境界。

十一

子曰："我非生而知之者，好古，敏以求之者也。"

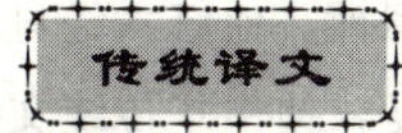

孔子说："我并不是生下来就知道很多事情的人，而是爱好古代

文献，勤奋敏捷地去寻求真知的人。”

补释

孔子说，我并不是天才，只是爱好传统文化，信服古圣贤的“道”，靠自己的勤奋与敏捷去求知做学问的人。孔子就是靠他“好古”与“敏以求之”的精神，承受了上古的传统文化与道统精神，然后运用他的智慧，敏捷勤奋地研究考证，成为历史文化的集大成者。他为了承前启后地把中国文化传承下去并发扬光大而致力于教育事业，并为此奋斗了一生。

十二

子不语怪、力、乱、神。

传统译文

孔子从来不议论怪异、暴力、叛乱和鬼神。

补释

“怪”指怪异之事。“力”指暴力之事。“乱”指邪说。“神”指神鬼。孔子从来不议论怪、力、乱、神（即“语常而不语怪，语德而不语力，语治而不语乱，语人而不语神”《论语集注》），说明孔子树立了以人为本的生命观，并注重人文文化与文化精神。他修六经对不利于社会或者起不利影响的文化现象持不理睬态度，使中华传统文化充满了正气。同时也说明，孔子的修养已达到了丝毫不受怪、力、乱、神现象影响的境界，在任何情况下都能做到心定与心安。

十三

子曰：“三人行，必有我师焉。择其善者而从之，其不善者而改之。”

子曰：“天生德于予，桓魋其如予何？”

子曰：“二三子以我为隐乎？吾无隐乎尔。吾无行而不与二三子者，是丘也。”

子以四教：文、行、忠、信。

传统译文

孔子说：“几个人在一起走路，其中一定有人可以做我的老师。选择好的向他学习，不好的引以为鉴，改正自己类似的缺点。”

孔子说：“我的德行是天赐给我的，桓魋能把我怎么样呢？”

孔子说：“你们这些学生以为我对你们有隐瞒吗？我没有什么保留啊！我没有什事情不向你们公开的，这就是我孔丘的为人。”

孔子从四个方面教育学生：典籍文献、道德实践、对人忠诚、讲究信用。

孔子说，三个人行事，其中一定有值得我学习的地方。某一方面

比我强的可以做我的老师，不好的能使我借鉴反省，改正自己类似的缺点。孔子这段话还说明：研究学问不光是在书本上下工夫，还要在社会上观察；别人对的向别人学习，看到别人不对的地方要反省自己是否有类似的问题，并从别人的错误中吸取教训；要努力在社会人群中发现别人的长处，努力从内心养成向周围人学习，并反省自己、改善自己的意识习惯。

《史记·孔子世家》中记有："孔子去曹适宋，与弟子习礼大树下。宋司马桓魋欲杀孔子，拔其树。孔子去。弟子曰：'可以速矣'孔子曰：'天生德于予，桓魋其如予何?'"桓魋是宋国的大夫，曾经在孔子离宋时想要追杀孔子，学生们得到消息后告知孔子，希望孔子快走以躲避。孔子听到后毫无顾忌，充满自信地说，上天生下我，把历史文化传承的责任放在我肩上（即"天生德于予"），桓魋又能怎样？他岂能伤害我？（即"桓魋其如予何?"）孔子的自信，构成了自身的威仪，体现了"邪魔外道，能奈我何?"的气势。这说明，自信在很多地方，对很多事情，都是很重要的。

孔子对众弟子说：诸位，你们以为我讲学问，还会保留秘密不传给你们吗？我绝对没有丝毫的隐瞒，所谓知无不言，言无不尽，就是我的为人。学习不仅靠读书、靠听讲，关键还要靠用心去体会，还要把这些知识、见解与心得用到自己身上，在日常生活行为中去体验。学生们只注重老师的言讲，而对老师平时的言谈与行事及日常生活行为却不注意观察，误认为只有老师的言讲才是学问。所以孔子说"吾无行而不与二三子"，是点明学问就寓于平时的言谈行事与生活行为之中。整部《论语》就是孔子一生言谈行事的记录，然而却体现了孔子的生命观念、人格精神、道德理念等全部学问与思想智慧。

孔子教育的宗旨有四项：第一是"文"，包括知识与文才。第二是"行"。知识多、文才好，充其量是个文人。一个读书人必须要有仁德的修养并能把知识转化成自身的才能，才是有学问。第三是"忠"。不仅对人要忠诚，也要"忠于事"。做任何事都要竭尽全力，无论大事、小事都要尽心竭力，不可随意马虎才是忠。第四是"信"。

要讲信用，言出必行。“文”与“行”是一个人的外衣，做人的根本则是内心的“忠”与“信”。曾子的“三省”中首先是自省其“忠”，其次是自省其“信”，其三“传不习乎”就是自省其“文”与“行”。“文”、“行”、“忠”、“信”也是弟子们对孔子教学内容的概括。

十四

子曰：“圣人，吾不得而见之矣；得见君子者，斯可矣。”

子曰：“善人，吾不得而见之矣；得见有恒者，斯可矣。亡而为有，虚而为盈，约而为泰，难乎有恒矣。”

子钓而不纲，弋不射宿。

传统译文

孔子说：“圣人我是看不到了；能够看到君子就可以了。”

孔子又说：“善人我是看不见的了；能看到有一定操守的人就不错了。没有却装着有，空虚却装着自满，本来穷困却要装着宽裕，这样的人就难以保持一定的操守了。”

孔子钓鱼，但不用渔网捕鱼。孔子也射鸟，但不射停栖在巢中的鸟。

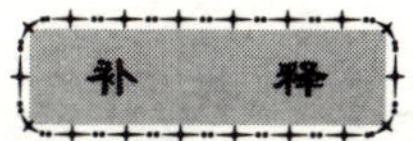

孔子称赞的四种人依次是圣人、贤人、善人、有恒者。孔子心

目中的圣人只有尧、舜、禹、汤、文、武、周公等少数人，自周公之后再无圣人出现。孔子认为的贤人是指习学并遵循圣人之道的才德齐备者；善人是指本质好、能一心行善但对圣人的道德学问仅达登堂而未能入室者；有恒者虽未达一心向善，但能坚持走正道、有操守、不虚伪、不变节，能有所为有所不为。孔子生活在春秋末期的变乱年代，他深恐国家民族的文化命脉断绝。所以他说，古代的圣人已成为历史，我见不到了；如能按照圣人的“道”去学，即使没有学完全，也可称为君子了（这里指贤人）。如今世上能见到君子，就已经很不错了。接着他又说，真正的善人只在历史中有，现在没有了，至少我没有见过；只要能看到有恒心的人坚守善道就算不错了。然后又说，现在的人虚伪得多，根本空空如也却要装作蛮有学问的样子（即“亡而为有”）；明明内在空虚，还引以为自满并自以为是（即“虚而为盈”）；明明不宽裕，需要节俭，却要充面子，讲排场（即“约而为泰”）；此三种类型，任居其一的人，都一定不会有恒心做道德学问。

孔子少时家境贫寒，为了生活捕鱼打猎等活计他都做过。但孔子自幼就心善，他捕鱼只垂钓，从不用渔网（纲是网绳），打猎也从不射栖息在巢中的鸟（即“弋不射宿”）。这两句话是说明孔子做人做事的态度，体现了中国上古文化思想的一种精神。用网捕鱼，长幼不分（即大小鱼不分），有失仁德之嫌；巢中栖宿的鸟多为哺乳之鸟，所以不予伤害，这是上古文化思想中体现出的善心，推而广之即为仁爱。

十五

子曰：“盖有不知而作之者，我无是也。多闻，择其善者而从之，多见

而识之，知之次也。”

传统译文

孔子说：“大概有自己不知却凭空臆造的吧，我没有这等事。多多地听，选择其中好的加以接受，多多地看，然后记在心里，这样学得的知识，仅次于‘生而知之’。”

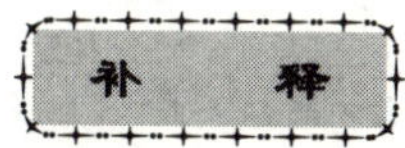

补 释

春秋末期，异端邪说渐见流行。所以孔子说：“有些人自己无知，根本不懂却要冒充内行，对不知道的事情凭臆想编撰，我是绝对不会这样做的。”接着又说：“做学问要多听，多问，多请教别人；别人的看法不一定都对，所以要选择正确的接受；仅听还不够，还要多看，多见识；这样做也就仅次于‘天才’（指生而知之者）了。”孔子的这番话，不仅批评了当时某些“不知而作”的风气，而且给人们指出了做学问与做人的正确道路。

十六

互乡难与言，童子见，门人惑。子曰：“与其进也，不与其退也。唯何甚？人洁己以进，与其洁也，不保其往也。”

子曰：“仁乎远哉？我欲仁，斯仁至矣。”

传统译文

“互乡”这地方的人，很难好好地跟他们进行交谈。一个“互乡”的童子得到了孔子的接见，学生们都很诧异。孔子说：“我这是赞许他们进步，不赞许他们退步，这有什么过分呢？人家怀着一颗洁身自好之心来，我便赞同他的洁身自好，对他的以前我并不追究呀！”

孔子说：“仁距离很远吗？我想到仁，仁就到了。”

补　释

“互乡”是地名，该地方的人不大讲道理，所以名声较坏。有一天有个“互乡”的年轻人求见孔子并得到了孔子的接见，弟子们感到奇怪，觉得老师怎么能接见这个地方的人呢？孔子说：对任何人都应该支持他们学好，使道德进步，而不赞成他们学坏，使道德退步。他有清洁自己思想的想法就是道德的进步，就应该帮助他弃恶从善，不管他以往是否有过错。孔子抱着与人为善的态度，从不立派系，只要是肯求上进的人，不管他过去如何，都耐心帮助。使其进步，这也是“有教无类”的含义之一。

各地方民俗的差异，使各地民性特征也有明显不同，久而久之便形成地方意识观念与地域观念的偏见。由于对地域观念的偏见，人们常常会对某地方的人产生片面的认识。孔子接见了“互乡”的一个青年，弟子们便惊诧怀疑，这说明弟子们存有地域观念的偏见。孔子认为，“互乡”的名声不好，但不一定人人都坏。即使是坏人，只要他存心向善，也应助其改过，这就是“仁”的应用。所以孔子接着说，仁离我们远吗？不远！只要观念上引发仁慈心，去爱别人，就是仁爱的道理，就是仁道。“仁心”是人的先天本性，“归仁”就是“复性”，通过“明德”，“仁心”就会随时呈现。“我欲仁”是对“仁心”的自我呼唤，也是“仁心”的呈现，只要保持“我欲仁”的心态，“仁”就不会离开。所以说“为仁由己”。

十七

陈司败问：“昭公知礼乎？”孔子曰：“知礼。”

孔子退。揖巫马期而进之，曰：“吾闻君子不党，君子亦党乎？君取于吴，为同姓，谓之吴孟子。君而知礼，孰不知礼？”

巫马期以告。子曰：“丘也幸，苟有过，人必知之。”

传统译文

陈司败问孔子：“鲁昭公懂得礼吗？”孔子说：“懂得礼。”

孔子退出后，陈司败向巫马期作了个揖，并进言说：“我听说君子无所偏袒，难道君子也有所偏袒吗？鲁君从吴国娶了一位夫人，吴和鲁是同姓的国家，因此不能称她吴姬，而叫她吴孟子，如果鲁君懂得礼，还有谁不懂得礼呢？”

巫马期把这话告诉了孔子。孔子说：“我真幸运，如果有了过错，人家一定会知道。”

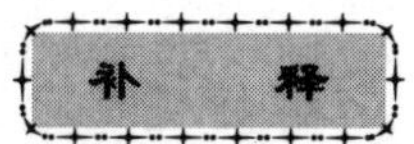

“陈”指陈国。“司败”即“司寇”，是管司法的官。陈国的司法

官问孔子："鲁昭公懂得礼吗？"昭公是鲁国的国君，孔子不能说自己国君的不是，所以答"懂礼"。孔子退出后，陈国的这个司法官向孔子的学生巫马期（姓巫马名施字子期，小孔子三十岁，曾任单父宰。《吕氏春秋·察贤》将巫马期列为贤者并对他任单父宰时的评价是："以星出，以星入，日夜不居，以身亲之，而单父亦治。"）作揖行礼，然后说："我听说，真正的君子是不偏私的，你的老师有点偏私。鲁国和吴国都是周王之后，昭公娶了吴国国君的后人，取名吴孟子，这不合礼法（周礼中规定同姓不通婚，但当时吴国强大，昭公与吴和亲，也是为了鲁国的安全，所以孔子不言其过错），如果认为昭公懂得礼，还有谁不懂礼呢？"巫马期把这话告诉了孔子，孔子说："我真幸运啊！我只要有一点错误，别人就会给我指出来，使我能得以纠正。"人一旦成为名人，或获得高位后，就很少有人再指出他的缺点，其过错就难以得到纠正。孔子当时已名满天下，能听到别人对他的批评指正，所以他认为很幸运。

其实，昭公违礼娶于吴的事，孔子是知道的。由于"臣不可言君亲之恶"，况且鲁昭公和亲于吴也是为了鲁国的安全着想。但孔子无法解释，也不能解释，所以才说了假话。他这是为了维护本国国君的威信而犯错。但孔子不愧为圣人，在别人指出自己的错误时，毫不掩饰也不辩解，而是老老实实地认错，并认为别人能指出自己的错误是自己的幸运。

十八

子与人歌而善，必使反之，而后和之。

子曰："文，莫吾犹人也，躬行君子，则吾未之有得。"

传统译文

孔子与别人一起唱歌，如果别人唱得好，必定请他再唱，然后再和他同唱。

孔子说："在《诗经》、《尚书》文化知识和礼、乐制度方面，我大概和别人是一样的。作为一个身体力行的君子，我还没有完全做到。"

另　释

古文人对文学与艺术两方面的修养都很重视，而且这两方面又是交织在一起的。如书法绘画与诗词文赋就常交织在一起，音乐与诗词也同样相互交织（《诗经》305首，实际都来源于各国文风的歌词与颂词）。孔子深懂这个道理，因此非常重视诗与乐的教化。孔子不但善于唱歌，而且善于作歌词，凡是听到别人的歌唱得好，他一定邀请对方再唱一遍（即"必使反之"）以便学之。在学会了曲调后，孔子必再作一首词与其相和并与之合唱（即"而后和之"）。

孔子说：如果就文学艺术而言，也许我和其他文人都差不多，我并不比别人高明（即"文，莫吾犹人也"）；若讲身体力行，是否达到了君子的标准，我反躬自省，实在还不能这样认为（即"则吾未之有得"）。孔子这段话，一是说明他谦虚，从来都没有认为自己了不起；二是说明他对学问的认定首要是"仁德"，并把"仁德"作为做人做事的道理与行为原则；三是强调学了就要用、说了就要做的言行一致的君子原则（即"躬行君子"）。

十九

子曰："若圣与仁，则吾岂敢！抑为之不厌，诲人不倦，则可谓云尔已矣。"公西华曰："正唯弟子不能学也。"

传统译文

孔子说："如果说到圣和仁，那我哪里敢当？不过是学习不自满，教导别人不倦怠，就只有这些罢了。"公西华说："这正是我们做弟子的学不到的呀。"

补　释

中国文化，自三代（指夏、商、周）以后，就形成了一个做人的最高标准，叫圣人。仅次于圣人者是贤人与"仁者"。孔子到晚年，德高望重，别人都称他圣人、仁者。孔子说：圣人、仁者的称号，我怎么敢当，那个境界高得很，我还差得远（即"若圣与仁，则吾岂敢"）；我一生都在朝着这个方向走，一直努力去做，从没有厌倦过（即"抑为之不厌"）；做学问也一直努力，从事教育，教授学生也从无厌倦，只要有人肯学，我便教诲，从未倦息（即"诲人不倦"）；只有这两点我可以说是做到了（即"则可谓云尔已矣"）。他的学生公西华听了说："老师，这正是我们做学生的一辈子也难以学到的地方啊！"（即"正唯弟子不能学也"）《孟子·公孙丑上》中有："昔者子贡问于孔子，曰：'夫子圣矣乎？'孔子曰'圣者吾不能，我学不厌而教不倦也。'子贡曰'学不厌，智也；教不倦，仁也；仁且智，夫子即圣矣。’”可见当时尊敬孔子的人都认为孔子就是圣人。

二十

子疾病，子路请祷。子曰：“有诸?”子路对曰：“有之。诔曰：‘祷尔于上下神祇。’”子曰：“丘之祷久矣”。

传统译文

孔子病得很严重，子路请求向鬼神祈祷，乞求保佑。孔子问：“有这事吗?”子路说：“有的。《诔》文中说：‘替你向天神地祇祈祷。’”孔子说：“我早就祈祷过了。”

补 释

有一次孔子生病，而且病得较重，学生们着急，子路提出向天神地祇祈祷。孔子病体减轻后知道了此事便问子路说：“真是这样吗?”孔子问话的含义既包括“有此事吗?”同时也含有“我的病减轻是祈祷的作用吗?”子路回答说：“有的。”既承认了确有此事，又肯定了祈祷的作用，而且还引经据典地用古代帝王的祭文《诔》中的话语(即“祷尔于上下神祇”)来证明。孔子感受到了子路对自己真诚的孝心，也感觉到了他对天神地祇的信任与崇敬。于是便不失时机地开导他说，祷告天(即神)地(即祇)是一种诚敬的心情，所谓天人合一、人神相通不过是诚敬的精神。我们做学问的人对任何事情都有着诚敬的态度，对天地祖宗更是时时诚敬。如果祈祷对病愈有作用的话，那我不就等于天天都在祈祷吗？但还不是照样得病。

二十一

子曰："奢者不孙，俭则固，与其不孙也，宁固。"

子曰："君子坦荡荡，小人常戚戚。"

子温而厉，威而不猛，恭而安。

传统译文

孔子说："奢侈了就会不谦逊，节俭了则显得寒酸。但是与其不谦逊，宁可寒酸。"

孔子说："君子通常心气坦荡宽广，小人的心气则一般局促忧戚。"

孔子温和而又严厉，有威仪而不凶猛，庄重而又安详。

补　释

奢侈与过俭都有失中道，但二者相较，奢侈桀骜的危害更大。所以孔子说，人生的修养"奢则不孙，俭则固"。"奢"是广义的奢侈，包括物质、性情、精神享受等各个方面。物质奢侈惯了，就浪费成性，把自己开放惯了，就会不守规矩，桀骜不驯。"孙"通"逊"。"不孙"即为"不逊"。"俭"也是广义的节俭，既包括物用的节俭，也包括做事的小心、谨慎，求稳的心态和思想上的保守与不开放。行为过于"俭"，长期养成习惯，思想会趋于守旧、固执。

思想过于开放，容易“攻乎异端”，造成对他人及自身的危害。这二者相比较，孔子的观点是两害相权取其轻，所以倾向于“与其不逊也，宁固”。但孔子做人做事的原则是“行为从俭”，并不是“行为过俭”。

孔子认为，君子不为名牵不为利役，循理而行心胸坦荡，无论是顺境还是困境，都胸襟开朗，不怨天尤人，不得意忘形，始终保持着坦荡的胸怀。小人由于心中始终装着利害得失，常常在心中进行着利益盘算，不满意时便忧愁、烦闷，甚至痛苦，患得患失，局促不安。

弟子们根据平时与老师相处的感受，描述的孔子学问修养表达于外的神态器宇特征有三：第一是“温而厉”。“温”指温和。孔子对任何人都亲切温和，使人觉得和蔼可亲。“厉”指严肃。孔子和蔼而严肃，待人亲和而庄重，言语亲切而严谨。第二是“威而不猛”。孔子内心庄重，面带威仪，但没有凌人之势与凶猛之气，他的威严之中透着和蔼与亲切。第三是“恭而安”。孔子对任何人、任何事都很恭敬，但并不呆板，恭敬之中透着活泼的灵气与安详的神态。这说明孔子在言行态度与气质上能始终保持中和之气，无任何偏颇。

小结：该篇是对《学而》篇的详述。本篇通过对孔子的描述，表述了如何做一个有道德的君子，并倡导继承与发扬文化的精神。孔子认为，一位有志于道德学问修养的人，首先要有为文化道统（指周公传下来的人文文化传统）献身的精神。其次对诗、书、礼、乐、史要学而不厌，从事教育要诲人不倦。再次是在日常生活中要以“仁爱”为本，要树立忠、恕、孝、义、信等人生价值观念。最后是要谦逊质朴，见义勇为，果敢力行，不要贪图富贵，不要迷信鬼神。

第八章

泰伯篇(泰伯第八)

本篇讲述了为政者的个人修养；强调了为政者应有高尚的道德精神；论述了孔子以德治国的政治主张。

一

子曰："泰伯可谓至德也已矣。三以天下让，民无得而称焉。"

传统译文

孔子说："泰伯可以说是品德极其高尚之人。他多次将天下让位给兄弟，老百姓都无法用适当的语言来赞美他了。"

补　释

"泰伯"也称太伯，是周文王的大伯父。周文王的祖父名亶父，史称"大王"。"大王"共有三子，长子泰伯，次子虞仲，三子姬历。

“大王”执政西周时，见殷商政治腐败，人心背离，已有意于天下，但长子泰伯认为不该以臣图君（周是商之臣）。“大王”观察到姬历的长子姬昌天资聪慧，且志向非凡，将来可成大业，故欲传位姬历。泰伯自知不能继承父志，也看出了父亲的心意，所以三让其位并自行归隐。后“大王”传位姬历，姬历传位姬昌（即周文王），这才有了后来的周朝天下。所以孔子称赞泰伯是品德极其高尚之人。周武王时寻到泰伯后代，封于吴。吴王即泰伯之后。

二

子曰：“恭而无礼则劳，慎而无礼则葸，勇而无礼则乱，直而无礼则绞。君子笃于亲，则民兴于仁。故旧不遗，则民不偷。”

传统译文

孔子说：“注重态度的恭敬庄重却不懂礼，就会劳累；只知道谨慎小心处事，但不知礼，就会胆怯害怕；只是勇敢有胆量，却不知礼，就会犯上作乱；心直口快不懂礼，就会说话尖刻刺人。在上位的人能忠实地对待他的亲族，老百姓就普遍具有仁德；在上位的人能不遗弃他的老同事、老朋友，老百姓就不会对人冷淡无情。”

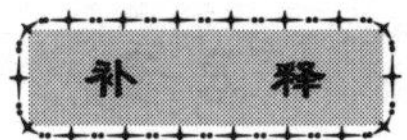

“葸”指胆怯，也指畏畏缩缩。“绞”指说话尖酸刻薄。“礼”的本质是“仁”，其宗旨是“中和”（人伦的规范和“人道”的法则与礼仪的精神等的最终目的都是为了达到中和）。孔子认为：态度上的恭敬不代表“礼”的本质，即不等于“仁”，如果只有恭敬的态度而没有“礼”的内涵，碰到人一味地礼貌，则很辛苦，很不安详；小心谨慎也不代表“礼”的本质，同样不等同“仁”，如果一味小心谨慎而不知礼制的内容规范，就会胆怯害怕，连该做的事都不敢做了；勇敢果断如不以“礼”中和也不等同“仁”，如果只是勇敢而不遵礼，就很可能乱来，会出乱子把事情搞坏；直率、坦白如不顾“礼”同样不等同于“仁”，如果一味地耿直，心直口快而不懂礼法，很容易尖酸刻薄或纠缠不清。“恭、慎、勇、直”原本都是人的美德，但如果不用“礼”来节制，没有“礼”的内涵与修养，就达不到中和而容易偏激而造成缺陷。只有通过“修身”以“明德”，具有了“礼”的内涵与修养，才能达到“中和”成为仁德。

孔子还认为，一个人如果对自己的父母、兄弟、姐妹、朋友都没有感情，那么他所谓的爱国家、爱民众一定是假的。因为爱国家、爱民众就是爱父母兄弟的延伸。只有“笃于亲”，从爱父母兄弟出发，推而广之才谈得上爱国家、爱民众。然后才能影响民众，影响社会风气，促成社会仁爱（即“则民兴于仁”）。过去的老前辈、老朋友不能轻易忘怀，上位者能念及故旧，老百姓自然也有旧情。文化礼仪中的传统故旧观念（指兄弟之情，朋友之义）不可放弃，上位者注重传统观念，老百姓就不会投机取巧（即“故旧不遗，则民不偷”），民风就不致败坏，好的社会风气就会保持。

三

曾子有疾，召门弟子曰：“启予足，启予手。诗云：‘战战兢兢，如临深渊，如履薄冰。’而今而后，吾知免

夫！小子。”

曾子有疾，孟敬子问之。曾子曰：“鸟之将死，其鸣也哀；人之将死，其言也善。君子所贵乎道者三：动容貌，斯远暴慢矣；正颜色，斯近信矣；出辞气，斯远鄙倍矣。笾豆之事，则有司存。”

传统译文

曾子生了病，把他门下的弟子召集在一起说：“看看我的脚！看看我的手！《诗经》上说：‘小心呀！谨慎呀！就像来到深深的水潭边，就如同行走在薄薄的冰层上面。’从今往后，我才知道自己可以避免灾祸了！弟子们啊！”

曾子生了病，孟敬子探望他。曾子就对他说：“鸟快死的时候，它的叫声也是悲哀的；人快死的时候，他说的话也是善意的。在上位的人处世待人方面有三个问题应该重视：能时时注意自己的脸色真诚谦和，就可以避免粗暴和怠慢；能时时注意脸色庄重严肃，就可以使自己日益接近诚信；能时时注意说话的措辞和语气，就可以避免鄙陋粗野的错误。至于祭祀方面的礼仪细节上的事情，有主管的官员在那里负责啊！”

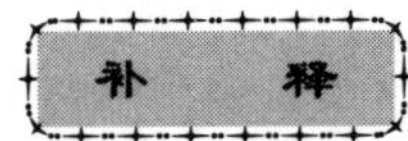

补释

曾子病重，把弟子门徒召集起来说：“帮我把我的手和脚都放好。”（估计病重已手脚麻痹）。然后引用《诗经·小雅》中的句子说：“战战兢兢，如临深渊，如履薄冰。”意指他这一生注重道德修养，为使内心没有亏欠，一生做事小心谨慎，而今已快到盖棺定论之时，总算可以认为自己不会再犯错了。

在曾子有病的时期，孟敬子（鲁国大夫，姓仲孙名捷）前来探视并请教有关祭祀用的“笾豆”之事。曾子告诉他：鸟将死时，它叫的声音一定很悲哀，人将死时所讲的话也大都是善意的；我现在就是将死之人，对你最后的话是很诚恳很严肃的，希望你能记住。曾子接着说，人生处世有三个要点：一是人的仪态、风度要通过学问修养来培植，能远离粗暴与傲慢，自然就会有谦和安详的气质（即“动容貌，斯远暴慢矣”）；二是对人的态色，要想做到庄重严肃与和善，就必须“敬其事”，以诚信待人（即“正颜色，斯近信矣”）；三是要做到言不俗、语文雅且“言必有中”，是以学问的修养为基础的，而且要远离鄙陋与粗俗（即“出辞气，斯远鄙倍矣”）。这三点是学问修养的外在表现，希望你多加注重，至于“笾豆”（祭祀时用来装果品与肉食的竹器）之事，问那些祭祀官员就是了。

四

曾子曰：“以能问与不能，以多问于寡；有若无，实若虚，犯而不校。昔者吾友尝从事于斯矣。”

曾子曰：“可以托六尺之孤，可以寄百里之命，临大节而不可夺也；君子人与？君子人也！”

曾子曰：“士不可以不弘毅，任重而道远。仁以为己任，不亦重乎？死而后已，不亦远乎？”

传统译文

曾子说："能力强却向能力弱的人请教，知识丰富却向知识少的人请教，有学问却像没学问一样，满腹经纶却像一无所有一样，别人冒犯自己也不计较。我曾经有一位朋友就是这样的。"

曾子说："可以把年幼的孤儿托付给他，可以把国家的命运交付给他，面临安危存亡的紧要关头，仍然不动摇屈服。这样的人，可以称为君子吗？可以称为君子呀！"

曾子说："读书人不可不志向远大，意志坚毅，因为他们任务艰巨而路途遥远。以实行仁德为己任，不是很艰巨吗？直到死才罢休，不是很遥远吗？"

曾子说，我过去有个朋友叫颜回（已去世），他的聪明才具高人一等，却唯恐自己懂得不多。他一心向学并能向不如他的人请教（即"以能问于不能"），且善于集中大家的学术思想来增加自己的知识见解。他知识丰富，还常向有专精的人学习其长处（即"以多问于寡"）。他学识渊博却表现得像平常人一样，表面上丝毫看不出是个有大学问的人（即"有若无"）。他内涵深厚却虚怀若谷（即"实若虚"），为人谦虚且普普通通，从不把拥有的才学当做资本炫耀。下面的人对他不敬或有人对不起他，他也从不计较（即"犯而不校"）且"不迁怒"。这五点，我昔日的朋友颜回全部都做到了（即"昔者吾友尝从事于斯矣"）。前面，孔子曾赞叹过颜回，从曾子的叙述可见，仅这五点就足以说明颜回的品行与学问。曾子用"昔者"一词，表明当时颜回已离开人世。曾子说这番话既是对亡友的怀念，也是借以自勉。

接着曾子描述了“大义”的特征。“六尺孤儿”指未成年而登基的幼主。“寄百里之命”指委托国家或一方百姓的命运。他说，可以托付幼主孤儿能一诺千金之人，能为国家负责为地方百姓的生命财产负责而不惜身家性命的人，在大是大非面前绝对不动摇的人，可算是君子吧？这样的人才是真正的君子。

“士”是当时在知识分子中推荐出的优秀人才的统称。“弘”指弘大，即胸襟大、气度大、眼光远大。“毅”指刚毅，果敢决断，还包括看得准、拿得稳，对事情处理有见解。曾子认为，“为士之道，不外乎行仁”。作为一个做学问的人（士），要志向远大，并应具有正气，要有坚强的正义感，要具有“弘毅”的性格与能力。因为“士”为国家、为社会肩负着重要的责任，他们在传承中国文化促进社会进步方面为社会负责，为历史负责，所以说道路漫长而遥远。做学问者，以“仁”为己任，他们爱社会、爱国家，以传承文化、济世救人为自己的任务，在人生的道路上，在历史的道路上，不停地前进，一息尚存便努力不懈直至死而后已，不正是任重而道远吗？

五

子曰：“兴于诗，立于礼，成于乐。”

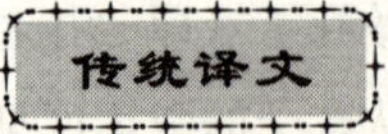

孔子说：“《诗经》使我心志勃发，《礼》使我卓然自立，《乐》使我的学说得以完成。”

另　释

孔子认为，人的基本修养，首先要有文学的艺术修养，也就是诗的修养。诗是人情感的文学艺术发挥，是文人发泄情感生活的调剂。“兴”是真情实感直抒胸臆，所以说“兴于诗”。其次是文化礼仪精神的修养。文学艺术的修养应建立在“礼”的精神修养的基础之上。因为文学艺术的修养在于放纵，在于感情的发泄，而“礼”的精神修养则在于规范，在于合乎“人道”法则与和谐理念。二者的“中和”才能使修养的境界更加高远。最后是“成于乐”。只有把文学艺术的修养与礼的精神的修养“中和”才能达到“乐”的修养的境界，才能使无形的精神永存。正如《乐记》中所说：“大乐与天地同和。”

六

子曰：“民可使由之，不可使知之。”

传统译文

孔子说：“老百姓，可以让他们照着我们的意思去做，不可以让他们知道为什么要这样做。”

此条，康有为将其改为：“民可使，由之，不可使，知之。”意为：百姓的知识提高了，知“礼”了，可予以自由，即“由之”；如“不可使”，即不知“礼”，应教育他们使他们达到知礼即“知之”。另有人将其改为："民可，使由之，不可，使知之。"意为：百姓知识提高了懂得民主自由了即"民可"，就给他们民主即"使由之"；百姓还达不到可以民主的思想认识时即"不可"，要教育他们即"使知之"。

补释

"民"指被指挥、被驱使的下层民众。"可使由之"指叫他们这样做就是了。"不可使知之"指不要让他们知道这样做的理由。泰伯第八这一篇主要是对为政篇的解释，所以孔子的这句话应是针对特定情况下的具体领导技术而言，并非存心要搞愚民政策。在某种特定的情况下，有时某种做法确实不需要或不应该让部下知道为什么，而只需要他们按命令去做就行了，因为他们中的大多数都理解不了。因此，以此条作为孔子存心愚民，不足以为据。所以，也就无须像康有为那样改来改去。

七

子曰："好勇疾贫，乱也。人而不仁，疾之已甚，乱也。"

子曰："如有周公之才之美，使骄且吝，其余不足观也已。"

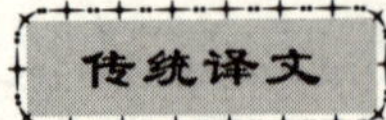

传统译文

孔子说："一个好勇的人如果不安于自己的贫困，一定会出乱子；过于痛恨不讲仁义的人，也会出乱子。"

孔子说："即使有人具备了周公那样完美的才能，但如果骄傲而又气量狭小，别的方面也就不值得一看了。”

“疾”指疾病，也有厌恶的含义。文中的第一个“疾”是指厌恶，“疾贫”应指讨厌贫穷。第二个“疾”是指疾病，意指“人而不仁”是社会的疾病。“疾之已甚”，指社会不仁的疾病发展严重。孔子认为：在社会动乱中，某些具体事件的原因，大多是好勇者不安于贫困或不甘于富者的盘剥而引起（即“好勇疾贫，乱也”）；而整个社会动乱的本因则是“人而不仁”所致。如社会上的绝大多数人（尤其是为上者）都自私成性，巧取豪夺，没有爱人之心，对弱势者没有同情心、关爱心，日积月累，“人而不仁”的病势越深，则必然造成整个社会的动乱。孔子这句话是强调为政者必须对社会动乱的本因有清醒的认识。

周公名旦，鲁国的第一任国君，是周文化的代表，也是上古文化的集大成者（孔子把此项功绩称为美）。周公官居西周宰相，各方面均有才能，尤其以谦虚宽宏著称，并为后人所敬仰。孔子认为，社会的风气取决于上层执政者的风气，上层人物不仁则导致社会“人者不仁”；为政者应以“仁德”为第一标准，而区分“仁”与“不仁”的要领，是观其是否有爱人之心。“骄”指骄纵蛮横。“吝”是无同情心，指把财物看得比人更重要。孔子认为，有“骄、吝”之心便为不仁。所以孔子说，一个人即使有周公之才（指宰相之才）之美（指文化集大成之美），但若骄纵蛮横，无同情心，那么其他方面就不用再看，也可断定是个“不仁”之人。

八

子曰：“三年学，不至于谷，不易

得也。”

子曰：“笃信好学，守死善道。危邦不入，乱邦不居。天下有道则见，无道则隐。邦有道，贫且贱焉，耻也；邦无道，富且贵焉，耻也。”

传统译文

孔子说：“学习了几年，却不想做官，这样的人是很少见的。”

孔子说：“坚定信念，勤奋学习，用生命捍卫完善的治国做人的原则。政局危机的国家不去，政治动乱的国家不住。天下太平的时候出来从政，不太平的时候就归隐。国家政治清明时，贫穷低下是一种耻辱；国家政治昏暗时，富贵也是一种耻辱。”

补　　释

“谷”指俸禄。孔子感叹：“有人求学三年，却不想做官得俸禄，而是真心做学问，能做到这样真不容易啊！”前已述，孔子的观点是“天下有道则见，无道则隐”及“用之则行，舍之则藏”。“用之则行”的目的是为了推行思想与政治主张，而不是为了当官食俸禄。但在孔子门下的求学者则多数存有“求干禄”的打算。不求官禄一心做学问者，不仅孔子时代少有，就是当今社会也是凤毛麟角。所以孔子说：“不易得也。”

孔子说：对“仁道”要笃信，要坚定信念，不受环境的影响；而且要好学，要不断地勤奋学习，来充实自己；要坚持自己对“仁道”的信仰，坚守向善的人生道路；政局危乱时，要有出世（即退隐）的修养；不要居住在动乱危险的地方；天下有道、政治清明，就出来做事，贡献自己的才能；天下无道、政治昏暗，就退隐，洁身自好；如果社会安定、政治清明，就应该把才能贡献出来为国家服务，如仍处于贫贱地位，则说明没有为国家做事，这是读书人的耻辱；如果政治昏暗、民不聊生，读书人应洁身自好，假若处于富贵的位置，说明正在助纣为虐，同样是读书人的耻辱。

九

子曰："不在其位，不谋其政。"

传统译文

孔子说："不在这个职位上，就不要思虑这个职位上的政事。"

补　释

孔子认为，一个做学问者，不在为官的职位上，就不要谋划该职位的政事，更不要不负责任地随意评说、指责。因为，为政之事不是光凭理论就能做好的，还需要许多客观条件与执政的经验。不在那个位置上的人不可能真知道具体的内容、环境、条件、困难等，不负责任的评说，不但于事无补，反而有害。"在其位，谋其政"与"不在其位，不谋其政"，应是为政者的基本修养。"缺位"就是不负责任，是失德；"越位"就是越权，同样也是失德。所以曾子说："君子思不出位。"

十

子曰："师挚之始，关雎之乱，洋

洋乎盈而哉。”

子曰：“狂而不直，侗而不愿，悾悾而不信，吾不知之矣。”

子曰：“学如不及，犹恐失之。”

传统译文

孔子说：“鲁国太师挚开始演奏‘升’歌，最后是《关雎》的和奏，充满双耳的乐声真是美妙啊！”

孔子说：“狂妄而不正直，无知而又不厚道，无能而又不守信用，这样的人，我不能理解。”

孔子说：“做学问就像追赶不上一样，学到了一点儿又怕落伍。”

补　　释

孔子周游列国之后，有感于时代的盛衰演变，企图通过文化的复兴来挽救时代的衰落。他致力于传统文化的研究整理，编撰了《诗》、《书》、《礼》、《乐》、《易》、《春秋》六经。“师挚”是鲁国管理文化的官，也是个大乐师，其名叫挚。他演奏了乐曲，最后《关雎》的演奏达到了最高潮，随着音乐摇摆，听的人激动不已。在这美妙的音乐充满双耳的同时，孔子也为自己编撰的《诗经》与《乐经》相应适宜而感到欣慰。

“狂”指豪迈慷慨。“侗”指看上去笨笨的。“悾”是空洞，指内心空空如也。孔子说：“表面上豪迈而内心不正直；表面上看起来笨笨的，心里却打着鬼主意，为人不忠厚；自己没有学问，为人做事还不讲信用；这三类人比比皆是。社会道德衰退，文化精神衰落，真不知道这个世界会演变成什么样子啊！”孔子感叹的情况与现实社会也极为相似。如今狂妄的人看起来很豪迈，但仔细观察大多内心不正，说话办事都偏离正道；幼稚的人应老老实实向别人学习，但却争名夺利贪得无厌；无能的人应守本分、讲信用，但却不走正道总想用欺骗的手段出人头地。上述种种，无非是一个“假”字。为上者好“假”，则社会必形成“假”之风气，如果某些制度助“假”，则小人在光天化日之下也毫无掩饰地做“假”，并以“假”为荣，以“假”为功，人们的是非观念也就被混淆了。

孔子虽然感叹着时代的衰落，但他仍然坚持着以文化复兴拯救时代的道路，而且始终孜孜不倦地努力学习。他认为真正做学问，会永远觉得自己还不充实（即“学如不及”），还要继续努力。否则的话，掌握的学识也会遗忘，真的是不进则退呀！“学如不及，犹恐失之”是一个好学者应有的心理。

十一

子曰：“巍巍乎！舜、禹之有天下也，而不与焉。”

子曰：“大哉！尧之为君也。巍巍乎！唯天为大，唯尧则之。荡荡乎！民无能名焉。巍巍乎其有成功也。焕乎其有文章！”

舜有臣五人而天下治。武王曰：“予有乱臣十人。”孔子曰：“才难，不其然乎？唐虞之际，于斯为盛。有妇人焉，九人而已。三分天下有其二，以服事殷。周之德，其可谓至德也已矣。”

子曰：“禹，吾无间然矣。菲饮食，而致孝乎鬼神；恶衣服，而致美乎黻冕；卑宫室，而尽力乎沟洫。禹，吾无间然矣。”

传统译文

孔子说：“真是伟大啊！舜和禹拥有天下却一点儿也不谋私利。”

孔子说：“伟大啊，古代的君王尧！崇高啊，世上最大的是天，只有尧能效法它。他的功德广博啊！老百姓真不知道怎样称赞他。多么伟大啊，尧的功劳！多么辉煌啊，尧的典章制度！”

舜有五位贤臣，天下治理得井然有序。周武王说：“我有能治理天下的贤臣十人。”孔子说：“古人说，人才难得，不是这样吗？唐尧和虞舜以后，武王时人才最昌盛。然而武王的十位人才中还有一位是妇女，实际上只是九位罢了。周朝得了天下的三分之二，仍然向殷商俯首称臣。周朝的道德，可以说是达到最高境地了。”

孔子说：“禹，我对他是没什么可批评的了。他自己的饮食极差，却把祭品办得很丰盛；他自己的衣服很差，却把祭服做得很讲究；他住的地方很简陋，却尽力兴水利、修沟渠。禹，我对他是无法挑剔了。”

“巍巍乎”是形容山的宏伟，这里指尧的崇高伟大。尧传位给舜，舜传位给禹，这三代是著名的公天下。孔子认为，尧舜禹三代，他们虽然身为皇帝统治天下，但他们心里没有觉得皇帝可贵，而看得很平淡，真正做到了只是服务，从未谋过私利，这才是真正的崇高，真正的伟大。这段话说明统治者不应以天下为己有，体现了孔子的“天下为公”的政治思想。

尧以前的历史，由于文献资料不足，孔子认为不足以采信，所以编撰《尚书》从尧典开始。孔子说，伟大的尧，他的道德成就像天一样伟大，天的伟大在于天生成了万物与人，却从不要求回报，只有尧效法了天（即“唯天为大，唯尧则之”）；他的功德像海水一样波澜壮阔，浩瀚无边，他的伟大，百姓无法以言辞形容（即“荡荡乎！民无能名焉”）；尧最伟大的成就、最伟大的光辉就是开启了中国文化，设立了典章制度（即“焕乎其有文章”）。孔子对“圣人（尧）效法天”的描述说明他已经认识到天人间的关系，已初步形成了天人合一的思想雏形。

“乱臣”指治乱之臣。舜帝时，他手下有五位德才兼备的大臣，即：禹、稷、契、皋陶、伯益五人，在这五名德才兼备的大臣的协助下天下大治。周武王说，他之所以能打败纣王，平定天下，是因为他有十名德才兼备的治乱人才。孔子说，人才难得呀，不是这样吗？（即“才难，不其然乎？”）自尧舜以后，武王时人才最为昌盛，然而十位人才中还有一位是武王的母亲，实际上贤臣只有九位（即“有妇人焉，九人而已”）。文王时期天下诸侯归顺西周者已超过三分之二，但他仍然向殷商称臣。可见西周的政治道德是好的，西周对殷商做到了仁至义尽。孔子这段话主要是说明社会的兴衰治乱，关键在于人才，用人是否得当是执政治世的首要因素。

“间”指间隙。“无间”指没有缝隙，无可挑剔。“菲”是薄，这里指俭。“黻”是祭祀用的礼服。“冕”是礼帽。“洫”是田间水道。孔子说，提到大禹，真是无可挑剔（即“禹，吾无间然矣！”）。他自奉节俭，生活非常清苦，但在祭祀天地与祖先时（传说，大禹重视鬼神与法术）却置办极其丰盛的祭品（即“菲饮食，而致孝乎鬼神”）；他自己衣着破旧，但祭服却非常美丽且制定了国家祭奠的礼服制度（即“恶衣服，而致美乎黻冕”）；他自己住的宫室非常简陋，却尽力修建了许多水利与田渠（即“卑宫室，而尽力乎沟洫”）。大禹啊，他的品德真是无可挑剔。孔子以禹为榜样，阐述了统治者要努力为民众办事，个人生活要俭朴，对祭祀、农事、水利等大事应尽心竭力等政治思想。

小结：本篇是对为政者个人修养的解述。孔子通过对尧、舜、禹、泰伯等圣贤人物的赞颂，提出了贤人政治及以德治国的政治主张，并着重强调了为政者应有高尚的道德精神，要注重自身的道德修养。

春秋末期，礼崩乐坏，道德衰败。孔子根据当时的实际情况教导弟子：首先要坚持自己的信念，至死不变；其次是政治清明出仕做事，政治昏暗则隐居不仕。孔子认为，为政者道德学问的修养，首先要加强自身品德修养，树立仁德之心，注重操守，履行孝道，严守礼仪制度；其次是努力学习、丰富知识、提高才具；最后是循序渐进、坚持不懈、严格要求。

本篇中记述曾子的几段话反映出孔子及其弟子崇尚孝、礼、诚、恭、忠、信以及谦虚、宽大、刚毅等思想品德。

第九章

子罕篇(子罕第九)

本篇主要记述了孔子的德行、理念，别人对孔子的评价和孔子对弟子们的劝勉与告诫等，同时也表述了孔子的教育思想与教育理念。

一

子罕言利与命与仁。

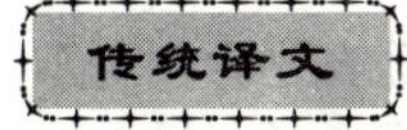

孔子很少谈利益，但认可天命，肯定仁德。

“罕”是少有。“与”应作连词解。这句话的含义是指孔子很少谈“利”，很少谈“命”，很少谈“仁”。

“利”包括利益与利害。孔子认为，“君子喻于义，小人喻于利”

(里仁篇)，所以他很少谈“利”。

古人把有形有质的物质现象称做“形而下”，把无形无质与有质无形或有形无质的现象统称为“形而上”。“命”是生命现象的统称，这里主要指古人对生命的本质、本原、来源与归去、人性与天命、宇宙生命能与人体生命能的运行、转换及运转节律等方面探究而得的“形而上”的认知。孔子之所以很少谈，一是孔子对该类认知持“厥疑”态度，二是该类认知很难用语言表述，三是孔子认为“中人以下，不可语上也”(雍也篇)。孔子很少谈，不等于没有认知。古人认为，“形而上”的认知依赖于“非常态”下的感应。孔子把“非常态”感应称为“心斋”，并描述为“无听之以耳而听之以心，无听之以心而听之以气”(《庄子·人间世》)。后来，曾子的“止、定、静、安、虑、得”与孟子的“浩然之气”，也都来源于孔子的“心斋”及其对生命能运动的认识。“性”是“命”的本质特性的反映，它来源于生命的本能(即“食、色，性也”)，禀受于天地自然(即“天命之谓性”)。孔子认为，人性中首先包含“私欲”，这是生命维持本能的显现。所以，人不可能绝对无私，但对“私欲”如不加以节制而任其膨胀，就会危害他人而形成恶源。因此，孔子强调要“克己”、“修己”。其次是人性中包含“爱”(指性爱、母爱与对母爱的回报即“孝”)，这是生命接续本能所反映出的特性，将其由近及远推而广之即为“爱人”。孔子认为，“爱”是天地赋予人的善良本性(即“天命有德，德为爱人”)。孔子把人性中“爱人”的善良本质表述为“仁”，并在《论语》中多次提到“仁”且有专门的“里仁篇”。但《论语》中所提到的“仁”，大多都是在讲“仁”的应用，而把“仁”看做是人的先天本性的观点则很少谈及。所以此处说“孔子很少谈仁”。但很少谈不等于没有谈，如“仁者爱人”就点明了“仁”的本质特性。

由“天命有德，德为爱人”而知，“天命”对于“人道”的显现就是“德”，而“德”的具体呈现为“爱人”，也就是“仁”。由“天命之谓性”而知，人类先天的本性中就有“仁德”。所以，孔子所说的“归仁”就是“复性”，就是“明明德”，就是遵从“天命”。

二

达巷党人曰："大哉孔子！博学而无所成名。"子闻之，谓门弟子曰："吾何执？执御乎？执射乎？吾执御矣。"

传统译文

达巷的人说："真伟大啊，孔子！他学识渊博，可惜没有一技之长能使他成名。"孔子听了这话以后，对他的学生们说："我该专长哪一项技艺呢？驾车吗？射箭吗？我想还是驾车吧。"

补　释

"达巷"是地名。"党人"指该地方的人。达巷这个地方的人说，伟大的孔子，有这样渊博的学问，但没有专长以扬名（即"无所成名"）。孔子听到这种评论后便风趣地说，我搞哪一种专长好呢？是驾车还是射箭？我看还是驾车吧。这段话描绘了孔子的潇洒与幽默，同时也说明孔子的言谈，直陈胸臆且率真生动。孔子博学且道全而德备，并不偏于一艺，其志在实现自己的政治理想。达巷党人知道孔子的伟大，但却惜其不能以专长成名，说明他们并不了解孔子。孔子听到后并不作任何解释，表示虚心接受并答以风趣玩笑，足见其圣人的襟怀。对此南怀瑾先生认为弟子们把孔子这段话纳入《论语》，说明孔子一生都在驾车，他所驾的是中国文化之车，是中国的文化礼义精神之车，他引领着中国传统文化的发展。

三

子曰："麻冕，礼也。今也纯，俭，吾从众。拜下，礼也；今拜乎上，泰也。虽违众，吾从下。"

传统译文

孔子说："用麻绳织礼帽，这是符合传统礼节的；如今大家改用丝线，比用麻绳更节省，我赞同大家的做法。臣子见君王，先在堂下拜，升堂再拜，这是合乎传统礼节的；现今大家都只在堂上拜，这是骄傲的表现。就算我的主张违背大家的做法，我也依旧主张先在堂下拜，升堂再拜。"

补　释

孔子说，上古时候，长辈去世，孝帽是麻做的，很讲究，这是古礼。现在的人简化了，只用纯麻披孝，这样比较节俭，我赞同大家的做法。接着又说，过去臣对君之礼，是先堂下拜，升堂再拜；现在的人为了省事仅堂上拜，这样做对君主的敬心会削弱，尽管我的观点与大家相违背，但我还是坚持先堂下拜，升堂再拜。可见，孔子坚持的是礼仪的精神并不死守礼法。对待随时代发展而产生的礼仪变化，他的态度是：当不违背礼仪精神而能节约时，他主张从俭；当形式影响忠与孝的敬心时，他反对从简。

四

子绝四：毋意、毋必、毋固、毋我。

子畏于匡。曰："文王既没，文不在兹乎？天之将丧斯文也，后死者，不得与于斯文也。天之未丧斯文也，匡人其如予何？"

大宰问于子贡曰："夫子圣者与？何其多能也？"子贡曰："固天纵之将圣，又多能也。"子闻之，曰："大宰知我乎？吾少也贱，故多能鄙事。君子多乎哉？不多也。"

传统译文

"孔子绝对不存在这四种毛病：不凭空去猜测，不绝对去肯定，不固执于己见，不唯我而独尊。"

在匡地，孔子被当地人拘囚起来。他说："文王死后，古代文化遗产不都在我这里吗？上天若是要消灭这种文化，那我也不会掌握这些文化了；上天假若不消灭这种文化，那么匡人又能把我怎么样呢？"

太宰问子贡说："孔夫子不是个圣人吗？为什么还会许多小的技艺呢？"子贡回答说："这本来是上天让他成为圣人，又让他多才多艺的。”孔子听到之后，说：“太宰了解我吗？我年轻时候很贫穷，所以会很多卑贱的技艺。真正的君子会有这么多的技艺吗？不会有的啊！”

补　释

“毋”通“无”。“子绝四”指孔子绝对不存这四样缺点。“毋意”指不以主观逻辑推断的意愿为依据。孔子为人处世从不主观臆断。“毋必”指不必然，也包括不要求必然。孔子对任何人、任何事从不绝对肯定与否定，也从不执著教条。“毋固”指不固执。孔子从不固执成见，更不固执己见。“毋我”指不以自我观念为准，不以“我”为中心。孔子为人，从不唯我独尊，处世，也从不以我为是。“意”、“必”、“固”、“我”，这四点的核心是主观武断，其中“意”与“必”是事先主观武断的认识，而“固”与“我”是事后主观武断的仲裁。“子绝四”说明孔子时时都保持着心境空明，已超然忘我，所以从不主观武断；同时也说明孔子注重推己及人，凡想到自己之处必能推及他人，这是孔子学问修养的伟大之处。

鲁定公十三年（公元前497年），孔子在由卫去陈国的途中，曾在“匡”这个地方遇到了一次危险。季氏的家臣阳虎，曾在七年前鲁军攻郑经过匡地时大杀过匡人。由于阳虎相貌很像孔子，所以，当孔子带诸弟子路过匡这个地方时，当地的人把孔子误认做阳虎，便把他包围起来，想杀掉他。当时众弟子都非常紧张，孔子则泰然自若地说：“自周文王死后已五百年，文化衰落到现在，今由我承继文化大统，如果天要灭这文化，就不会让我继承它，如果天不灭这文化，我就死不了，匡人又能奈我何?”不久匡人认出孔子不是阳虎，就撤离了包围。虽然是一场虚惊，却体现了孔子临危不惧，大义凛然的气魄。

“大”通“太”。“大宰”即太宰，是官职名，类似宰相。宋国的太宰问子贡说：“你们的老师孔子，真是个圣人，他怎么样样都会呢?”子贡自豪地说:“那当然,他是天生的圣人,知识渊博,什么都懂。”后来有人把太宰的话告诉了孔子。孔子说:“太宰,他哪能了解我?我幼小家贫,干过许多技业,受过很多磨难,所以懂得的技艺多一些(即‘吾少也贱,故多能鄙事’)。一般的君子哪能经历这么多呢?没有经历那些磨难自然也不会知道那么多啊!”孔子这段话说明,凡是做大事、立大业之人,一定有着丰富的人生阅历和经验,只有在艰难困苦中磨炼过的人,才真正懂得人生。

五

牢曰:“子云:‘吾不试,故艺。’”

子曰:“吾有知乎哉?无知也。有鄙夫问于我,空空如也。我叩其两端而竭焉。”

子曰:“凤鸟不至,河不出图,吾已矣夫!”

传统译文

牢说:“孔子说过:‘我未被国家重用,所以学得许多技艺。’”

孔子说:“我真的很有知识吗?我实在是无知啊!有一个乡下人求教于我,我原本是一点儿也不知道的。我就以他所提问题的正反两方面开始反过来叩问他,一步步问到底,就得到答案了。”

孔子说:“凤凰再也不会来了,黄河也不会再出现龙马负图的现象,我的道已经不能实现了吧!”

另释

牢是孔子的学生，姓琴名牢字子开。牢说，孔子曾经说过："吾不试，故艺。"这句话的含义应是指：孔子学习做学问是为了求道，为了获得真知，为了自身修养。也就是说，孔子学习是为他自身求道而学，不是为了做官获得功名，也不是为了人前卖弄求虚名（即"吾不试"），所以他的学问才能达到高超的境界。由于"少也贱"、"多能鄙事"，所以才能获得众多的技艺。

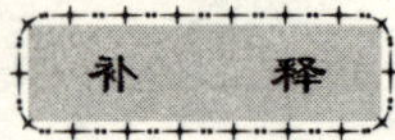

孔子说："你们认为我什么都懂吗？事实非然。"一个人的生命是有限的，而知识与学问则是无限的。以有限的生命追求无限的知识是不可能面面俱到的，任何人都不可能拥有全部的知识。所以孔子说："我自己也是无知的；凡有人向我请教，我便就他的程度，提供给他可能的变数供他参考；如果一个没受过文化教育的人来问我（即'有鄙夫问于我'），即使问的是最低级的问题，我也不会以经验下定论，而是放弃以往的经验与知识，保持心中空空如也；保持自身心境空明才能体会到来人的心意，并从他所提问题的正反两方面反过来叩问他，一步步问到底（即'我叩其两端而竭焉'），就会得出答案。"孔子在这里所说的"无知"还包括"没有任何主观的存在，始终保持宁静"的含义，这是做学问的一种境界，所以说"知识的最高处就是无知"。

"凤鸟"即凤凰，是中国传统文化中的吉祥鸟。"凤鸟至"通常代表圣哲的帝王出现（西周初曾出现"有凤来仪"象征文、武二王）。"凤鸟不至"指周武王之后已许久都没有仁德的帝王了。

中国古文化称河洛文化，即指由河图洛书发展起来的文化。传说黄河发大水，河面上出现龙马，背负的图案称河图（是用一至十这十个数字组成的反映宇宙万物衍生、阴阳五行运变与四时流转的数字图形）。伏羲受河图的启迪发明了八卦。传说洛河发水，水面上出现大龟，背负的图案称洛书（是把十隐含于内仅用一至九这九个数字组成的天地人三盘配合阴阳五行运变，反映四时八节与升降沉浮及阴阳和合的数字图形）。大禹受洛书的启迪制定了九州治理方案。河图是中国文化的起源，也象征中华文明的诞生。孔子在这里用河图来代表中国文化与中华文明的兴起与昌盛。

孔子这段话是感叹时代："凤鸟不至"是感叹自周的文、武二王之后，五百年来再也没有圣明的君主出现；"河不出图"指春秋末期中国文化与中华文明日渐衰退，他担心从此败落，再难兴盛；"吾已矣夫"是指他一生所致力从事的文化复兴事业，和依靠文化复兴来挽救时代的希望，都难以实现了。这段话体现了孔子晚年悲哀的叹息和失望后无奈的心情。

六

子见齐衰者，冕衣裳者与瞽者，见之，虽少，必作；过之，必趋。

传统译文

孔子只要见到穿丧服的人、戴贵族礼帽穿贵族礼服的人和盲人，即使比他年轻也要站起来；从他们身边经过时，一定要快走几步，以表示敬意。

"齐衰"指麻衣丧服。"冕衣裳"指官吏的制服。"瞽"即盲，这

里泛指残疾。孔子提倡"礼"，自己也践行"礼"，所以他见到服丧之人、穿制服的人和残疾人，不论年龄大小，都必然态度严肃起来，表示肃敬，而且从他们身边走过时，必然快走几步，以表示敬意。这段话说明，孔子做人，态度诚敬。他看到有丧事的人，心生同情，态度随之肃然。孔子尊敬穿制服的人，不是一定尊敬该人，而是其身穿的制服代表了国家，就如同我们看到警察帽子上的国徽，自然会肃然起敬，这是孔子对国家民族崇敬的表现。孔子见到残疾人，产生怜悯，进而同情，以示肃敬。同时这段话也通过这几点待人的小事说明"礼"的精神实质就是发自内心地尊敬别人。

七

颜渊喟然叹曰："仰之弥高，钻之弥坚。瞻之在前，忽焉在后。夫子循循然善诱人，博我以文，约我以礼，欲罢不能。既竭吾才，如有所立卓尔，虽欲从之，末由也已。"

传统译文

颜渊感叹说："老师的学问，抬起头来越看越高，越研究越觉得深。看上去似乎在前面，又忽然跑到后面去了。老师善于一步步地引导我们学习，用各种文献丰富我们的知识，又用礼仪约束我们的行为，让我学不能止。我所有的力量都用完了，前面好像还矗立着一个高高的目标。我虽然想跟随过去，却又不知该怎么走了。"

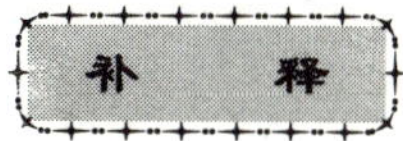

补　释

颜回这段话，是他对孔子崇敬的评论，也是他跟随孔子多年的心得。他说，我们老师的思想太崇高了，越看越觉得高大；老师的学问太深厚了，越钻研越觉得厚实。他人格的崇高伟大，学问的精深广博，修养的深厚扎实，简直是深不可测、琢磨不透（即“瞻之在前，忽焉在后”）。老师总是循着学生的个性、特点、爱好来诱导我们，启发我们，对我们因材施教，把我们带入正途；用各种文献丰富我们的知识，用礼、乐、射、御、书、数六艺培养我们多才多艺，同时又用礼仪的精神与礼制的规范约束我们的意识与行为。自己受老师教育，让我学不能止。自己尽了全力，仿佛已有所成，冷静反省，仍然距目标尚远。有时感觉自己已接近老师的水准，但一接触就发现自己还远远落在后面，而且越接触越感觉自己望尘莫及。老师的精神人格始终高高矗立在面前，虽然想一直跟着老师的道路走，按照老师的精神做，但却不知怎样下手，至今仍然有较大的差距。

颜回的这段话说明了三点：第一是老师的思想、人格修养，既崇高又伟大，其学问，既深厚又广博；第二是老师实施教育，善于诱导，因材施教，注重多方面的知识培养，注重中心思想的确立；第三是说明自己尽了最大的努力，但还是赶不上老师。

八

子疾病，子路使门人为臣。病间，曰：“久矣哉，由之行诈也！无臣而为有臣。吾谁欺？欺天乎！且予与其死于臣之手也，吾宁死于二三子之手乎！且予纵不得大葬，予死于道路乎？”

传统译文

孔子病重，子路让门人以家臣的身份为孔子准备后事。孔子的病有些见好后，生气地说："仲由做这种骗人的勾当已经很长时间了吧！本来不应该有家臣而有了家臣。我骗谁呢？骗天吗？我与其死在家臣手里，还不如死在学生们手里啊！我即使享受不到大夫的葬礼，难道会死在路边没人安葬吗？"

补　释

孔子病重期间，弟子们准备料理后事，子路便把众弟子与门人（即徒孙）组织起来，准备把孔子的葬仪按大夫的规格办理，令众弟子门人均持家臣之礼。孔子的病减轻后，知道了此事，生气地说，仲由这样做形同诈骗！我一生讲"礼"，却差点儿在死后违"礼"。这样做是行诈！是欺天啊！都是我没把你们教育好，才出现这样的事。我不该有家臣却有了家臣，这是在骗人啊！我骗谁呢？这是骗天呀！与其死在家臣的手边（指由臣送终），不如死在学生的手边（由学生送终）。我虽然不能像大夫一样风光大葬，但也并不是卧毙路边，无人安葬呀。

九

子贡曰："有美玉于斯，韫椟而藏诸？求善贾而沽诸？"子曰："沽之哉！沽之哉！我待贾者也！"

子欲居九夷。或曰："陋，如之

何？”子曰：“君子居之，何陋之有？”

子曰：“吾自卫反鲁，然后乐正，雅颂各得其所。”

传统译文

子贡说：“这里有一块美玉，用一个精美的匣子藏起来呢？还是找一个识货的商人卖掉呢？”孔子说：“卖了它！卖了它！我在等着商人呢！”

孔子打算去九夷之地居住。有人说：“那儿闭塞又落后，怎么能去呢？”孔子说：“我这样一个有道德的人住在那里，怎么会闭塞落后呢？”

孔子说：“我从卫国回到鲁国，才把音乐的篇章整理好。《雅》和《颂》各自归属于它们原本应有的位置。”

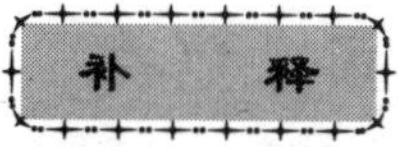

所谓卖玉，这是子贡与老师的幽默，意指老师您虽有经纶济世之才如同美玉，可惜无人能识。所以子贡打趣说：“这里有一块美玉是藏起来呢？还是卖掉呢？”孔子也感觉生不逢时，道之不行，就也跟着打趣说：“决定卖！决定卖！我在这里等人买，可惜没人要！”孔子以美玉喻己，待价而沽，尽管未遇良贾，但“玉患立身有瑕，不患无售；售与不售，于玉无损”。

九夷是南方一带的蛮夷之地。孔子担心中原的诸侯纷争会把传统文化毁灭，于是想到南方另外开辟一片天地保留中国文化，同时也想有一个邦国哪怕是落后的蛮夷国家来实现自己的政治理想。但有人说那个地方太落后，当地土人还处于蛮荒状态，怎么办呢？孔子说，地区不怕落后，只要是真有道德、真有学问的人，去任何地方，都有自处的办法，又有什么关系呢？（即“君子居之，何陋之有？”）

孔子周游列国后深刻地认识到，要想对社会、对历史有所贡献，只有从事文化事业与教育事业。鲁哀公十一年（公元前484年），孔子从卫国回到鲁国后开始整理中国文化，编撰了《诗》、《书》、《礼》、《乐》、《易》、《春秋》六经，其中《诗经》与《乐经》均分为《风》、《雅》、《颂》三大类。诗与乐是相合的，乐为曲，诗为词。这里的“雅”、“颂”是指乐名。“吾自卫返鲁，然后乐正，雅、颂各得其所”，是指孔子从卫国回到鲁国后对《诗经》与《乐经》都进行了整理，每篇雅诗与颂诗相应匹配的雅乐与颂乐以及在什么场合下使用等都作了安排，这就是“乐正”。孔子的安排完全合乎礼乐的精神，所以称“各得其所”。

十

子曰：“出则事公卿，入则事父兄，丧事不敢不勉，不为酒困，何有于我哉？”

子在川上，曰：“逝者如斯夫！不舍昼夜。”

传统译文

孔子说：“出外便侍奉公卿，在家便侍奉父兄，办丧事不敢不尽礼，不被酒所困扰，这些我都做到了吗？”

孔子站在大河边上感叹，说：“消逝的时光像河水一样啊！它日夜不停地奔流而去。”

补释

孔子说，一个人在外做事就要兢兢业业地为国君、公卿办差（即“出则事公卿”），忠于职守，尽自己应尽的责任；在家里就要尽孝道，侍奉父兄，尽一个家庭成员的责任；遇到丧事，不可马虎，要尽量周到，对丧家要尽力帮忙；不可贪杯为酒所困，更不可为名利之酒所醉；我也常常以上述四项来检查与反省自己。

孔子站江边说：“过去的就像这下面的流水一样，白天晚上都在流。”孔子这句话首先是在告诫弟子们，注意啊！你们看这水，昼夜不断地向前！向前！人要效法水，像水一样不断前进。人的思想、观念、学问、修养都要不断地前进，满足于今日的成就，就会落伍啊！其次是说天地在不停地运转，时光在不停地流失，就像这河水一样，一切都在不停地流动着。时不我待，人应像流水一样自强不息啊！再次是说历史是不会停止的，时代是向前迈进的，宇宙如此，人生也是如此啊！最后是说宇宙万物的自然生化就像这流水一样生生不息，这就是“道”体的本然啊！

十一

子曰：“吾未见好德如好色者也。”

子曰：“比如为山，未成一篑，止，吾止也。比如平地，虽覆一篑，进，吾往也。”

传统译文

孔子说：“我没有见过喜爱道德像喜爱女色一样的人。”

孔子说："比如堆一座土山，只差一筐土便成了，如果停下来，就堆不成山。比如用土平地，虽然刚倒下一筐土，如果继续干下去，就能平整土地。"

"吾未见好德如好色者也"，这句话是孔子对卫灵公的感叹。孔子周游列国时，只有卫国待他最好，但卫国国君卫灵公十分宠爱南子，其国家大事完全被南子所左右。卫灵公原本是个很能干的国君，由于宠爱南子而荒废朝政，所以孔子有此感叹。对孔子这一感叹语的由来，还有一个故事。传说有一次，卫灵公和南子出门带着孔子，卫灵公与南子同车，孔子一人坐在后面车上。事后出现一首歌谣曰："同车者色也，从车者德也"，孔子听说后感到羞耻，因而离开卫国并对弟子说："已矣乎！吾未见好德如好色者也。"南怀瑾先生认为，孔子这句话也揭示了一个普遍现象：凡事业心强的人，多数精力充沛；没有过分的精力，很难有杰出的事业与成功；而精力充沛者容易受惑于女色，这也是弗洛伊德性心理学中显示的突出特征。

"篑"是盛土的筐子。"覆"是倒土。孔子认为，持之以恒是成功的重要因素，做学问是这样，道德修养也是这样。比如用土堆一座山，只差最后一筐土了，如果停下来，就堆不成山了。社会上往往有许多人和事都是在最后一筐土前停了下来，以致功亏一篑（即"比如为山，未成一篑"）。但为什么会停下来，是谁让我们停下来的呢？我们常常归罪于客观因素。但孔子认为，停下来的原因不是其他客观因素，而是我们自己心理上的疲劳与退缩（即"止，吾止也"）。事情的成功，往往也是这样。比如填一块平地，虽只倒了一筐土，但坚持下去，就会有成功（即"比如平地，虽覆一篑"）。这一筐土、一筐土的进步，也不是外来因素造成的，而是自己前进的结果（即"进，吾往也"）。孔子这段话告诉我们，一切成功与失败，都取决于自己的毅力与作为，即："进，吾往也"，"止，吾止也"。

十二

子曰:“语之而不惰者,其回也与!”

子谓颜渊,曰:“惜乎!吾见其进也,未见其止也。”

子曰:“苗而不秀者有矣夫!秀而不实者有矣夫!”

传统译文

孔子说:“听我说话而始终不懈怠者,可能只有颜回一个人吧!”

孔子谈到颜回时说:“太可惜呀!他死得太早了,我只看见他不断地进步,没有见过他停滞不前。”

孔子说:“庄稼长苗却不开花结穗的情况是有的,吐穗开花了却不结果实的情形,也是有的。”

补释

孔子说,在他的学生中,能依照他的教导去做,而从不懒惰的,只有颜回一个人。“语”有理论的含义。所以,“语之而不惰”还包括理论与实践紧密结合的含义。大概每一个人都知道自己应该做什么,不应该做什么。从理论上判断自身作为的正确与否,一点儿也不难,绝大多数人都能做到。难的是具体去施行,去付诸实践,而且持之以恒。孔子教育思想的核心精神就是教人如何去战胜自己,征服自己。

孔子认为，颜回就是他所见到的能战胜自己的人，只看到他不断地进步，没有见过他停滞不前（即“吾见其进也，未见其止也”）。但天妒英才，他才活了三十多岁，实在太可惜了（即子谓颜渊曰：“惜乎!”）。

孔子说，有些植物，种子种下去，发出芽很好，但结果却长不大，枝叶并不茂盛，即“苗而不秀者有矣夫”。从教育的角度看，有些人小时候很聪明，长大了却糊涂起来。有些年轻人开始非常好，看着很有前途，但不知为什么慢慢地就变了，变得最后不成器，这就是“苗而不秀”。还有些植物，枝叶茂盛，花娇色艳，但没有结出果实，即“秀而不实者有矣夫”。有许多年轻人天资聪明且有较好的基础，但很容易觉得自己了不起，一旦形成自以为是的习惯，恐怕就不会再有丰硕的果实了。当今是知识爆炸的社会，每天报纸、杂志上刊登的文章有数十万篇，每天出版的著作大概也成千上万，而且都是大块文章，知识之花到处开放。但大多是时髦一时，有些书学生考完试就会扔掉，有些文章不出三天就只能进废纸堆。真正有生命力，能作为知识留存，能留传后世供后人学习参考的又有多少呢？这也是“秀而不实”。

十三

子曰：“后生可畏，焉知来者之不如今也？四十、五十而无闻焉，斯亦不足畏也已。”

子曰：“法语之言，能无从乎？改之为贵。巽与之言，能无说乎？绎之为贵。说而不绎，从而不改，吾末如之何也已矣。”

子曰："主忠信，毋友不如己者，过则勿惮改。"

传统译文

孔子说："年轻人是可怕的，哪能够知道后一辈的将来赶不上现在我们这一辈人呢？如果一个人到了四五十岁还没有什么声望，也就不会有太大的出息了。"

孔子说："合乎正道的告诫之词，你能够不接受吗？改正了错误才是可贵的。用恭敬的话来赞许你，能不高兴吗？能分析鉴别才可贵。只管高兴而不加分析鉴别，只表示接受而不加以改正，对这种情况我就没有办法了。"

孔子说："要把忠实诚恳放在首要位置，不要和不如自己的人交朋友，犯了过错不要怕改正。"

补　　释

孔子说的"后生可畏"是指不轻视年轻人。"畏"在这里不是害怕，而是值得可观、值得重视。"焉知来者之不如今也"，指不要轻视后一代，不要以为未来的不如现在的。孔子这段话给我们指出了对待年轻一代的正确认识和态度，同时也表明了孔子对未来的看法与信心。孔子认为，就文化来看，商胜于夏，周胜于商，始终是在发展。所以说，未来的发展是前进的。孔子还认为，如果单就一个人的成就来说，如果到了四五十岁还没有什么成就的话，也就没有什么可观的了（即"四十、五十而无闻焉，斯亦不足畏也已"）。

"法语"也称"法言"，是指古人的带有哲理性的名言，类似现在的格言。"巽"是风，这里指顺从与赞同。孔子说，历代传下来的格言，能不信从它吗？（即"法语之言，能无从乎？"）不仅应该信从，而且应作为镜子来检查反省自己，发现毛病就及时改之才最为重要（即“改之为贵”）。接着孔子又说，有人顺从你的言语，并且赞许你，心里不是挺高兴的吗？（即“巽与之言，能无说乎？”）然而对别人的赞许能够分析、鉴别，进而反省自己、改进自己才是重要的（即“绎之为贵”）。如果听了别人的赞美，只知道高兴，而不分析辨别，也就不知对错，不知改进，那样的话我也就没有办法了（即“吾未如之何也已矣”）。

另　释

孔子说，做人要忠实诚恳（即“主忠信”），要尊敬每一个人，因为每一个人都有比自己强的地方（即“毋友不如己者”）。要观察所有朋友的优点、长处，供自己学习借鉴。有过错，要勇于改正，要勇于纠正自己的缺点与错误（即“过则勿惮改”）。

“主忠信”包括内外两个方面。“外”指对人对事的诚敬之心，即时时、处处、事事都要做到忠实诚恳，始终保持敬人、敬业的精神，做到不欺人、不欺事。“内”指不自欺，即忠于“仁”的核心思想、信守“礼”的和谐理念、复归人的先天本性。事实上，人最难做到的就是不自欺，能看到人人都有胜于自己的优点，并能对照检查出自己的缺点错误，能勇于改过就是不自欺的入手处。

十四

子曰：“三军可夺帅也，匹夫不可夺志也。”

子曰：“衣敝缊袍，与衣狐貉者立，而不耻者，其由也与！‘不忮不求，何用不臧？’”子路终身诵之。

子曰:“是道也,何足以臧?”

子曰:“岁寒,然后知松柏之后凋也。”

传统译文

孔子说:“军队可以使它丧失主帅,一个男子汉却不能使他丧失意志。”

孔子说:“穿着破旧的棉袍,与穿着狐裘皮袍的人站在一起,却不感到羞耻的,大概只有仲由吧!《诗经》中说:‘不嫉妒,不贪求,为什么不好呢?’”子路听了,从此经常念着这两句诗。孔子说:“仅仅做到这样,又怎么能够算得上好呢?”

孔子说:“严寒的冬天,才知道松柏是最后凋零的。”

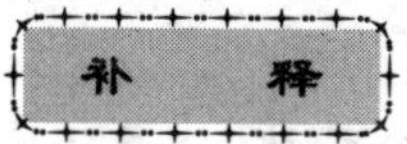

三军如人,帅如人心。但三军为众,众心不齐,所以可以夺帅。匹夫为个人,有其自身的人格尊严,其意志由自己掌握,只要意志坚定,不畏死、不畏苦,任何力量也动摇不了。孔子借此说明,做学问者要注重气节的培养,气节是人格的中心。“三军可夺帅也,匹夫不可夺志也”,表明古代作战抓住敌方三军的主帅虽然非常困难,但仍然是可以做到的。但一个人如真有气节,立定了志向是不会动摇的。如要改变一个真有气节的人的志向,是不可能的。孔子在这里强调,一个人有无气节取决于他志向的坚定性,志向不动摇不受环境影响就是有气节。孔子认为,气节是在日常生活中培养出来的,比如子路穿着破旧的袍子与穿着皮袍的富人在一起时,一点都没有感到自卑(即“衣敝缊袍,与衣狐貉者立,而不耻者,其由也与”)。这就说明子路没有受物质环境的影响,就是有气节的一种表现。孔子引用《诗经·卫风》中的两句诗“不忮不求,何用不臧”(含义是:“不为富贵所累，少了私心杂念就近于道。”）来称赞子路不羡富贵、不慕荣华、安于平淡的品格。但子路经不住表扬，洋洋自得地每天都念叨这两句诗。孔子就教育他说，我称赞你的这一点，只是修养气节的一个方面，学问是无止境的，修养也是无止境的，仅做到了这一点，又怎么能算完好呢？（即“是道也，何足以臧？”）应该更加进德修业才能达“道”呀！

接着孔子又借助松柏的特性来表述君子应有的气节。他说到了冬天，天气冷了，所有的草木都凋零，只有松柏依然碧绿（即“岁寒，然后知松柏”），它总能坚持到最后（即“之后凋也”）。孔子这段话的含义是指，君子的志向就像这松柏一样，不怕风雪的摧残，不畏严寒的逼迫，始终毫不动摇，这就是君子的气节。

十五

子曰：“知者不惑，仁者不忧，勇者不惧。”

传统译文

孔子说：“聪明的人没有疑惑，仁德的人没有忧愁，勇敢的人没有畏惧。”

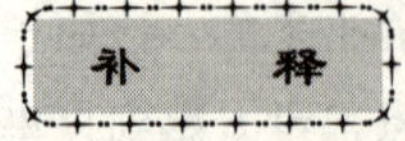

孔子认为，一个人要达成完美的人格修养，必须具备三方面的品格，即智慧、仁德和勇敢。“知”就是智慧，包括聪明，但不仅指聪明。真正有智慧的人，鉴往知来，熟悉社会与自然应变必变的规律，遇到任何事情，都会认真分析、仔细辨别，能明达事理，内心始终保持清明，不会被现象所迷惑，也就不致困惑（即“知者不惑”）。一个真正有仁德的人，坦荡豁达，兼爱无私，不计个人的利害得失，所以不会受环境的影响，在任何情况下都能泰然自处，自然不会有忧虑（即“仁者不忧”）。真正勇敢的人，刚健自尊、临危不惧、坚持正义、俯仰无愧，自然无所畏惧（即“勇者不惧”）。这三者常常是连在一起的。《中庸》中阐述的培养智慧、仁德、勇敢的方法为：“好学近乎知，力行近乎仁，知耻近乎勇”，这是达到“不惑”、“不忧”、“不惧”的笃行之路。

十六

子曰：“可以共学，未可与适道；可与适道，未可与立；可与立，未可与权。”

“唐棣之华，偏其反而。岂不尔思，室是远而。”子曰：“未之思也，夫何远之有？”

传统译文

孔子说：“可以一起学习，未必可以志同道合；可以志同道合，未必可以一起立业；可以一起立业，未必可以一起通权达变。”

古诗中有：“唐棣之花，翩翩摇摆。难道我不思念你吗？只因为离家太遥远。”孔子说：“怕是没有思念吧？如果真思念的话，有什么遥远呢？”

补 释

孔子说，有些人可以一同学习，也可以做朋友，但不一定志向相同，因为志向不同是走不到一条道上来的。有些人可能有共同的志向，走着共同的道路，但不一定能共立在同一个事业基础之上。有些人可以同立于一个事业基础之上，也在一起从事共同的事业，但不一定能权衡一致、共同进退。

“适道”也可指适宜的方法。“可与立”也有学问达自立程度的含义。“可与权”可指学识已转化为通权达变的智慧才能。“可与共学”指一齐学习、共同努力。“未可与适道”指未必能“入门”找到通向学问殿堂之道。“未可与立”指未必能成为立身处世的本领。“未可与权”指未必能成为自身的智慧与才能。全段话意可解释为：“一齐学习，未必都能得到领悟学问的法门，能够领悟学问也未必能达到学问足以自立的程度，即使学问有了较深的造诣也未必能成为自身通权达变的才能与智慧。”

“唐棣”是一种植物，农历五月开白色的花。“唐棣之华，偏其反而”是说美丽的唐棣花虽很漂亮，但五月间的白花给人一种反偏一面的感觉。“岂不而思，室是远而”是指偏差的过失，是由于自己不注意去深思的原因。人们通常只注意远处，而常常忽视身边（即室内）的原因。一个人最容易忽视的事，就是自己身边的小事，最不容易认清的人就是和自己亲近的人。所以孔子说，一切失误与过错都是由于自己没有深思，才看不清楚（即“未之思也”）。其实，最深远的道理，就是最平凡的、最浅显的，也是最贴近的（即“夫何远之有”）。我们往往对摆在面前的事情漫不经心，不屑去考虑，这才是人们最容易忽视的地方。

小结：本篇主要记述孔子的德行，同时也讲述了孔子的教育思想与教育理念。该篇记载了孔子谦恭的品格；阐述了孔子对古文化整理的贡献；展现了孔子的知识渊博与多才多艺；赞美了孔子的圣人品德与渊博的才学和高深的修养。本篇讲述的孔子的人生语录，都是砥砺后人的座右铭。

第十章

乡党篇（乡党第十）

本篇围绕“礼”记述了孔子的生活形态与行为举止，包括孔子在朝、在乡、在家的起居、饮食、仪表、举止、行为和表现等。

一

孔子于乡党，恂恂如也，似不能言者。其在宗庙朝廷，便便言，唯谨尔。

朝，与下大夫言，侃侃如也；与上大夫言，訚訚如也。君在，踧踖如也，与与如也。

孔子在父老乡亲面前非常恭顺，就像不能讲话的样子。他在宗庙和朝廷之上，讲话明辨，但也很谨慎。

孔子在朝廷，同下大夫交谈，温和快乐；和上大夫交谈，恭敬却又小心。君主来到朝廷时，孔子则恭恭敬敬，行步安详。

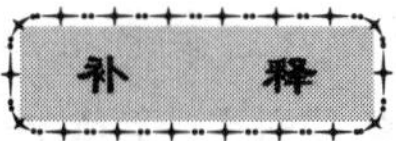

孔子在家乡，无论是做官时还是布衣时，对乡亲们都恭顺随和，对长辈恭顺，对晚辈也和蔼可亲。他话不多，言谈较谨慎。在朝廷，则该说就说，并说得有理有据，而且很有分寸。与下大夫说话，温和而从容不迫；同上大夫说话，和颜悦色，恭敬而正直。国君在朝廷上时，他就恭恭敬敬地慢步行走，小心谨慎而又诚恳。这两段话说明孔子日常的言行与上朝时依“礼”而行的举止。

二

君召使傧，色勃如也，足躩如也。揖所与立，左右手，衣前后，襜如也。趋进，翼如也。宾退，必复命曰：“宾不顾矣。”

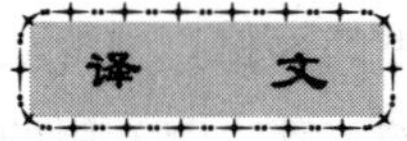

国君召孔子去做傧相接待贵宾，孔子神情变得庄重起来，并且走路也快起来。他向两旁的人作揖，左右拱手，衣裳随着前后摆动，但整齐不乱。快步向前走时，姿势就如鸟儿张开了翅膀一样。贵宾告辞后，他一定向君王汇报说：“客人们已经走远了。”

补　　释

受王命接待外宾，孔子矜持庄重，快步前往并向两旁的官员左右拱手作揖，整理衣服的前摆后裾使衣裳整整齐齐。宾客走后，他一定会向国君汇报。这段话说明孔子受命依“礼”接待外宾的举止。

三

入公门，鞠躬如也，如不容。立不中门，行不履阈。过位，色勃如也，足躩如也，其言似不足者。摄齐升堂，鞠躬如也，屏气似不息者。出，降一等，逞颜色，怡怡如也。没阶，趋进，翼如也。复其位，踧踖如也。

译　　文

孔子走进朝廷的门，谨慎恭敬，仿佛没有容身的地方一样。站立时，不站在门的中央，步行不踩门槛。走过君主的座位，神情立即变得恭敬庄重，脚步加快，说话也仿佛气不足似的。他提起衣服的下摆向堂上走时，显得十分小心谨慎，敛身憋气像没有呼吸一样。走出来下了一个台阶，神情便放松起来，显得心情愉快。下完了台阶就快步向前走，宛如鸟儿张开翅膀一样。回到自己的位置上，又显出恭敬谨慎。

补 释

这段话记述了孔子在朝堂上和在国君面前的行止举动，说明孔子的态度诚敬，恭顺且庄重。孔子在鲁为官期间，正值鲁国的孟孙、季孙、叔孙三家把持政权之时，孔子对鲁定公表现出格外的诚敬恭顺，主要是用他的实际行动表明忠于鲁君，不满三家僭越的行为。

四

执圭，鞠躬如也，如不胜。上如揖，下如授。勃如战色，足缩缩如有循。享礼，有容色。私觌，愉愉如也。

译 文

孔子出使他国，举行典礼时拿着圭，恭敬谨慎，像拿不动的样子。向上举好像在作揖，向下拿好像在发给别人。面色恭谨，战战兢兢，脚步细碎紧缩，就如沿着直线向前走。献礼物的时候，便已从容不迫，满面和气了。以私人身份与外国君臣会见时，更是轻松愉快。

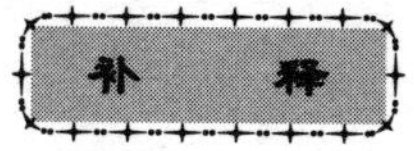

该段话记述了孔子受君命出使外国的过程，包括“执圭礼”、“享礼”和“私觌礼”等，表述了孔子出使时的举止无不中“礼”。

五

君子不以绀緅饰，红紫不以为亵服。当暑，袗絺绤，必表而出之。缁衣，羔裘；素衣，麑裘；黄衣，狐裘。亵裘长，短右袂。必有寝衣，长一身有半。狐貉之厚以居。去丧，无所不佩。非帷裳，必杀之。羔裘玄冠不以吊。吉月，必朝服而朝。

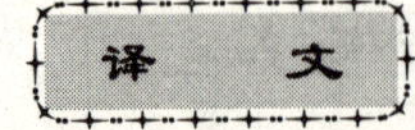

君子不用绀色和緅色做衣服的镶边，红色和紫色不用来做在家闲居时穿的衣裳。夏天穿葛布单衣，但外出时必须加上衣。黑色衣服配紫色羔皮袍，白色衣服配麑裘，黄色衣服配狐裘。在家里时穿的皮袄，比一般的衣服长，但右边的袖子要短一些。睡觉必须穿寝衣，它的长度应是身长的一倍半。冬天的坐垫用厚厚的狐貉皮来做。除了在丧事中，平时什么玉器都可以佩戴。不是上朝或祭祀穿的衣服，若用整幅布做的裙子，一定要裁去一些布。羊羔皮袍和黑色礼帽都不可以穿着去吊丧。每月初一，一定穿着上朝的礼服去朝贺。

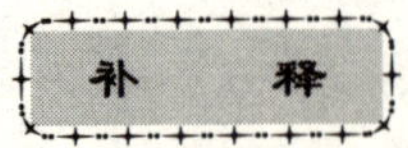

“寝衣”应指被子；“必有寝衣，长一身有半”指睡觉必盖被，被长是身长的一倍半。这几段话述说了孔子穿衣服的礼制，讲述了不同

场合，穿什么颜色、什么布料、什么样式的衣服等的明确要求。

六

齐，必有明衣，布。齐必变食，居必迁坐。

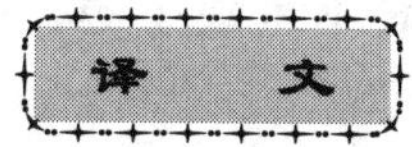

斋戒沐浴的时候，一定要有浴衣，是用布做的。斋戒的时候，一定改变通常的饮食，居住也要换个地方。

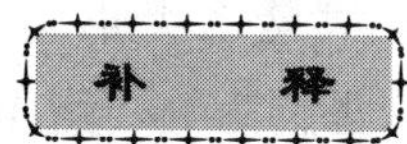

孔子斋戒时，一定要沐浴后换穿布做的干净内衣，改变饮食，住处一定要从卧室迁出。这段话是说孔子斋戒的规矩，表明其对斋戒的诚心。

七

食不厌精，脍不厌细。食饐而餲，鱼馁而肉败，不食。色恶不食。臭恶，不食。失饪，不食。不时，不食。割不正，不食。不得其酱，不食。肉虽多，不使胜食气。唯酒无量，不及乱。

沽酒市脯，不食。不撤姜食，不多食。

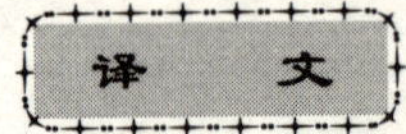
译文

粮食不嫌舂得精，鱼和肉不嫌切得细。粮食腐败变质，鱼、肉腐烂变坏，都不吃。食物颜色变后不吃，气味难闻不吃，烹饪得不好不吃，不当时的不吃。割得不合规矩的肉也不吃。调味品放得不恰当的不吃。席上的肉食虽多，但吃得不过量。只有酒不限量，却不达到醉的程度。街市上买来的酒和肉不吃。每次进餐不可缺了姜，但不多吃。

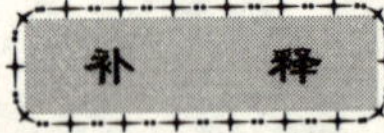
补释

“色恶不食”指食物颜色变后不吃，墨鱼、犬鳖之类也属“色恶”，故也不吃。“臭恶”指腐变，还包括葱、韭、蒜等，均不吃。“失饪，不食。不时，不食”，指半生不熟或焦煳不吃。不是吃饭时间不吃。“割不正，不食”，是指不按礼制规矩（指长幼尊卑之序）分割的肉不吃。“肉虽多，不使胜食气”，指孔子对吃肉的数量限制在主食数量以下，肉虽多也不能超过吃主食的数量。“沽酒市脯，不食”，指不在集市酒肆吃东西。该节记述了孔子饮食的规矩，用以说明饮食之礼。

八

祭于公，不宿肉。祭肉不出三日，出三日，不食之矣。

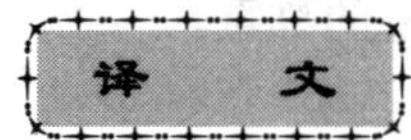

参加天子、诸侯的祭祀，分得的祭肉不能再留到第二天。家里的祭肉留存不能超过三天。过了三天的祭肉，便不吃它了。

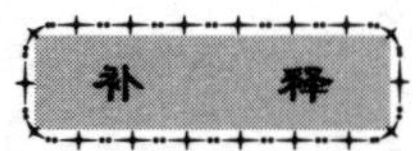

这段话记述了孔子对祭祀用过的肉食的处理规矩。说明孔子注重饮食卫生，认为祭祀用过的肉也不能特殊，过了存放期限也不吃。

九

食不语，寝不言。虽疏食菜羹，必祭，必齐如也。席不正，不坐。乡人饮酒，杖者出，斯出矣。乡人傩，朝服而立于阼阶。

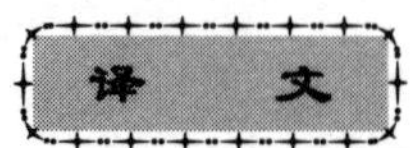

吃饭的时候不交谈，睡觉的时候不说话。即使是粗饭、菜汤也必须先祭一祭，而且必须像斋戒时那样毕恭毕敬。坐席没摆正，不坐。行乡饮酒的礼结束后，要等老年人都离开坐席后，才能离席。本乡人举行迎神驱鬼的仪式时，必穿着朝服站在东面的台阶上。

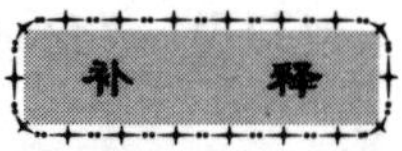

这几段话记述了孔子的生活习惯：饭前祭祀习惯及敬心；正坐的

习惯；乡礼中尊老的习惯和对乡人迎神驱邪风俗的尊重。

十

问人于他邦，再拜而送之。

译　文

孔子向其他诸侯国的友人问好送礼，一定向被托付的人拜两次之后再送行。

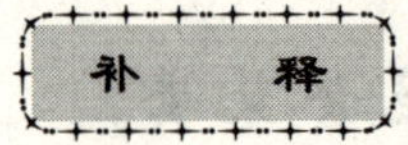
补　释

这段话记述了孔子慰问外宾的礼节，说明孔子对国外邦交的重视。

十一

康子馈药，拜而受之。曰："丘未达，不敢尝。"

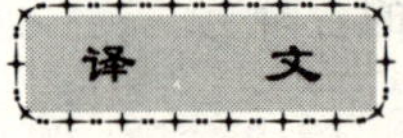
译　文

季康子送药给孔子，孔子叩拜着接受了药。但却说："我对这药性还不了解，所以还不敢尝。"

季康子是鲁国大夫，当权者赠药，孔子很有礼貌地收下，但药品是否对症，应请教医生。所以他说“丘未达，不敢尝。”这说明了孔子的“直”与“诚”。

十二

厩焚。子退朝，曰：“伤人乎?”不问马。

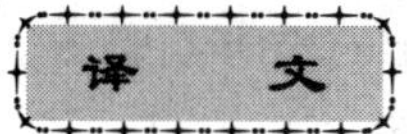

孔子家的马棚失火烧着了，孔子下朝回来后，问：“伤着人了吗?”而不问马怎么样了。

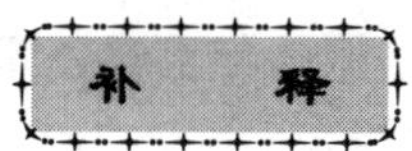

这段话说明孔子的爱人之心，他贵人贱物，把人看得重，体现了孔子以人为本的生命观念。

十三

君赐食，必正席先尝之。君赐腥，必熟而荐之。君赐生，必畜之。侍食于君，君祭，先饭。

疾，君视之，东首，加朝服，拖绅。

君命召，不俟驾行矣。

入太庙，每事问。

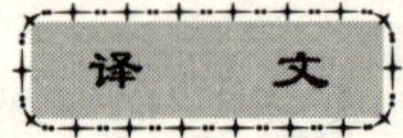

君主赐给的食物，孔子一定要摆正座位先尝它。君主赐给的生肉，一定在煮熟后先供奉祖宗。君主赐给的活物，一定要把它饲养起来。侍奉国君吃饭，在国君举行饭前祭礼时，自己需先尝一尝。

孔子病了，君主来探视他时，孔子就面朝东边躺着以示迎接，身上盖着朝服，拖着大带子。

君主有事召见，孔子不等马车准备好，就自己先步行前去。

孔子进了周公庙，对每件事情都要询问一番。

这几段话表述了孔子对国君的尊敬、忠诚、服从与重视，即使在病重之时也不违礼。

十四

朋友死，无所归，曰："于我殡。"

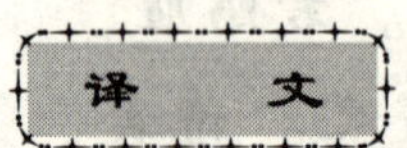

朋友死亡后，没有人为之办丧事。孔子说："就由我来办理他的

丧事吧。”

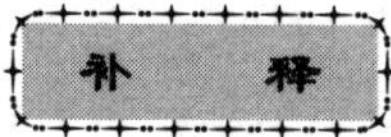

孔子强调交友要讲“信”。“信”不仅是说话算数，更重要的是患难相扶持。此段话说明孔子一生对友诚信，对死去的朋友仍然尽力行友道。

十五

朋友之馈，虽车马，非祭肉，不拜。

寝不尸，居不客。

见齐衰者，虽狎，必变。见冕者与瞽者，虽亵，必以貌。凶服者，式之；式负版者。有盛馔，必变色而作。迅雷风烈，必变。

升车，必正立，执绥。车中，不内顾，不疾言，不亲指。

传统译文

孔子对朋友的馈赠品，就算是车马，只要不是祭肉，在接受时，也不叩拜。

孔子在睡觉时，不直挺着像死人似的。平日在家里坐着时，也不像做客时或接待客人时那么讲究。

孔子看见穿孝服的人，就算是往日关系亲近的，态度也一定严肃庄重。看见穿制服的人和盲人，就算很熟悉，也一定很有礼貌。孔子乘车时，看到穿丧服的人，就把身子前倾伏在车前横木上表示同情。孔子看见背负着国家图籍的人，乘车时也同样表示敬意。孔子遇到盛大的筵席，一定是神色恭敬，乘车时也要站起来表示恭敬。孔子遇到疾雷、大风，必然神色变得庄严肃穆。

孔子上车时，一定先端端正正地站好，然后用手拉着扶手带上车。在车中，不回头看，不急促说话，不用手指指画画。

补　释

这几段话述说了孔子交友重礼不重物，平常起居的生活习惯，对各类人物的礼待规则，乘车习惯与乘车在路上遇到各种不同人物及事项时不失礼仪的习惯。说明孔子在任何情况下都体现出他待人的“诚敬”与“遵礼”，而且做得合乎礼法并恰如其分。

十六

色斯举矣，翔而后集。曰：“山梁雌雉，时哉时哉！”子路共之，三嗅而作。

传统译文

山鸡举起美丽的翅膀飞了起来，在天空盘旋一阵后落了下去。孔子说：“山顶上的雌雉啊，运气啊运气！”子路向它们拱拱手，它们叫了几声又抖动翅膀飞走了。

另释

“色斯举矣”指山鸡飞翔时拍展着羽翼。“翔而后集”指落下时翩翩而至。孔子在回鲁国的路上看到山鸡的飞翔起落，进退自如，飞止各得其所，体会到了顺应自然的道理，认识到人也应像山梁雌雉一样审视时位，顺应趋势而作为。由此，他更加坚定地认为，自己回鲁国办教育是拯救社会唯一正确的途径。所以感叹说：“时哉，时哉。”子路听到孔子的赞叹，理解老师的心情，就向山鸡拱手致敬，表示对老师的理解与尊重。

小结：本篇主要记述了孔子日常生活中在饮食起居方面的仪表和举止，孔子在乡党邻里与人交往的仪表和行为，孔子在朝廷和宗庙活动中的举止和表现等。表明了孔子一举一动时时处处都在严格要求自己，绝不随意马虎从事。同时也表现了孔子重人轻物、尊老怜残、忠君敬上、爱国敬业的良好品德。说明了孔子每时每刻都在以自己的实际行动履行着“仁”与“礼”的学说。

第十一章

先进篇(先进第十一)

本篇的主要内容是记述孔子学生的德行与学业的成就，通过孔子对其弟子们的评论与师生间的讨论，进一步对《学而》、《为政》、《里仁》篇中的思想进行了解释。

一

子曰：“先进于礼乐，野人也；后进于礼乐，君子也。如用之，则吾从先进。”

传统译文

孔子说：“先学习礼乐而后获得官职的，是没有爵位和俸禄的普通人，先有官位而后学习礼乐的是世袭官员。假若要我选择人才，我就要选用先学习礼乐的人。”

补 释

周施行世袭制。孔子主张"学而优则仕",认为是否具备礼乐的精神比身世更重要。先具备了礼乐精神的"在野"(古代把未做官的民间人士一律称为"在野",与"在朝"相对)之人,比后学礼乐的世家子弟更具有为政的德资与才能。

孔子认为,远古人群居,过着类似野人的生活,但他们诚恳、质朴。人类的文化与礼乐的精神是根据人的内心思想发展而来的,真正诚恳朴实的品质才是真正礼乐的精神,才是最好的文化。经过后天文化熏陶的读书人,有时反而失去了人性的质朴。所以孔子说,"如用之,则吾从先进"("先进"指"先进于礼乐"者)。

二

子曰:"从我于陈蔡者,皆不及门也。"

德行:颜渊、闵子骞、冉伯牛、仲弓;言语:宰我,子贡;政事:冉有,季路;文学:子游、子夏。

传统译文

孔子说:"跟随我在陈、蔡经受饥饿的人,现在都不在我这里了。"

孔子的弟子中德行好的有颜渊、闵子骞、冉伯牛、仲弓;擅长辞令的有宰我、子贡;善于处理政事的有冉有、季路;熟悉诗书礼乐等知识的有子游、子夏。

补　释

“门”还可作仕门解。“皆不及门也”，还指都未进入仕进的大门。孔子感叹同自己一起在陈国、蔡国受过难的弟子们而今都不在身边，同时也感叹这些英才多数都没有得到各国官方的重用。

孔子认为，众弟子之中德行杰出的是颜回、闵子骞、冉伯牛和仲弓（即冉雍）。语言能力强的是宰我与子贡。处理政事能力强的是冉有（即冉求）和季路（即子路）。文献知识丰富的是子游与子夏。朱子据此将孔子的教育分为德、语、政、文四科，后人一直奉行。这段评述也透出了人无全能各有专长，用人不可求全责备的含义。

三

子曰：“回也，非助我者也，于吾言无所不说。”

子曰：“孝哉，闵子骞！人不间于其父母昆弟之言。”

南容三复白圭，孔子以其兄之子妻之。

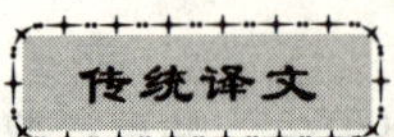

传统译文

孔子说：“颜回呀，他不是对我有帮助的人，他对我讲的话没有不喜爱的。”

孔子说：“闵子骞真孝顺呀！他的父母兄弟夸奖他孝顺的话，别人听了也从没有挑剔的。”

南容反复多次朗诵诗经中关于白圭的句子，来告诫自己要谨慎，孔子就把侄女嫁给了他。

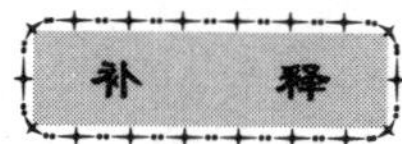

孔子认为，颜回最有才慧，能与自己心息相通，达成默契，对所教内容最能理解。但从另一个角度来说，颜回从不提不同意见，对自己也就没有什么帮助。由此足以见孔子的谦虚与在学问上求完美，希望别人多提不同意见的治学态度。从前述颜回对孔子的评价可知，颜回认为孔子的学问“仰之弥高，钻之弥坚”。每次接受孔子传道，常常在当下就感觉懂了，但转瞬又觉似懂非懂，就像“瞻之在前，忽焉在后”。想问又不知从何问起，只有自己孜孜思求、慢慢消化。他极力地追求着孔子的思路，终能追上，但每次都差了一步。正如他自己所说：“虽欲从之，末由也已。”

闵子骞是著名的孝子。传说闵子骞丧母后，父亲再娶，继母又生了两个弟弟。冬天，继母用丝絮给两个弟弟做了棉袄，却用芦花絮做棉袄给闵子骞穿。一天他与父亲外出赶车，手冻得抓不住缰绳。父亲以为他偷懒，用鞭子抽打他，抽破了棉袄，露出芦花，才知他受后母虐待。父亲决定休掉后妻，闵子骞跪在父亲面前说：“母在一子寒，母去三子单”。父亲打消了休妻的念头。后母得知后深受感动，从此待闵子骞如亲生。闵子骞待后母也始终如同亲母。

“白圭”是赞颂白玉无瑕的诗句。南宫适追求自身的品行如白圭诗句中描述的白玉一般洁白无瑕，三次赞颂白圭，表达了他的心志。孔子认为，南宫适重德行修养且擅长自处之道，既能谨言又能慎行，所以把侄女嫁给了他。

四

季康子问："弟子孰为好学？"孔子对曰："有颜回者好学，不幸短命死矣，今也则亡。"

颜渊死，颜路请子之车以为之椁。子曰："才不才，亦各言其子也，鲤也死，有棺而无椁。吾不徒行以为之椁，以吾从大夫之后，不可徒行也。"

颜渊死，子曰："噫！天丧予！天丧予！"

颜渊死，子哭之恸。从者曰："子恸矣！"曰："有恸乎？非夫人之为恸而谁为？"

颜渊死，门人欲厚葬之。子曰："不可。"

门人厚葬之。子曰："回也视予犹父也，予不得视犹子也，非我也，夫二三子也。"

传统译文

季康子问孔子："你的学生中谁最爱学习？"孔子回答说："有个

叫颜回的学生最爱学习，不幸早亡了，现在没有像他这样爱学习的了。”

颜渊死了，他的父亲颜路请求孔子把自己的马车卖掉为颜渊购置外棺。孔子说：“不管有没有才能，也都是我们各自的儿子，我的儿子鲤死时，也是只有内棺没有外椁，我没有卖掉车子来为他购置外棺，是因为我曾经做过大夫，按照礼节是不能徒步行走的。”

颜渊死了。孔子说：“唉，这是老天要毁灭我啊！老天要毁灭我啊！”

颜渊死了，孔子哭得很伤心，随从的弟子说：“您太悲痛了！”孔子说：“真的太悲痛了吗？我不为这样的人伤心，还会为谁伤心呢？”

颜渊死了，孔子的弟子们想厚葬他。孔子说：“不可以。”弟子们还是丰厚地埋葬了颜渊。孔子感叹说：“颜回啊，你把我当作父亲看待，我却没有把你当作儿子看待。丰厚地埋葬你与我没有关系，是你的同学们要这样做的啊！”

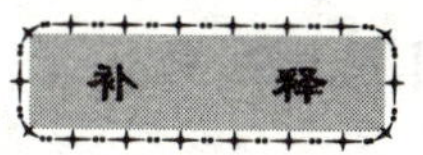

颜回（即颜渊）是孔子最看重的学生，孔子把传道的希望都寄托在颜回身上。颜回一死，孔子担心自己的道又由谁来继承，难道天要毁灭我吗？所以连呼：“天丧予！天丧予！”颜回的好学与尊师，在众弟子中起到了很好的作用，正如孔子所说：“自吾有回，门人益亲。”（《史记·仲尼弟子列传》）所以孔子哭得很伤心，随从的人说您哭得太伤心了，孔子说：“不为这样的人伤心，而为谁伤心呢？”

颜路是颜回的父亲，也是孔子的弟子，小孔子六岁。鲤是孔子的儿子，因出生时，鲁昭公派人送来一条鲤鱼作为祝贺，孔子为纪念国君的恩赐，所以给儿子取名为鲤，字伯鱼。古代的棺木有两层，内层叫棺，外层叫椁。孔鲤在颜回去世前一年亡故，葬时也是只有内棺没有外椁。颜路请求孔子把自己的车卖掉为颜回买外椁。孔子未答应，并向颜路解释说：“无论有无才能（指颜回与孔鲤），都是各自的儿子，孔鲤葬时我未卖车为其买椁，是因为我曾任过鲁国司寇，按礼出门要坐车，否则失礼。”

孔子认为，安葬的花费，要考虑经济条件，不能勉强，厚葬并不代表亲情，所以弟子请示颜回的安葬问题时，孔子不主张厚葬，但众弟子还是厚葬了颜回。孔子认为，颜回如果泉下有知，肯定不赞成，所以他说，自己不能把颜回像对待自己儿子孔鲤一样安葬从俭，感到内疚。但这不是他的本意，是众弟子们坚持要这样做的。

颜回死后，一天季康子问孔子：“众弟子中谁学得最好？”孔子答：“颜回学得最好，但不幸已亡故了，已没人能比得上颜回，现今我也还没有挑选出能代颜回继承我道统的人呢。”

五

季路问事鬼神。子曰：“未能事人，焉能事鬼？”曰：“敢问死。”曰：“未知生，焉知死？”

传统译文

子路问孔子如何侍奉鬼神，孔子说：“还没有侍奉好活人，怎么能去考虑侍奉鬼神呢？”子路又问：“我冒昧地问老师，死是怎么一回事呢？”孔子回答说：“你对生还不了解，怎么能够懂得死呢？”

孔子认为，鬼神的问题，人的生死问题（指生由何来？死向何处去？生死是否同归？等），都属于天道的问题；“人道迩，天道远”，

要先把人道的问题解决好再去研究天道。孔子还认为：人道问题的核心就是要以人为本，以人为中心；人的精神与意识不应被神鬼所役使；更不应被钱物所役使，应通过礼乐教化使人达到身心和谐、社会达到人际和谐、人与自然和谐，这就是人道正执，是你（指子路）应认真研究的学问。所以孔子对子路的回答是："未能事人，焉能事鬼?""未知生，焉知死?"表明了孔子厚生薄死重人轻鬼的态度。

六

闵子侍侧，訚訚如也；子路，行行如也；冉有、子贡，侃侃如也。子乐。"若由也，不得其死然。"

传统译文

闵子骞侍立在孔子身旁，和颜悦色而正直的样子；子路很刚强的样子；冉有、子贡温和而快乐的样子。孔子非常高兴。但又说："像仲由那样，恐怕难享天年吧?"

补　释

众弟子立于侧，孔子看到闵子骞和颜悦色且正直而恭敬的样子；子路以老大自居（这几人中子路最年长，他大闵子骞九岁，大冉有二十岁，大子贡二十二岁），但好像有点儿坐不住似的不停地动；冉有、子贡温和而从容不迫的样子；孔子心里很高兴。但孔子从子路的习惯形态，联想到他性格过于刚强，担心他将来可能难以善终，故提醒他"若由也，不得其死然"。后来果然应验。

七

鲁人为长府。闵子骞曰："仍旧贯，如之何？何必改作？"子曰："夫人不言，言必有中。"

传统译文

鲁国人改建长府。闵子骞说："照老样子，怎么样？为什么一定要改建呢？"孔子说："闵子骞这个人，不说则已，一说就能切中要害。"

鲁昭公时，大权在季氏手中，《左传·昭公十五年》中说"政在季氏三世矣，鲁君丧政四公矣"，可见当时季氏的势力很强。鲁昭公改建长府，是想把长府作为攻打季氏的阵地。闵子骞知道取胜的可能性极小，劝昭公先维持现状。所以说："仍旧贯，如之何？何必改作？"鲁昭公未听从闵子骞的劝告，结果失败后流亡齐国。孔子与闵子骞观点相同，所以称赞他说："夫人不言，言必有中。"

八

子曰："由之瑟，奚为于丘之门？"门人不敬子路。子曰："由也升堂矣，

未入于室也。”

传统译文

孔子说：“仲由弹瑟为什么弹奏到我的门口来了？”孔子的学生们因此瞧不起子路。于是孔子说：“仲由的瑟嘛，也可以说是升堂了，乐艺学问已经很不错了，只是尚未入室不够精深罢了。”

补　释

音乐是孔子教育中的课程之一。子路弹瑟透出杀伐之声，缺乏中和之音。孔子批评他说“由之瑟，奚为于丘之门？”指瑟声中有逼门之势，过于刚勇。众弟子因此笑话子路。所以孔子又说：“由也升堂矣，未入于室也。”“堂”是明堂，阳宅的明堂是指大门内的天井。“室”指天井后内屋正室。古时把学问及技术均分为三个层次，并比喻为入门、登堂、入室。孔子这句话的含义是指子路的音乐功夫已达第二个层次（即登堂），还不够精深（即未入室）罢了。

九

子贡曰：“师与商也孰贤？”子曰：“师也过，商也不及。”

曰：“然则师愈与？”子曰：“过犹不及。”

季氏富于周公，而求也为之聚敛而附益之。子曰：“非吾徒也。小子鸣

鼓而攻之可也。”

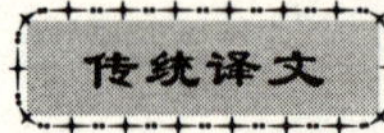

传统译文

子贡问：“子张和子夏哪一个更贤一些？”孔子说：“子张过分，子夏不够。”

子贡说：“那么是子张强一些了？”孔子说：“过分与不够是一样的。”

季氏比周公还富有，但冉求还在帮他搜刮民财来增加财富。孔子说：“冉求不再是我的学生了！你们可以大张旗鼓地去指责他了。”

补释

“师”指颛孙师，即子张。“商”指卜商，即子夏。子张和子夏都有各自的成就，但性格有着很大的差别。子贡想知道他俩谁更好些，所以问孔子“师与商也孰贤？”孔子告诉他，子张才高艺广但有些过激，而子夏才思敏捷，好学不倦，但做事常有“不及”之处。子贡觉得“过”应强于“不及”，所以问：“然则师愈与？”孔子答“过犹不及”，是指过激与不及一样都是不妥当的，过一分往往谬千里，差一分往往事不达。孔子也是在教育子贡要学会把握仲裁之度与允执其中之道。

“聚敛”是搜刮财富。“附益”是附加增益。鲁哀公十一年，季康子要改革税制（按田亩征税），曾三次征求孔子的意见，孔子均未表态。但孔子私下告诉冉求，做事要适中，施舍要丰厚，赋税要微薄。第二年即鲁哀公十二年，季氏毅然决定按田亩征税，冉求也协助推行实施。所以孔子十分生气，声称不再认冉求为弟子（即“非吾徒也”），并让弟子们去大张旗鼓地攻击冉求。事实上，按田亩征税与按人口征税相比较，只是损害了地主阶层的利益。虽然季氏也从中获得了好处，但无地或地少的贫苦农民还是减轻了负担。事后孔子也看到了这一点，所以并未真的把冉求赶出师门。

十

柴也愚，参也鲁，师也辟，由也喭。

子曰："回也其庶乎，屡空。赐不受命，而货殖焉，亿则屡中。"

传统译文

高柴愚笨，曾参迟钝，子张偏激，仲由莽撞。

孔子说："颜回的道德学问也差不多了吧？但他家里经常很贫穷。端木赐不安于现状去做生意，猜测市场行情却经常能够猜中。"

补　释

"柴"姓高名柴字子羔，孔子的学生，小孔子三十岁。"参"即曾参。"师"即子张。"由"即子路。高柴忠厚正直但有些愚笨，曾参诚恳信实但反应较迟钝，子张志高才广但行事有偏激，子路勇猛刚烈但遇事常粗鲁莽撞。这四种特征代表了人才中突出的四种类型。

"空"指贫困。"亿"通"臆"，指臆测。"庶"是庶几，指差不多。"不受命"指不认命，有开拓性。颜回不慕富贵，道德学问已经很不错了，但仍能安贫乐道。子贡不认命，不愿做官而去做生意，在商贸场上每测必中，成为富有的儒商。二人贫富各得其所，且均能自得其乐。

十一

子张问善人之道。子曰："不践迹，亦不入于室。"

子曰："论笃是与？君子者乎？色庄者乎？"

传统译文

子张问善人行事的方法。孔子说："善人若不按照前人的发展轨迹去走，学问道德就不能修炼到家。"

孔子说："总是赞许那些言语诚实的人，但这种人是真正的君子吗？还是仅仅在外表上装得很庄重呢？"

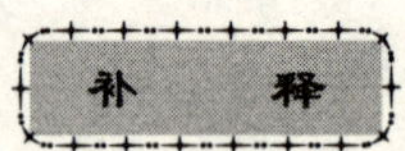

"善人"指一心行善且具有道德学问的人。子张问做善人的道理。由于子张性格偏激，行事太过，所以孔子开导他说，一个向善的人应该虚心向别人学习，循着成功者走过的道路前进，才能登堂入室达到更高的境界。

孔子认为，言行一致才是君子。一个人言论笃实不一定就是君子，有时伪装的"好人"比真君子说话还要笃实，表情更加庄重。

"善人之道"也可指行善之道。"不践迹"也可指不落痕迹。"不

入于室”也可指不落其名。子张问真正的行善之道，孔子说，为善要不求人知（即“不践迹”），为得名而行善即为不善。不要用心守着善名（即“亦不入于室”），而要把善作为道德行为的准则。有心为善而故意表示善，不一定是真善，就像言论笃实，表情庄重不一定是真的君子一样。

十二

子路问：“闻斯行诸？”子曰：“有父兄在，如之何其闻斯行之？”冉有问：“闻斯行诸？”子曰：“闻斯行之。”

公西华曰：“由也问：‘闻斯行诸？’子曰：‘有父兄在’求也问：‘闻斯行诸？’子曰：‘闻斯行之。’赤也惑，敢问。”子曰：“求也退，故进之，由也兼人，故退之。”

传统译文

子路问孔子：“是否听到以后就去做呢？”孔子说：“有父亲和兄长在，怎么能听到就去做呢？”冉有问：“是否听到以后就去做呢？”孔子说：“听到了就马上去做。”

公西华问道：“仲由问听到以后是否马上去做，您说有父兄在不可马上做；冉有问同样的问题，你说：‘听到就做’。我不能理解，特地向您请教。”孔子说：“冉求经常退缩，所以要鼓励他；仲由争强好胜，所以要挫他的锋芒。”

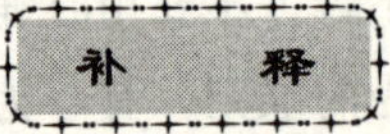

补　释

“兼人”指顶两个人。这段话说明孔子因材施教的同时，根据各人的缺陷进行教育补救。子路勇敢过人且粗鲁莽撞，孔子教导他遇事想一下父兄，不可莽撞行事。冉求遇事退缩，孔子教导他奋勇向前。可见，孔子确实做到了“知其心，然后能救其失也”（《礼记·学记》）。

十三

子畏于匡，颜渊后。子曰：“吾以女为死矣！”曰：“子在，回何敢死？”

传统译文

孔子在匡地被包围，师生走散了。颜回最后才赶回来。孔子说：“我还以为你已经死了。”颜回说：“您老人家还活着，我怎么敢死呢？”

补　释

孔子率徒在由卫国去陈国的途中，被匡人误认做阳虎而围困，后匡人认清了孔子不是阳虎，师徒们才得以脱险，但此时颜回已经被冲散走失。孔子非常焦急，担心他为了救自己而和匡人拼命。所以，他看到颜回平安回来非常高兴，说：“吾以女为死矣。”颜回答：“子在，回何敢死？”是说未得老师生死的准确消息前，我是不会跟他们拼命的。

十四

季子然问："仲由、冉求，可谓大臣与？"子曰："吾以子为异之问，曾由与求之问。所谓大臣者，以道事君，不可则止。今由与求也，可谓具臣矣。"曰："然则从之者与？"子曰："弑父与君，亦不从也。"

子路使子羔为费宰。子曰："贼夫人之子！"子路曰："有民人焉！有社稷焉，何必读书，然后为学？"子曰："是故恶夫佞者。"

传统译文

季子然问孔子："仲由和冉求算得上是大臣吗？"孔子说："我以为你要问别人，原来是问由和求啊，我们所说的大臣，是对待君主用合乎礼仪的方式去侍奉，如果不能的话，还不如不干。现在由和求，勉强能凑个臣属的数吧！"季子然又问道："那么他们会很听话吗？"孔子说："如果让他们去杀父杀君，他们是不会听从的。"

子路叫子羔去做费地的长官。孔子知道这事后说："这是害人家的儿子。"子路说："那个地方有百姓，有土地五谷，为什么非要读书后再去做事呢？"孔子说："所以我讨厌那些利嘴善辩的人。"

补释

“季子然”是季氏子弟中较有才干者，他向孔子请求让子路与冉求去做季家的家臣，并问孔子这二人可算是大臣之才吧？孔子说，大臣是指“以道佐君”之人，现在到你家去做家臣只是供役使的具臣。季子然又问他们会很听使唤吗？孔子说，那要看叫他们干什么，如果是大逆不道的事，他们是不会做的。由于子路勇于任事，处事果断，很快取得了季氏的信任，做了季氏的总管。季氏的封地费邑长官空缺，子路就推荐高柴去出任费宰，满以为办了件好事，却受到了孔子的斥责。因为费邑是多事之地，民情多变，鲁国内乱有几次都源于此地。孔子担心高柴年轻，学业未成，出任费宰，可能会害了他。子路辩解说，有地方可以施展抱负，何必非要先读完书再去做事呢？孔子说，你这样做是害了人家，说你你还狡辩，我讨厌狡辩的人。其实子路并非狡辩之人，只是他生性鲁莽，想到什么就说什么，他喜欢高柴就推荐高柴去做官，根本就没有想到这样做是否会给高柴带来危害。

十五

子路、曾皙、冉有、公西华侍坐。

子曰：“以吾一日长乎尔，毋吾以也。居则曰：‘不吾知也！’如或知尔，则何以哉？”

子路率尔而对曰：“千乘之国，摄乎大国之间，加之以师旅，因之以饥馑；由也为之，比及三年，可使有勇，且知方也。”夫子哂之。

“求,尔何如?”对曰:“方六七十,如五六十,求也为之,比及三年,可使足民;如其礼乐,以俟君子。”

“赤,尔何如?”对曰:“非曰能之,愿学焉。宗庙之事,如会同,端章甫,愿为小相焉。”

“点,尔何如?”鼓瑟希,铿尔,舍瑟而作,对曰:“异乎三子者之撰。”子曰:“何伤乎?亦各言其志也。”曰:“莫春者,春服既成;冠者五六人,童子六七人,浴乎沂,风乎舞雩,咏而归。”

夫子喟然叹曰:“吾与点也!”

三子者出,曾晳后。曾晳曰:“夫三子者之言何如?”子曰:“亦各言其志也已矣!”

曰:“夫子何哂由也?”曰:“为国以礼,其言不让,是故哂之。”

“唯求则非邦也与?”“安见方六七十如五六十而非邦也者?”

“唯赤则非邦也与?”“宗庙会同,非诸侯而何?赤也为之小,孰能为之大?”

传统译文

子路、曾皙、冉有、公西华四人陪同孔子坐着。

孔子说："因为我比你们年龄都大，所以你们不要对此在意而不对我说真话。你们平常爱说没有人了解自己。如果有人了解你们，打算请你们出去做事，那你们会怎么样呢？"

子路急忙答道："如果有一个千乘之国，夹在几个大国之间，外面有别国侵犯，国内又连年灾荒。让我去治理，只要三年，就可以使那里人人有勇气，个个懂道义。"孔子冲他一笑。

孔子又问，"冉求，你怎么样？"冉求答道："方圆六七十里或五六十里的小国家，我去治理，只要三年，可以使百姓丰衣足食。至于礼乐教化，那只有等待贤人君子来修明了。"

孔子又问："公西赤，你怎么样？"公西华（即公西赤）答道："我不敢说自己已经很有本事了，只是愿意学习罢了。祭祀的事情或诸侯相会见时，披着玄端礼服，戴着章甫礼帽，做一个小司仪员。"

孔子又问："曾点，你怎么样？"曾皙弹瑟正近尾声，此时铿地一声将瑟放下，站起来答道："我的志向跟他们三位不同。"孔子说："那有什么关系？只不过是各人说说自己的志向罢了。"曾皙便说道："暮春三月（'莫'通'暮'），春天的衣服已经穿在身上，约上五六个成年人，六七个小孩子，在沂水旁边洗浴，在舞雩台上吹吹风，一路唱着歌走回来。"

孔子长叹一声说："我赞同曾点的主张啊！"

子路、冉有、公西华三人都出来了，曾皙走在最后。他问孔子说："他们三位的话怎么样？"孔子说："也不过各人说说自己的意愿而已。"

曾皙又问："您为什么冲着仲由笑呢？"孔子说："治理国家应讲求礼让，可他的话一点儿也不谦虚，所以我笑他。"

曾皙又问："冉求不算有志为国吗？"孔子道："哪里有方圆六七十里或五六十里的土地还不算是一个国家呢？"

曾皙问："公西赤所讲的不是国家吧？"孔子说："有宗庙、有诸侯间的会见，不是国家是什么？像公西华这样的人，还只能去当小司仪员，那大司仪员谁能胜任呢？"

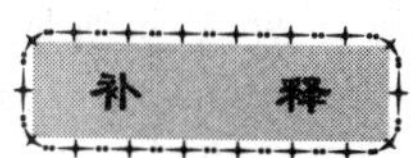

本节的内容是在孔子的启发下，几位弟子各言其志。孔子虽然笑子路不谦虚，但对子路、冉有、公西华三人的治国志向都是肯定的。曾点（曾参的父亲，小孔子六岁）的志向表达了两层含义。一是表达出他想继承孔子，从事教育事业。在春天时节，约上朋友带了孩子们，去郊外洗澡、吹风，唱着歌回来，明显有教师的风范。二是他向往自由、宽松、无虑的生活。他不想做官，只想以闲云野鹤之身过平淡的生活。孔子说，他赞同曾点的想法，是指他赞同曾点热爱生活的自由心境，但孔子的境界与曾点不可同日而语。孔子所向往的自由生活，是全社会的自由、安定、和谐并复归自然。他的理想是建立"老者安之，朋友信之，少者怀之"的大同世界。

明朝人李卓吾认为，孔子之所以追问诸弟子的志向，是因为他自己有"急于用世"之心。由于自身之才未能报国，心有不甘而聊以言志。曾点以眼前当下之实景对答，使孔子"热肠为之一冷"，所以喟然叹曰"吾与点也"，实是伤感之叹。李卓吾的原话为："孔子用世之心，于此滋戚（指伤感）。所以'喟然'，非关'与点'。点后三子之问，亦疑之也。"

小结：本篇通过学生的德业与学业的记述，体现了孔子的教育思想与教育方法。孔子的教学目的与主旨是为了实现自己的政治思想，培养实施仁道的政治人才。本着这一宗旨，孔子确立了一整套教育方法和原则。他自己以身作则，择善而从，对学生循循善诱，诲人不倦。孔子强调学以致用，学生们也都能遵从他的教诲，注重自身的品德与修养，继承和发扬了孔子的思想品德。本篇通过对学生们的思想品德与学业成就的记述，既对《学而》、《为政》、《里仁》篇里的思想进行了解释，也充分阐述孔子的教育思想与他在教育上所取得的成就。

第十二章

颜渊篇(颜渊第十二)

本篇主要讲述孔子思想的核心，即“仁”；记述了孔子教导弟子如何行“仁”、如何做人、如何为政等；完整地阐述了“仁”的主张与学说，把“仁”的思想全面贯穿到了做人、处世与为政之中。本篇是对里仁篇的进一步发挥。

一

颜渊问仁。子曰：“克己复礼为仁，一日克己复礼，天下归仁焉。为仁由己，而由人乎哉?”

颜渊曰：“请问其目。”子曰：“非礼勿视，非礼勿听，非礼勿言，非礼勿动。”颜渊曰：“回虽不敏，请事斯语矣。”

仲弓问仁。子曰：“出门如见大宾，使民如承大祭。己所不欲，勿施

于人。在邦无怨，在家无怨。”仲弓曰：“雍虽不敏，请事斯语矣。”

司马牛问仁。子曰：“仁者，其言也讱。”曰：“其言也讱，斯谓之仁已乎？”子曰：“为之难，言之得无讱乎？”

传统译文

颜渊请教什么是仁。孔子说：“克制自己，使自己的语言行动符合礼，这就是仁。只要能做到这样，天下的人都会称许你是仁人。要做到仁全在于自己，怎么能靠别人呢？”

颜渊说：“请问实行仁的具体规定。”孔子说：“不合于礼的东西不看，不合于礼的话不听，不合于礼的话不说，不合于礼的事不做。”颜渊说：“我就算不才，也要照先生的这番话从事。”

仲弓请教什么是仁。孔子说：“平时出门要像去见贵宾一样庄重，役使百姓要像承当大祭典一般严肃。自己所不喜欢的，不要强加给别人。在诸侯国中没有人对自己怨恨，在卿大夫的封地没有人对自己怨恨。”仲弓说：“我尽管不才，也要按先生这番话从事。”

司马牛请教什么是仁。孔子说：“仁人，他的言语谨慎。”司马牛说：“言语谨慎，就是仁吗？”孔子说：“做起来困难，说话能够不谨慎吗？”

另　释

颜回、冉雍、司马牛分别请教孔子什么是仁，孔子根据其不同的资质，不同的理解程度与不同的心性修养层次，分别给予了三种不同的答复，均未离仁的范畴，且对症下药因材施教。

颜回，资质上等，孔门弟子中品德修养最高，且有“斋心”修炼的基础（《庄子·人间世》中记有孔子传授颜回“斋心”的故事），对“人性”与“天道”均有一定的认识。所以颜回问仁，问的是仁的本体，仁与德与道之间的本质联系及其本原，属于“形而上”的问题。孔子答“克己复礼为仁”，是指“克念作圣”（人有私欲不可避免，但正是后天的私欲掩盖了人先天的“仁”的本性，若要“复性”、“明德”，就必须克制并战胜个人的私欲之念，这是最主要的内圣功夫，所以称“克念作圣”）。“礼”包括人伦法则，也包括生命生灭法则，还包括天地复合运动的阴阳运变法则。“克”是胜于。“己”是自我意识与私欲意识。“克己”指战胜自我，克制私欲与自我意识。“克己复礼为仁”，指克自我之私念，复归人的先天本性，依从天道之“礼”（即天地阴阳运变的周期节律法则），回归仁的本原。“一日克己复礼，天下归仁焉”，是指一旦通过克自我之念，达到了复归天道之“礼”，则天下无不明之理，自然能由仁复归于德，复归于道，明了仁的本质与本原，达到“合人性与天道”的天人合一境界。然后孔子接着说，修行全靠自己（即“为仁由己”），别人是帮不了忙的（即“而由人乎哉”）。颜回理解了孔子话中的含义，进一步追问具体修行的方法、步骤、要领，即“敢问其目”。这里的“目”指纲目，包括方法、步骤和要领。孔子则以心斋的要领回答“非礼勿视，非礼勿听，非礼勿言，非礼勿动”，是指通过克自我之念，达无我之境，与天道之“礼”同行、同速、同向、同频。与天道之“礼”不合者，勿视、勿听、勿言、勿动，就是修行的要领。颜渊说：“我虽然不够敏锐，但也会按照先生的指教，竭力而行。”

仲弓即冉雍，中等资质，有较好的品德修养，且具有治理国家的能力，孔子认为他有国君之才，即“可使南面”（《论语·雍也》）。冉雍问仁，问的是以仁德治国的根本点在哪儿，其要领是什么。孔子认为冉雍将来有可能统领一方，所以告诉他：假若有一天你掌管了一方之权，外出对待任何人都像对外宾一样有礼；对待民众与役使民众要像对待神灵一样诚敬（指敬事而信、节用而爱人、使民以时）；以自我感受为准则推己及人，自己不愿意的，绝不可施加于人；这就是以仁德治国的根本与要领。这样做的结果就会“在邦无怨”（指国治），“在家无怨”（指家齐）。冉雍说，我虽然不才，但也一定会按先生的指教行事。

司马牛姓司马名耕字子牛，孔子的学生，资质下等且“多言而躁”（《史记·仲尼弟子列传》中有“牛多言而躁”）。司马牛问仁，问的是怎样才能做到仁。所以孔子针对他“多言而躁”的缺点教导他说：“仁者，其言也讱。”“讱”是迟钝。“其言也讱”指说话谨慎，不要轻易出言。司马牛觉得孔子的回答出乎意料，所以又问：“其言也讱，斯谓之仁已乎？”意指说话谨慎就是“仁”了吗？孔子答：“为之难，言之得无讱乎？”是说“仁”做起来很难，说起来能不谨慎吗？孔子告诉他，“仁”体现出的是公益的道德，须考虑方方面面的利益，做起来很不容易，说起来就得想周全了再开口，不能一有所感就轻易说出来。

孔子分别给颜回、冉雍、司马牛解释“仁”，体现了“中人以上，可以语上也；中人以下，不可以语上也”的分类施教方法，也显示出了他因材施教、对症下药的高超技能。

二

司马牛问君子。子曰：“君子不忧不惧。”曰：“不忧不惧，斯谓之君子已乎？”子曰：“内省不疚，夫何忧何惧？”

司马牛忧曰：“人皆有兄弟，我独亡。”子夏曰：“商闻之矣：‘死生有

命，富贵在天。’君子敬而无失，与人恭而有礼，四海之内，皆兄弟也。君子何患乎无兄弟也？”

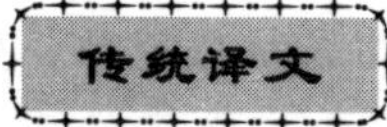

司马牛问孔子怎么样才是君子，孔子说：“君子不知道忧愁，不会觉得恐惧。”司马牛又问：“不忧愁，不知道恐惧，这能叫君子吗？”孔子说：“做事问心无愧，还有什么值得忧愁和畏惧呢？”

司马牛很忧郁地说：“人人都有兄弟，只有我自己没有。”子夏劝他说：“我曾经听人说过：‘死生有命，富贵在天。’一个有道德的人做事认真，不出差错，对待别人恭敬有礼，天下虽大，但到处都是你的兄弟啊！君子为什么要为没有兄弟而担忧呢？”

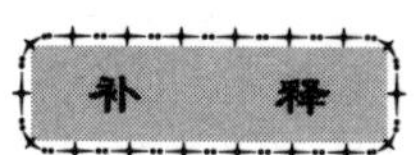

司马牛问孔子怎样才能成为一个君子，孔子根据司马牛常忧虑不安的缺点，指教他说：“君子不忧不惧。”司马牛没弄明白，又接着问：“不忧不惧就算君子吗？”孔子解释说：“内省不疚，夫何忧何惧。”是指君子的不忧不惧是建立在内省不疚的基础之上的，君子首先要养成内省的功夫，自律的精神，不自欺，有了缺点错误能及时改进与纠正，无论说话做事都无愧于心，自然不忧不惧。同时也给他讲明了，成为一个君子的基本方法，就是永远不自欺，始终做到“内省不疚”。

司马牛有个哥哥叫恒魋，为人凶暴，在宋国任司马，当时宋国正

在内乱，司马牛担心哥哥会死在战乱中，所以产生了亡兄弟的忧虑。子夏劝他说“死生有命，富贵在天”，指血缘兄弟的有无自身是无法决定的，也不是人的意愿所能改变的；但通过主观努力可以改善人际关系，如能突破狭隘的家庭观点，善以待人，就会感到“四海之内，皆兄弟也”，也就不愁没有兄弟了。子夏的话也说明了一个道理，人不可被兄弟、朋友等观念束缚，心意相通，一切人都是兄弟、好友；心意相违，亲骨肉也如同陌路之人。

三

子张问明。子曰：“浸润之谮，肤受之愬，不行焉，可谓明也已矣。浸润之谮，肤受之愬，不行焉，可谓远也已矣。”

传统译文

子张问孔子一个人怎样才算是明智呢？孔子说：“像水浸润物品一样过来的流言和似乎是切肤之痛的诬告，在你那里都行不通，那就可以说你是个明智的人了。做到了这一点，同样也可以说是个有远见的人。”

子张问孔子，怎样才算有明察的智慧呢？是指怎样才能把人、事看透，不受蒙蔽。孔子告诉他，周围一点一点向你渗透的谗言，与你切身利益相关的诬告，你都能分清，思维不受其影响，就算做到“外识”的明察了，也算是有远见了。一个人只有做到永不自欺，才算是“内识”的明察。“外识”、“内识”均做到明察才是真正“不惑”的智者。

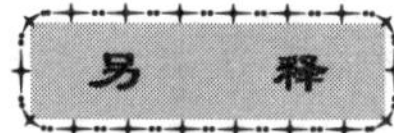

“子张问明”还包含如何识别奸谋，如何对付小人的含意。孔子答以“明”、“远”之法。“明”是对小人及其奸谋要看清。“远”指对小人要躲得远。

四

子贡问政。子曰：“足食、足兵，民信之矣。”子贡曰：“必不得已而去，于斯三者何先？”曰：“去兵。”子贡曰：“必不得已而去，于斯二者何先？”曰：“去食。自古皆有死，民无信不立。”

传统译文

子贡问孔子治理国家的道理。孔子说：“要使粮食充足，使武装充足，还要有人民的信任。”子贡说：“如果在特定的情况下，一定要在这三者之中去掉一项，应该舍弃哪个呢？”孔子说：“去掉武器装备。”子贡又问：“假如迫不得已还要去掉一项，该舍弃哪个呢？”孔子说：“去掉粮食。从古到今人都会死，如果百姓对政府失去了信任，那么国家就无法立足了。"

补 释

子贡问巩固政权的保障主要有哪些。孔子答主要有三：一是经济实力；二是国防实力；三是人民对政府信赖所形成的凝聚力。子贡说，假若特殊情况下，必须放弃一项，先放弃哪项呢？孔子答，应先放弃国防建设。子贡又问，如迫不得已需再放弃一项呢？孔子答，宁可牺牲经济建设也不可放弃使百姓信赖的政治原则，只要人民对政府的信心坚定，国本就不会动摇，困难就可以战胜。

五

棘子成曰："君子质而已矣，何以文为？"子贡曰："惜乎！夫子之说君子也。驷不及舌。文犹质也，质犹文也。虎豹之鞟犹犬羊之鞟。"

传统译文

棘子成说："君子内在的本质好就可以了，何必要什么文饰呢？"

子贡说："可惜呀！先生您竟这样来解说君子。要知道一言出口驷马难追，出言不可不慎啊。文饰与品质同等重要，品质与文饰一样也不可少。如果去掉毛色花纹，虎豹的皮革和犬羊的皮革就没有什么区别了。"

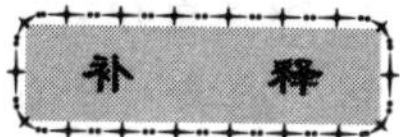

补 释

棘子成，卫国大夫。在文与质的关系上，孔子认为“文质彬彬，然后君子”。棘子成不懂文与质的关系，认为一个君子只要保有诚朴的品质就行了。而子贡告诉他，不可乱说，失言难追。文与质是同一事物的两面，质是内在的本质，文是外部的装饰。如没有文饰，君子与粗俗之人就没有区别。子贡认为文与质是毛与皮的关系，文是质的表象，质是文的内涵，似乎与孔子的观念有一定出入。

六

哀公问于有若曰：“年饥，用不足，如之何?”有若对曰：“盍彻乎?”曰：“二，吾犹不足；如之何其彻也?”对曰：“百姓足，君孰不足？百姓不足，君孰与足?”

传统译文

鲁哀公向有若问道：“年成不好，国家财政开支不够怎么办呢?”有若回答说：“实行十分抽一的田税制怎么样?”哀公说：“十分抽二我还感到不够，怎么能够减到十分抽一呢?”有若回答说：“如果老百姓开支够，您怎么会不够呢？如果老百姓开支不够，您又怎么会够呢?”

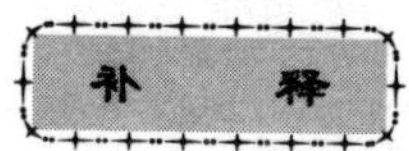

补 释

“盍”指何不。“彻”指十分抽一的田税制。《孟子·滕文公上》

中有："方里为井，井九百亩，其中为公田。八家皆私百亩，同养公田。公事毕，然后敢治私事。"是说古井田制规定：每平方里为一井，按井字形分为九块合九百亩；正中间的一块（一百亩）为公田，八方的八块（每块一百亩）为八家的私田；八家共种公田，公田的活干完才能分别去做各自私田的活计。私田中的收入归各自私有，公田中的收入归国家，这种税制叫"彻"。东周后才演变为十分抽一的田税制。本节借有子对哀公赋税问题的回答说明了儒家"民贵君轻"的观念，与灾荒年更应"轻徭薄赋"，使民休养生息，以达"民富国强"的政治思想。

七

子张问崇德辨惑。子曰："主忠信，徙义，崇德也。爱之欲其生，恶之欲其死。既欲其生，又欲其死，是惑也。'诚不以富，亦祇以异。'"

传统译文

子张问怎样才能提高品德，辨别迷惑。孔子说："坚持忠诚和信用，唯义是从，就可以提高品德。喜欢一个人便想着让他活得好，一旦厌恶起来便又想要他马上死。既想让他活得很好，又想让他马上死去，这就是迷惑。正如《诗经》中所说：'对自已无所裨益，也只让人觉得怪异。'"

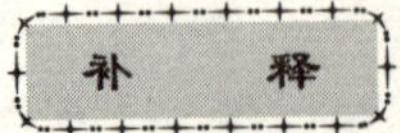

"徙"是迁移。"徙义"指见义而从。子张向孔子请教如何提高

道德，辨别迷惑。孔子告诉他以忠诚信实为宗旨，不断向正义迁移，就可以提高道德。同时又告诉他，人最大的迷惑就是自相矛盾，最容易受的骗就是受自己的骗。“爱之欲其生，恶之欲其死”，就是自相矛盾的迷惑。之所以自相矛盾，就是头脑不冷静，任情绪支配。所以，要始终保持头脑冷静，“不自欺”，并力求“明察”，就能辨别迷惑。

“诚不以富，亦衹以异”，出自《诗经·小雅·我行其野》。原意是丈夫喜新厌旧，妻子与之决绝时说：“你这样待我，即使不是嫌贫爱富，也是喜新厌旧。”子张才高意广，但思维偏激且行事太过，易流入偏锋。孔子通过这两句诗告诫他，真理必然合乎中道，如果太过就会走向反面，假若显现出比真理还要真理就是“自欺”，就是远离真知。行事太过或不及，就好比“不是嫌贫爱富，也是喜新厌旧”一样都会远离中道，那么真正的“仁”（崇德）与“智”（辨惑）就会像那个与丈夫决绝的妻子一样离你而去。

八

齐景公问政于孔子，孔子对曰：“君君，臣臣，父父，子子。”公曰：“善哉！信如君不君，臣不臣，父不父，子不子，虽有粟，吾得而食诸？”

传统译文

齐景公向孔子询问治理国政的道理。孔子回答说：“君王要像个君王，臣下要像个臣下，父亲要像个父亲，儿子要像个儿子。”齐景公说：“说得好啊！如君王不像个君王，臣下不像个臣下，父亲不像个父亲，儿子不像个儿子，虽然有粮食，我也吃不到啊！”

齐景公姓姜名杵臼。鲁昭公二十五年（公元前517年），由于季氏的攻击，昭公逃到齐国避难，一年后孔子也到了齐国。当时的齐国，陈氏家族权势日重，而齐景公奢侈，内嬖，不听晏婴的劝谏，国内政治混乱。孔子的政治思想是建立在伦常文化基础之上的。他是想劝导齐景公注意自身的品德修养，但他不便直说，所以说“君君，臣臣，父父，子子”。但齐景公并未完全理解他的含义，一切依旧，后终被陈氏篡夺了政权。

九

子曰：“片言可以折狱者，其由也与？”子路无宿诺。

子曰：“听讼，吾犹人也，必也使无讼乎！”

子张问政。子曰：“居之无倦，行之以忠。”

传统译文

孔子说：“凭一面之词就可以断案的人，大概就只有仲由吧？”子路履行诺言从不拖延。

孔子说：“审理诉讼案件，我跟别人一样呀，必然是使诉讼的事件完全没有才好。”

子张问关于从政的道理。孔子说：“在官位上不要厌倦懈怠，执行政令要出自忠心。”

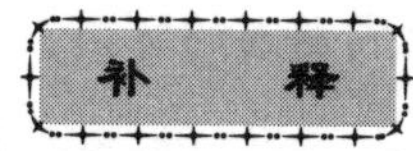

“折狱”（也叫“制狱”，“折”通“制”）指断案。“宿诺”指隔夜的诺言。子路最守信诺，一旦答应了，再困难也立即去办，从不拖延到第二天。由于子路为人诚信，公正无私，有服人之德，加之勇猛过人办事果断，所以凡是他断的纠纷，凭他一公断，甚至有时凭他一句话，争执双方都会信服。

鲁定公十年（公元前500年），孔子任鲁国司冠主管司法。孔子认为，一个官吏能公正无私地断案固然重要，但更重要的是应通过教化，使民众能“化于德，习于礼”，使社会达到无争无讼才是圣人之道。“天下讼息”是古人幻想的理想世界。

子张向孔子问施政之道。子张锐气过人，但韧力不够，朴实不足。孔子针对他的特点教导他说，在位不要厌倦懈怠，施政要出自忠诚，要用负责、诚敬的态度去施政。

十

子曰：“博学于文，约之以礼，亦可以弗畔矣夫。”

子曰：“君子成人之美，不成人之恶。小人反是。”

传统译文

孔子说："广泛地学习一切知识，用礼仪来约束自己，就可以不背离君子之道了。"

孔子说："君子要成全别人的好事，不要促成别人的坏事。小人则恰好与此相反。"

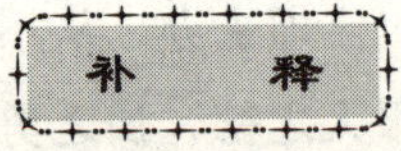

"博学于文"指广泛地学习各类知识。"约之以礼"指用"礼"来约束自己。"弗"指不。"畔"通叛。"亦可以弗畔矣夫"，指有以上两种修养，也就不至于离经叛道了。

《里仁》篇中有"君子喻于义，小人喻于利"，这是君子与小人的根本区别。一件事情的好坏，有时很难区分，但君子与小人的用心则是完全不同的。君子帮人办好事（成人之美）、不助纣为虐（不成人之恶），其判断准则是"道义"。而小人只要有利益驱使就不论善恶，所以常与君子相反。

十一

季康子问政于孔子。孔子对曰："政者，正也。子帅以正，孰敢不正？"

季康子患盗，问于孔子。孔子对曰："苟子之不欲，虽赏之不窃。"

季康子问政于孔子曰："如杀无道，以就有道，何如？"孔子对曰：

“子为政，焉用杀？子欲善而民善矣。君子之德风，小人之德草，草上之风，必偃。”

传统译文

季康子向孔子请教政事。孔子说：“政这个字的意思就是端正。您自己带头端正了，谁还敢不端正呢？”

季康子苦于盗贼的猖狂，于是向孔子请教怎么办。孔子回答说：“假使他们不贪求财富，即使奖励他们去偷盗，他们也是不会干的。”

季康子向孔子请教政事，说：“如果杀掉坏人并接近好人，怎么样？”孔子回答说：“您治理政事，怎么用得上杀人呢？只要你想向仁向善，百姓自然就会向仁向善。君子的德行就像风，百姓的德就像草，风吹向哪边，草就跟着向哪边倒。”

补　　释

季康子是鲁哀公时的正卿，“八佾舞于庭”就是他带头干的。由于他带头僭礼、欺君，而他手下的大夫又背叛他，致使鲁国政治混乱。所以孔子告诉他，为政者首先要自身端正，自己先求得端正，然后方可正人。鲁国多盗贼，季康子请教原因时，孔子毫不客气地说，如果不是你自己贪得无厌，使国家政治昏暗，民风日下，百姓流离失所，又怎会出现那么多盗贼。如果百姓都有安居富足的生活，就是你给他赏赐，人们也不会为盗。孔子这两段话既当面指责了季康子，也告诉了他上梁不正下梁歪的道理。

由于鲁国政治混乱，盗贼蜂起，季康子欲采用镇压的手段，请教孔子是否可行。孔子告诉他为政之道并不是靠杀人而能够成功的，为政者要想把国家治理好，应该谨守善道，推行道德教化，并以自己的道德来引导，上下才能同德同心。上层人物的言行引导着社会风气（即“君子之德风，小人之德草”），对百姓的倾向有着很大的影响作用（即“草上之风，必偃”），充分发挥这种影响作用是为政的要点之一。

十二

子张问：“士何如斯可谓之达矣？”子曰：“何哉？尔所谓达者。”子张对曰：“在邦必闻，在家必闻。”子曰：“是闻也，非达也。夫达也者，质直而好义，察言而观色，虑以下人。在邦必达，在家必达。夫闻也者，色取仁而行违，居之不疑。在邦必闻，在家必闻。”

传统译文

子张问：“读书人怎样做才可以显达呢？”孔子说：“你所说的显达是什么含义？”子张说：“显达就是在诸侯国家一定名声在外，在卿大夫封地也一定名声在外。”孔子说：“这是有名声，不是显达。所谓显达，是天性质朴正直，内心喜爱道义，而且善于观察别人的神色，分析别人的言语，发自内心地愿意使自己处在别人之下。这种人在诸侯国家必然显达，在卿大夫封地也必然显达。至于有名声，外表做得很有仁德，但行为却与此相反，他自己以仁人自居而不加怀疑。这种人在诸侯国能骗取名誉，在卿大夫封地也能骗取名誉。”

补释

“闻”指闻名（文中包含徒有虚名的含义）。“达”指通达（文中包含名至实归的含义）。子张想问“闻”，但他未分清“闻”与“达”的区别，以为“达”就是“闻”。孔子告诉他：追求自身闻名的人，不想在品德修养上下工夫，只想求名，则难免为达到目的而言行不一，表里不一，来骗取名声，属小人行径；而通达的人，则品质正直、爱好正义、事理通达，能通过观察神色、分析言行判断是非（即“不惑”），并有谦虚的美德甘愿居人之下，有君子之风。

十三

樊迟从游于舞雩之下，曰：“敢问崇德、修慝、辨惑。”子曰：“善哉问！先事后得，非崇德与？攻其恶，无攻人之恶，非修慝与？一朝之忿，忘其身，以及其亲，非惑与？”

传统译文

樊迟跟随孔子出游舞雩下，樊迟问孔子说：“请问怎样提高自己的道德，改正过错，辨别是非呢？”孔子说：“你这个问题问得好啊！做事争先，享受在后，不是就提高了自己的品德吗？检查自己的过错，不去指责别人，不就是改正了过错吗？如果忍不住一时气愤，忘了自己的生命安危，甚至还牵连到自己的亲人，这不是糊涂吗？”

补　释

“修慝”是“去恶念”，指消除藏在心底的坏思想。孔子对樊迟的回答说明：一个人面对自己该做的事，不计较利害得失就去做，就是品德高尚；时常反省自己，注重改正自己的错误，不要总想着指责别人，而是把别人的缺点作为自己的镜子，检查自己有无类似错误，那么坏思想就没有隐藏之地；一时愤怒，看起来是小事，但往往带来严重的后果，遇事不随便动怒，就能保持清醒的头脑，自然就能辨惑。

十四

樊迟问仁。子曰：“爱人。”问知，子曰：“知人。”樊迟未达。子曰：“举直错诸枉，能使枉者直。”

樊迟退，见子夏曰：“乡也吾见于夫子而问知，子曰：‘举直错诸枉，能使枉者直’，何谓也?”子夏曰：“富哉言乎！舜有天下，选于众，举皋陶，不仁者远矣。汤有天下，选于众，举伊尹，不仁者远矣。”

传统译文

樊迟问什么是仁，孔子说：“爱人。”樊迟又问什么是智，孔子说：“善于识别人。”樊迟没有明白这番话。孔子便说：“把正直的人提拔上来，使他们的地位在邪恶的人之上，这样做能使邪恶的人正直起来。”

樊迟退出来后见到子夏说：“刚才我见到老师，问他什么是智，老师说：‘提拔那些正直的人并使他们的地位在邪恶的人之上，这就能使邪恶的人正直起来。’这话是什么意思呢?”子夏说：“这是含义多么深刻的话啊！舜有了天下，在众人中挑选了一个皋陶来任用，那些不仁的人也就远离了。汤有了天下，在众人中挑选了一个伊尹来任用，那些不仁的人也就远离了。”

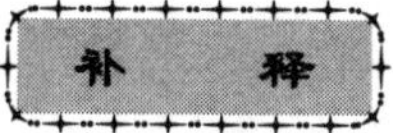

樊迟问孔子怎样才能做到仁。孔子回答说：“去爱别人。”樊迟又问怎样才能做到智，孔子答：“善于了解人并能识别人。”孔子之所以这样回答，是因为樊迟较迟钝，不便给他讲过多的理论，而是直接教给他具体操作的方法，这也是一种因材施教。但樊迟觉得与平常说法不一（第六篇中，樊迟问知，孔子答：“务民之义，敬鬼神而远之，可谓知矣。”）所以不解。孔子又举例说：“把正直的人选拔出来，放在不正直的人之上，就能促使不正直的人变得正直起来。”樊迟听了之后更加糊涂，不知所以然，自己想不明白就去问师兄子夏。子夏就用历史故事给他解释，告诉他“知人”难，“知人”是最大的智慧。舜帝的英明就表现在他任用皋陶来掌管刑狱，使小人畏惧，不仁者远离；商汤之所以能使天下大治，主要得益于任用了伊尹做宰相。

《论语》中樊迟一共三次问“仁”，有两次孔子给他讲的都是如何“行仁”，本次谈到了“仁”的根本。孔子认为，“仁”是天命赋予人的先天本性特征（即“天命之谓性”），“仁”的本质是“爱人”（即“天命有德，德为爱人”）。但后天的私欲蒙蔽了人的先天本性，掩盖了“仁心”良知，所以人需要“克己”、“明德”、“复性”才能“归仁”。

十五

子贡问友。子曰："忠告而善道之，不可则止，毋自辱焉。"

曾子曰："君子以文会友，以友辅仁。"

传统译文

子贡问交友的道理。孔子说："忠心地劝告他，好好地引导他，如果他不听就停止劝告，不要自找侮辱。"

曾子说："君子凭文章学问来交朋友，靠朋友的交往来培养仁德。"

古人十分重视交友，把友情看得很重。孔子告诉子贡"忠告而善道之"是朋友的真正价值所在，有错误互相纠正，彼此都向好的方向勉励，这才是真朋友。对朋友尽忠心，有不当就劝勉、诱导，但劝善要有一定限度，"不可则止"不再勉强，否则生怨。

"以文会友"指结交志同道合的朋友，相互交流学问以共同进步；"以友辅仁"指朋友之间互相劝勉，相互"忠告而善导之"，借以助增仁义，互相促进。

小结："仁"是孔子思想的核心，"礼、义、知、信"均以"仁"为根本。要把"仁"的思想用于为政之中，就要求为政者本着爱人的精神推行仁政与德治；在为政中要讲求信义，维护礼制；在经济上推行养民与富民政策，使百姓过上富足的生活。孔子认为，“仁”是社会政治关系与伦理道德关系赖以建立的基础，“仁道”是实现“老者安之，朋友信之，少者怀之”的理想社会的根本途径。

第十三章

子路篇(子路第十三)

本篇的主要内容是孔子教育弟子怎样做人，怎样为政。本篇进一步论述了孔子的政治思想与政治论点，是对《为政》篇的发挥。

一

子路问政。子曰："先之，劳之。"请益。曰："无倦。"

仲弓为季氏宰，问政。子曰："先有司，赦小过，举贤才。"曰："焉知贤才而举之？"子曰："举尔所知；尔所不知，人其舍诸？"

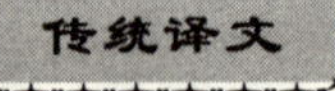

子路问为政之道。孔子说："自己身体力行给老百姓带头，然后让他们卖力地干活。"子路请求孔子多讲一些。孔子说："按照上面说

的做下去，永远不要懈怠就是了。”

仲弓做了季氏的总管，他向孔子问为政之道。孔子说：“给手下做事的人带头，宽容别人的小过错，提拔优秀的人才。”仲弓说：“怎样才知道哪些是优秀的人才，从而提拔任用他们呢？”孔子说：“提拔任用自己所了解的，那些你不了解的，别人难道会埋没他们吗？”

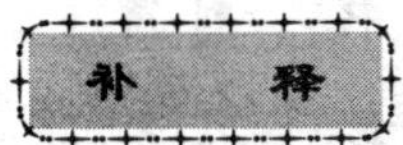

“先”指率先，即以身作则。“之”代指百姓。“劳”指勉力百姓劳作。“请益”是请求增加。“无倦”是不厌倦懈怠。子路问政，孔子说：“以身作则，然后勉力百姓。”因为，“劳则思，思则善心生，逸则淫，淫则忘善，忘善则恶心生”，所以，为政者应以身作则劳在人先，然后劝勉百姓劳作，则天下归善矣。子路想让老师再讲细些，孔子则根据他急躁、难持久的弱点教导他：“永远不要懈怠。”

冉雍（即仲弓）做了季氏家的总管，领导着一群官吏，也掌管着人事的任免。所以孔子回答冉雍问政时说：先使每人的职、权、责统一，制度化管理，即“先有司”（“司”指“职司”），以此使部下信服；宽恕并为部下担当小过错（即“赦小过”），以此使部下感恩；提拔优秀的人才（即“举贤才”），以此得贤能的人才。由于贤才难得，所以冉雍问，如何识别贤才？孔子告诉他，贤才是难得，但你应先用好你所认识到的各人的长处，真正的贤才是不会被埋没的，即“举尔所知；尔所不知，人其舍诸？”

二

子路曰：“卫君待子而为政，子将奚先？”子曰：“必也正名乎！”

子路曰："有是哉，子之迂也，奚其正？"

子曰："野哉，由也！君子于其所不知，盖阙如也。名不正，则言不顺；言不顺，则事不成；事不成，则礼乐不兴；礼乐不兴，则刑罚不中；刑罚不中，则民无所措手足。故君子名之必可言也，言之必可行也。君子于其言，无所苟而已矣。"

传统译文

子路说："如果卫君请先生去主持政事，您打算从哪方面做起？"孔子说："首先必须是纠正名分上的用词不当呀！"

子路说："您真的迂腐到了这个地步吗？这个名干吗去正呢？"

孔子说："由呀，你太粗野了！君子对于自己不懂的事，大概应采取保留态度，而不应该像你这样瞎说。如果名分不正，那么说话就不顺当；说话不顺当，做起来就难成事；做不成事，礼乐制度就不能盛兴；礼乐制度不兴，刑罚就不会得当；刑罚不得当，百姓就不知如何是好。因此，君子的名分，一定要能说得清，说出来了必定要行得通。君子对自己说出的每一句话，都不能马虎。"

另　释

卫灵公时，太子蒯聩谋杀南子（灵公宠妃）失败后逃往晋国。公元前 493 年，卫灵公去世后其孙子蒯辄继位即卫出公。公元前 489 年，孔子到卫国后，卫出公有意请孔子佐政。当时子路在卫国当官，所以他问孔子，假如您佐政卫国，首先应做什么呢？孔子答："必须先正名。"当时，卫出公蒯辄的父亲蒯聩，仍然还保留着卫灵公当初立的太子名分，并在晋国的支持下想回国夺取君位，而卫出公则不让。所以子路认为，卫出公已经登上君位好几年了，还需要正什么名分，所以笑话孔子迂腐。孔子所说的"正名"并非指卫出公的名分，而是指首先必须确立以仁德治国的中心思想，这是治国之本，是为政的原则。所以教训子路，不懂的事应采取保留态度，不要乱说。接着告诉他：不确立治国的中心思想，号令则不统一；号令不统一则诸事都办不成，礼乐制度就不能兴建，刑罚就不会适中，百姓也无所适从。所以，君子如对国君进言（指谈治国之策）丝毫也马虎不得。

三

樊迟请学稼。子曰："吾不如老农。"请学为圃。曰："吾不如老圃。"

樊迟出。子曰："小人哉，樊须也！上好礼，则民莫敢不敬；上好义，则民莫敢不服；上好信，则民莫敢不用情。夫如是，则四方之民襁负其子而至矣，焉用稼！"

传统译文

樊迟请求学种庄稼。孔子说："我比不上老农民。"樊迟请求学种蔬菜。孔子说："我比不上老菜农。"

樊迟退了出去。孔子说："樊迟真是个小人！为上者讲究礼节，百姓就没有人敢不尊敬的；为上者行为端正，百姓就没有人敢不服从；为上者诚恳信实，百姓就没有人敢不用真诚相待。如果这样，四面八方的民众都会背着他们的子女来投奔。哪里还用得着自己耕种呢？"

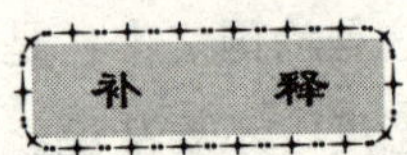
补　释

"小人"在这里指下人，即体力劳动者。春秋诸子百家中，有个"农家"学派，代表人物叫许行，尊奉神农，主张"农业救世"与"并耕而食"，也曾周游列国游说诸侯。樊迟是受了当时"农家"学派的影响而向孔子请教"学稼"（稼指种庄稼）、"学圃"（圃是菜园，这里指种菜、种花）。孔子不赞成"农家"学派的观点，认为"劳心者治人，劳力者治于人"（孟子语），学稼学圃无益于救世。所以，读书人应重在"明德"、重在学习、修养君子之道，掌握从政的方法，不应去学习下人的劳动技术。所以他强调为上者要重礼，养成社会的礼敬之风；重义，使百姓对政府信服；重信，养成社会的诚信之风。能如此，四方民众皆来投奔，又何须自己耕作，更何谈"并耕而食"（"农家"学派的观点，指为上者与下人并耕而食）。

四

子曰："诵诗三百，授之以政，不达；使于四方，不能专对，虽多，亦奚以为？"

子曰："其身正，不令而行；其身不正，虽令不从。"

子曰："鲁、卫之政，兄弟也。"

传统译文

孔子说：“熟读了《诗经》，把政务交给他，却办不通；派他出使外国，又不能独立应对。虽然诵读得多，又有什么用处呢？”

孔子说：“执政者自身端正，不用发布命令，百姓也会行动起来；执政者自身不端正，即使三令五申，百姓也不会听从。”

孔子说：“鲁国和卫国的政治关系，就如同兄弟一般。”

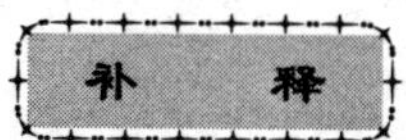

补释

西周时期，一直把《诗》（含《诗经》与《诗序》）作为培养政治人才的教科书。春秋时，为政者与游说者及各国使节都习惯用《诗》中的章句来喻比政治观点与各种见解，并借此表达个人意志等（即所谓“赋诗言志”），《诗》的活用是从政者表达政治才能的重要体现。孔子主张学以致用，反对死读书。所以他说，熟读了《诗经》办不了政务，不能独立从事外交谈判，又有什么用呢？

孔子认为：为政者的个人修养非常重要，自己以身作则带动社会风气，百姓自然会依礼而行，即“其身正，不令而行”；自身不正，上下效法，即使采用政令去推行礼制，也得不到真正的贯彻执行，即“其身不正，虽令不从”。

另释

公元前489年，鲁哀公攻打季氏失败后先逃往齐国，后转至卫国。同年，孔子也到了卫国。时值卫出公五年（公元前488年），前卫太子蒯聩（卫出公的父亲）在晋国支持下欲回卫国争位。孔子见卫国父子争位（即“父不父，子不子”），鲁国君臣相争（即“君不君，臣不臣”），借卫鲁两国原本是兄弟之国（鲁国的开国之君周公旦与卫国的开国之君康叔是亲兄弟）来讽刺这两国的政治像一对难兄难弟，所以发出感叹：“鲁、卫之政，兄弟也。”

五

子谓卫公子荆：“善居室。始有，曰：‘苟合矣。’少有，曰：‘苟完矣。’富有，曰：‘苟美矣。’”

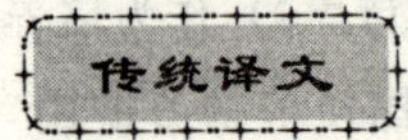

孔子谈到卫公子荆时说：“他善于居家理财过日子。刚开始有一点儿财产，便说：‘差不多够了。’增加了一点儿，又说：‘差不多完备了。’更多一点儿，便说：‘几乎完美了。’”

补释

孔子这段话是赞美卫公子荆能“知足常乐”。孔子认为，君子看重道德修养，不看重物质条件，对物资环境应“知足常乐”。所以他借用卫国的世袭公子荆，曾任宰相却“无骄吝之心，不为外物所累，少欲知止”，不贪求物质财富的做法来教导在卫国做官的几个弟子，对生活物资条件要知足常乐，不要受外界物质环境的诱惑。同时也说明，孔子的观点是君子不追求物质条件与物质环境，但也并不拒绝，只要是合乎道义的物质来源，还是接受的。

六

子适卫，冉有仆。子曰：“庶矣哉！”冉有曰：“既庶矣，又何加焉？”曰：“富之。”曰：“既富矣，又何加焉？”曰：“教之。”

传统译文

孔子到卫国，冉有替他驾驭马车。孔子说：“百姓真多啊！”冉有说：“百姓已经众多了，又该怎么办呢？”孔子说：“使他们富起来。”冉有说：“已经富裕了，又该怎么办呢？”孔子说：“教育他们。”

补　释

孔子主张“富而后教”，认为社会发展的三个阶段的依次是繁荣、富有、教育。所以他对冉有说，人口多了，社会繁荣了，要先使他们富起来，然后教育他们知礼。这说明孔子的教化不是空谈的教化，而是建立在“民以食为天”基础之上的以人为本的教化观念。也就是说，要先使民富起来，保证了基本生活所需，再实施教化。孔子所说的教化是思想品德与礼制风化的教育与感化，不同于现代的教育。

七

子曰：“苟有用我者，期月而已可

也，三年有成。”

子曰：“‘善人为邦百年，亦可胜残去杀矣。’诚哉是言也！”

子曰：“如有王者，必世而后仁。”

子曰：“苟正其身矣，于从政乎何有？不能正其身，如正人何？”

传统译文

孔子说：“假若有人用我主持国政，一年便差不多了，三年便会很有成绩。”

孔子说：“‘善人治理国政连续到一百年，也可以克服残暴，免除杀戮了’这句话实在说得对呀！”

孔子说：“如果一位王者兴起，必须要经过30年时间，才能使仁政大行于天下。”

孔子说：“假如使自己品行端正了，那么从事政治又有什么困难呢？假若不能使自己品行端正，那又如何能使别人端正呢？”

补　释

“期月”指某月至下年该月，即一周年。“世”古时一世指三十年。孔子说，为上者只要端正了自身的言行，则治国不难，如自身不端正又怎能端正别人呢？又说，假若由他完全主持国政，一年可以理顺，三年可见成效。接着又说，古人说过，一个邦国若连续由善良的人相继执政百年，使恶人改过迁善，也就可以克服残暴，免除刑杀了。孔子认为，要实现仁政社会，即使圣明君王在位，也得三十年之久。

孔子认为，治理一个国家使其国政走上德治的轨道（是孔子治国的短期规划）并不难，如由他亲自治理，一年就可以理顺，三年就可以初见成效；如要全面实现仁政达到大治（是孔子治世的中期规划），就是圣明的君主按照“仁德治国”的方略扎实地推行，也需三十年的努力才能使“仁政”深入到社会的各个方面，使“仁道”在整个社会中占主导地位；如要实现“老者安之，朋友信之，少者怀之”的大同世界（是孔子治世的长期规划），就需要有德能的贤人（善人）相继执政至少百年之久，通过连续数代的仁德教化才能基本上消除人的残暴性情，恢复人善良的本性，使天下“归仁”（类似于乌托邦主义的空想），到那时自然可以克服残暴，免除刑杀了。

上述孔子治理思想的核心是“克己”、“明德”以使人“复性”。为政者要首先“克己”以“正其身”，如能做到“克己正身”，端正了本身的言行，那么治理国家还会有什么困难呢？假若为政者不能端正自身的言行，又怎样去端正别人呢？

八

冉子退朝。子曰：“何晏也？”对曰：“有政。”子曰：“其事也。如有政，虽不吾以，吾其与闻之。”

传统译文

冉有从季氏府邸退朝回来。孔子问：“为什么这么晚回来呀？”冉有回答说：“有政事商议。”孔子说：“应该是季氏的私事吧？如果有国家政事，虽然现在我未被任用，但也会听说的。”

补　释

“政”与“事”不同，“在君为政，在臣为事”。“政”是指国事。“事”是指臣的家事。孔子认为，季氏虽然掌着鲁国大权，但他的家事也不应算做国家政事；他的家政也不能与鲁国朝政相提并论。所以孔子纠正冉有的用词错误，一是“正名”，二是提醒冉有，忠于季氏不等于忠于鲁国。

九

定公问：“一言而可以兴邦，有诸？”孔子对曰：“言不可以若是其几也。人之言曰：‘为君难，为臣不易。’如知为君之难也，不几乎一言而兴邦乎？”

曰：“一言而丧邦，有诸？”孔子对曰：“言不可以若是其几也。人之言曰：‘予无乐乎为君，唯其言而莫予违也。’如其善而莫之违也，不亦善乎？如不善而莫之违也，不几乎一言而丧邦乎？”

传统译文

鲁定公问：“一句话可以使国家兴盛，有这种事吗？”孔子回答说："话是没有这样的话，但相似的说法是有的。有人说：'做君主难，做臣下也不容易。'如果知道做君主难，就会认真谨慎地去做，那不就相当于一句话而使国家兴盛了吗？"

定公又问："一句话而使国家灭亡，有这种事吗？"孔子回答说："话是没有这样的话，但有相近的说法。有人说：'做国君没感到什么快乐，只有一点，就是我说什么都没有人敢违抗。'如果说的话正确而没有人违抗，不也是很好吗？但如果说的话不正确而没有人违抗，不就是近乎于一句话就可以使国家灭亡吗？"

本文中的"一言"非指一字，而是指具有一定政治含义的一个完整句子或一段话。"其几也"指相近或类似。"莫予违"指没有人违抗我。鲁定公问孔子是否有一言兴邦与一言丧邦之事。孔子告诉他，国家的兴衰是日积月累而成的，但其根源则往往集中于一点。如国君知道为君之难，能知己克己、不自欺，必能励精图治，国家就不难兴盛，这就可以认为是一言兴邦；但为国君者最易"昧己纵己"，且易"自欺欺人"，如只顾自身享乐却要求自己说的话无人违抗，就难免大政失误，使国家走向衰亡，这就是一言丧邦。

十

叶公问政。子曰："近者说，远者来。"

子夏为莒父宰，问政。子曰："无欲速，无见小利。欲速则不达，见小利则大事不成。"

叶公语孔子曰："吾党有直躬者，其父攘羊而子证之。"孔子曰："吾党之直者异于是，父为子隐，子为父隐，直在其中矣。"

传统译文

叶公问怎样从事政治。孔子说："使近处的人感到心悦诚服，使远处的人都来甘心投奔。"

子夏做了莒父这个地方的长官，他向孔子请教有关政治的方法。孔子说："不要求速成，不要只顾小利。求速成反而达不到目的，贪小利则成不了大事。"

叶公告诉孔子说："我们那里有个坦白又直爽的人，他的父亲偷了别人的羊，他就出来告发了。"孔子说："我们那个地方坦白直爽的人与你们那儿的不一样，父亲为儿子隐瞒，儿子为父亲隐瞒，我们那里的直爽就表现在这里了。"

补　释

"叶"原是一个小国，后被楚国吞并。"叶公"姓沈名诸梁，楚国大夫。鲁哀公五年（公元前490年），孔子由蔡到叶，叶公向孔子请教施政要领。孔子告诉他，一个好的政治纲领必须得民心，使近处的百姓获得实惠，过上好日子，他们一定会高兴；远处的百姓听到消息，也必然会来投奔你。孔子的话意是指，符合百姓的心愿就是施政的要领。

"莒父"是鲁国的一个县邑，由于长时间管理不善，百废待兴。子夏上任莒父宰后，想尽快改变其面貌，使百姓安定富足，所以请教孔子。孔子告诉他，莒父这个地方积弊众多，不能急，事情要一件一件地办，如急于求成可能会欲速则不达；制定政策要考虑长远，不要偏重眼前小利，否则会影响大局。

叶公认为，父有错子检举，是正直的表现。孔子认为，父母与子女之情常常大于法理，父母犯罪子女有所隐瞒，子女犯罪父母有所隐瞒，这是人性中亲情胜于法理的自然表现，虽然不是正，但属于直。反之则与人性相违背，不合于常情时可能会存在其他原因。父子检举，对社会来说属于正，但就人性来说是不直。

十一

樊迟问仁。子曰："居处恭，执事敬，与人忠。虽之夷狄，不可弃也。"

传统译文

樊迟请教什么是仁。孔子说："平时在家时庄重肃穆，办理事情时严肃认真，对待别人忠诚恳切。就算到边远的少数民族国家，也是不可以背弃这些的。"

补　释

《论语》中共记录了三次樊迟问仁。第一次是问如何做仁人，孔子答："仁者先难而后获。"（《雍也》篇）第二次问什么是仁（即问仁之本），孔子答："爱人。"（《颜渊》篇）本次为第三次，是问如何行仁。孔子答："仁"对动、静、处事的要求是在家恭敬规矩，办事严肃认真。"仁"对待人接物的要求是，对待人和事都要忠实诚敬。行仁无所不该，即使到了夷狄小国也不可放弃。按照孔子的这三点要求去做，自身的行为就"合乎礼"、"适乎中"，私欲邪念将无处藏身。

可见，“克己复礼”是“行仁”的准则，而“行仁”本身就是对“克己复礼”的践行。

十二

子贡问曰：“何如斯可谓之士矣？”子曰：“行己有耻，使于四方，不辱君命，可谓士矣。”

曰：“敢问其次？”曰：“宗族称孝焉，乡党称弟焉。”

曰：“敢问其次？”曰：“言必信，行必果，硁硁然小人哉，抑亦可以称次矣。”

曰：“今之从政者何如？”子曰：“噫！斗筲之人，何足算也！”

传统译文

子贡问：“如何才可以算是一个士？”孔子说：“能用羞耻之心约束自己的行为，出使外国能很好地完成君主的使命，这样就可以称作士了。”

子贡问：“那么次一等的呢？”孔子说：“宗族称赞他孝顺父母，家乡的人称赞他尊敬兄长。”

子贡又说：“敢问再次一等呢？”孔子说：“说话一定要讲信用，做事必须果断，这本是浅薄固执的小人啊！但也可算是再次一等的士了。”

子贡问："现在执政的那些人怎么样？"孔子说："唉！这些见识与肚量都狭小的人，哪里值得一提啊！"

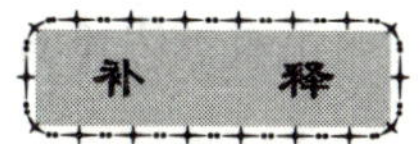

孔子把"士"分为三等。第一等是德才兼备的君子，言行毫不自欺，一切按照"明德"、"归仁"的"天命"之性"至诚"而行。能做到"至诚"自然趋于中道，自然有所为有所不为，自然心中具有"什么是耻"的人格精神（即"行己有耻"）。由于能把握中道，就自然能在国家大事上有所作为（即"使于四方，不辱君命"）。第二等有德而才不足（即"宗族称孝，乡党称弟"），也就是孟子所说的"一乡之善士"（《孟子·万章下》），他们还不具有担当与处理国家大事的心胸与能力。第三等是有一定才，而仁德与智慧均不具备，像下人一样（即"小人哉"），这类人也有过人之处，但他们所行的是小忠小信，不能完全按道义行事，常常不问是否合乎正义，只管自己贯彻言行（即"言必信，行必果"），大多浅薄而固执（即"硁硁然"）。在子贡问及当时的执政者时，孔子说他们见识短浅、器量狭小，根本不值得一提，连下等的士都不够资格，还哪里谈得上"士"。可见，孔子认为的"士"，不是以孝忠于什么人或神（即不是后儒的忠君精神，也不是国外的宗教精神）为中心思想，而是把安身立命的根本放在"明德"上，其中心思想是"仁"，是孝忠自己的"良心"与"良知"。

十三

子曰："不得中行而与之，必也狂狷乎！狂者进取，狷者有所不为也。"

传统译文

孔子说："找不到言行合乎中庸之道的人与他们交往，那必定会结交激进的人和正直的人！激进的人一心向前，而正直的人不肯同流合污。"

补　释

"中行"指行为合乎中道。"狂"指轻快、激进。"狷"是狷介，指性情耿直。孔子认为，言行都合乎中道者，是品德高尚之人。狂者勇于进取而办事不细，狷者为人耿直而有所偏激。只有中行者善于协调各方面关系使之合于"道"。如果勇于进取而又能考虑全局，为人耿直而又能善于与人合作，就可接近于中道。如得不到与中行者相交，勇于进取的人与性情耿直的人也可以做朋友。

十四

子曰："南人有言曰：'人而无恒，不可以作巫医。'善夫！""不恒其德，或承之羞。"子曰："不占而已矣。"

子曰："君子和而不同，小人同而不和。"

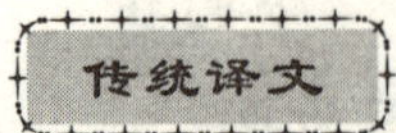

传统译文

孔子说："南方人有句话叫做：'做人若没有恒心，是不能做巫医的！’这句话说得好啊！”《易经》中有：“三心二意，不坚守自己的德操，就会承受羞辱。”孔子说：“这句话的意思是要无恒心的人不要去占卦罢了。”

孔子说：“君子能相互和谐共处，但是不盲目附和；小人是盲目附和，却不能和谐共处。”

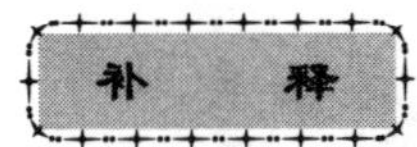

孔子认为，人在品德修养和事业追求中必须持之以恒，就像南方人所说的，没有恒心的人连巫医都做不了。干什么都没有恒心的人，就像《易经·恒》中所说的一样，免不了要承受羞辱。想趋吉避凶，不要靠求神问卜，而要靠自己的恒心。

“和”是阴阳相和，指不同意见都各自发挥它的有益作用而达成和谐统一。“同”是同阴或同阳属单一性，指不讲原则的苟同。《国语·郑语》中引史伯语曰：“夫和实生物，同则不继。”孔子说：“君子能调和矛盾，取左右两面正确的意见综合而达到中和；而小人无中心思想，只受利益驱动，常无原则地附和。”这是孔子对“中行”的进一步解释。

十五

子贡问曰：“乡人皆好之，何如？”子曰：“未可也。”“乡人皆恶之，何如？”子曰：“未可也。不如乡人之善者好之，其不善者恶之。”

子曰：“君子易事而难说也。说之不以道，不说也；及其使人也，器之。

小人难事而易说也。说之虽不以道，说也；及其使人也，求备焉。”

子曰：“君子泰而不骄，小人骄而不泰。”

子曰：“刚、毅、木、讷、近仁。”

子路问曰：“何如斯可谓之士矣？”子曰：“切切偲偲，怡怡如也，可谓士矣，朋友切切偲偲，兄弟怡怡。”

传统译文

子贡问孔子道：“整个乡村的人都喜欢的人，您认为怎么样呢？”孔子说：“不行。”子贡又问：“整个乡村的人都讨厌的人，您认为怎么样呢？”孔子答：“也不行，最好的人是全乡村的好人都说他好，坏人都说他不好的人。”

孔子说：“在君子手下做事很容易，但要讨他欢喜很难。不用正当的方式去讨他欢喜，他会不高兴；他在用人的时候会量才取用。在小人手下做事很难，但讨他欢喜很容易。就算用不正当的方式去讨他欢喜，他也会高兴的；等到他用人的时候，会百般挑剔求全责备。”

孔子说：“君子安详舒泰，却不骄傲自大；小人骄傲自大，却不安详舒泰。”

孔子说：“刚强、坚毅、质朴、讷言，这些品德是接近仁的。”

子路问：“怎样才能称为士呢？”孔子说：“互相批评而又和睦相处。就可以叫做士了。朋友之间是互相批评，兄弟之间是和睦相处。”

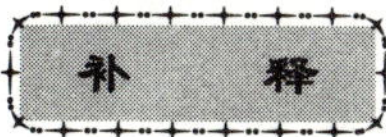

补 释

孔子认为，评定一个人，要经过考察才可靠，即：“众好之，必察焉；众恶之，必察焉。”一个人，如果全乡的人都说他好，未必真好；全乡的人都讨厌他，也未必真坏；真正的好人是善良的人拥护他，邪恶的人反对他。

“器”指量才使用。“求备”指求全责备。孔子认为，君子全面看人，注重每一个人的长处，用人量才取用，所以在他手下好做事；但君子以道德仁义为准则，不能以利益或嗜好讨其欢喜。小人看人，只见到别人的不足，用人求全责备，所以在他手下难做事；但小人唯利是图，可用利益及嗜好讨其欢喜。

君子不为名牵，不为利役，心里始终坦然，不会以己之长骄人之短；小人囿于名利，遇事斤斤计较，始终不会安详舒泰，且嫉贤妒能，总认为自己优于别人，所以常以己之长骄人之短。

孔子认为：刚强、坚毅、淳朴、说话谨慎，这四种品格接近于仁。

前节子贡问“士”时，孔子讲述了“士”的标准与等次。本节子路问“士”时，孔子则针对他的不足教导他，要处理好各方面的关系。即：朋友以义合，要相互勉励，要“忠告则善导之”（即“切切偲偲”）；兄弟要亲切和气（即“怡怡如也”），做到兄友弟恭。

十六

子曰：“善人教民七年，亦可以即戎矣”。

子曰：“以不教民战，是谓弃之。”

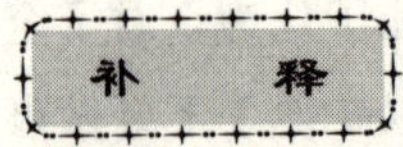

传统译文

孔子说："善人以七年时间教导民众，就可以用他们为兵上战场了。"

孔子说："用未受过训练的民众去作战，可以说是践踏生命。"

补　释

春秋时职业划分为士、工、农、商，其中农民要服兵役，《尚书·费誓》中有："三时务农，而一时讲武"，指农民在农闲季节要进行军事操练，战时则从军作战。

孔子认为，善于理政的人约需七年的教练，就能使百姓具有作战能力并树立保卫国家应作战勇敢，退却是可耻的思想观念；如果没有一定时间的训练与教育就让百姓去作战，就等于让他们送死。

小结：本篇阐述的是孔子的为政思想：一是国家体制和社会秩序的建立，应该以"礼"的准则为基础；二是国家的施政方针，要能使老百姓富庶并受到良好的教育；三是为上者应以身作则，认真贯彻和维护"礼"的准则；四是国家用人要选用贤才；五是要把"礼"的精神贯彻到国家的政治生活之中。

第十四章

宪问篇(宪问第十四)

本篇主要记述了孔子及其弟子论修身、做人之道和对历史人物及当时人物的评论。本篇论述的人与事较广泛，是对《里仁》篇的发挥与引申。

一

宪问耻。子曰："邦有道，谷，邦无道，谷，耻也。"

"克、伐、怨、欲，不行焉，可以为仁矣?"子曰："可以为难矣。仁则吾不知也。"

子曰："士而怀居，不足以为士矣。"

子曰："邦有道，危言危行；邦无道，危行言孙。"

子曰："有德者必有言，有言者不

必有德。仁者必有勇，勇者不必有仁。”

传统译文

原宪请教孔子什么是耻辱。孔子说：“国家政治清明，去做官领俸禄；国家政治黑暗，也去做官领俸禄，这就是耻辱。”

原宪又问道：“好胜、自夸、怨恨和贪婪这四种毛病都没有，能算得上仁吗?”孔子说：“这可以算得上是难能可贵了。至于是否能算得上仁，那我就不能断定了。”

孔子说：“读书人若是留恋他安逸的家庭生活，就不配称做读书之人。”

孔子说：“倘若国家政治清明，就言语正直，行为正直；若国家政治黑暗时，就行为正直，言语恭顺。”

孔子说：“有道德的人必定有好言语，可是有好言语的人却不一定就有道德。仁人必定勇敢，但勇敢的人却不一定仁德。”

补　释

“谷”是谷米，指俸禄。孔子认为，一个知识分子对社会国家要有贡献，不管是安定年代还是变乱年代，如果没有贡献只知道当官拿俸禄，就是可耻。原宪是孔子的学生，听了孔子对“耻”的解释后终生牢记。原宪一生注重从四个方面要求自己，即不自满不骄傲，不怨天尤人，不受物质环境引诱，而且清心寡欲。孔子认为，能做到这四点已经是难能可贵了，但还不能算是“仁者”。真正的“仁者”，应该是“智、仁、勇”集于一身。孔子去世后，原宪数次推辞做官，一心致力于为民众做事，后成为一代游侠。

“怀居”指留恋家庭生活。孔子认为，作为一个“士”应该“志于道”，如果贪恋家庭生活，追求物质环境，就不配称为“士”。

“危”指正直。“孙”通“逊”，指谦逊。孔子认为，作为君子其立身原则不可变，即行为要正直，在政治清明时言语与行为都要正直，但在小人当政的时候，行为要正直，但说话要谨慎，以免招祸。

孔子还认为，品德高尚的人必有正确的见解，其言论常能留传后世，但言论（包括著作）能留传后世者不一定都有好的品德；正直的仁者一定具有勇敢与智慧，而勇敢的人不一定有智慧，更不一定精神境界高尚。

二

南宫适问于孔子曰：“羿善射，奡荡舟？俱不得其死然。禹、稷躬稼而有天下。”夫子不答。

南宫适出，子曰：“君子哉若人！尚德哉若人！”

子曰：“君子而不仁者有矣夫，未有小人而仁者也。”

传统译文

南宫适向孔子问道：“羿擅长射箭，奡擅长水战，但都未得好死，禹和稷亲自下地种庄稼，他们都得到了天下。”孔子未回答。南宫适退出去后，孔子说：“这个人是个君子呀！此人确实是个崇尚道德的人。”

孔子说："君子当中可能有达不到'仁'的要求的人，但小人当中却不会有仁义的人。"

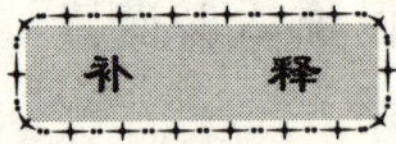

古代传说中有三个"羿"，都是射箭的高手。一个是帝喾的射师，见《说文》。另一个是唐尧时人，传说尧帝时有十个太阳同时出现，羿射落了九个，见《淮南子·本经训》。第三个是有穷国的国君，由于荒淫喜猎，被家臣寒浞收买家奴逢蒙所杀。"奡"是寒浞的儿子，力大无穷，善于水战，传说能陆地行舟。南宫适所说的"羿"，是指第三个羿，即有穷国的国君，他曾一度篡夺了夏朝的政权。他虽然善射，但由于无德且不仁，后终被寒浞所谋杀。"奡"虽力大无穷能陆地行舟，但因不仁终被夏朝的中兴之主少康所杀。"羿"与"奡"都无德，尽管他们都是武艺超群、力大无比，终究不得好死。大禹和后稷都亲自下地种田，却取得了天下，是因为他们有高尚的品德。南宫适讲述"羿"与"奡"，对比"禹"与"稷"，说明他崇尚道德，注重品德修养。所以孔子称赞他真是个君子，真崇尚道德。

孔子认为，"仁"是道德思想与智慧能力的最高境界，品德卑下的小人不可能成为仁者，品德高的君子中，也只有少数能成为仁者。

三

子曰："爱之，能勿劳乎？忠焉，能勿诲乎？"

子曰："为命，裨谌草创之，世叔讨论之，行人子羽修饰之，东里子产润色之。"

孔子说："爱他，能不让他勤苦吗？忠于他，能不教诲他吗？"

孔子说："郑国制定国家外交政策法令，由裨谌起草，经过世叔提意见，然后交外交官子羽进行修改，最后由子产进行文字上的修饰才完成。"

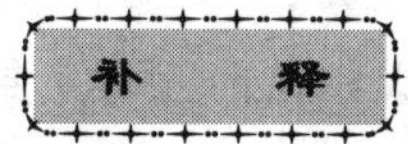

孔子在这里说的爱，既包括父母之爱，也包括兄弟之爱与师生之爱。而忠包括臣对君，也包括子女对父母、部下对上级、学生对老师等的尽心。孔子认为，爱之就应劳之，使他知道身体力行是君子的基本准则，并应尽可能地使其在人生的艰难困苦中得到锻炼与教育。忠之，就应劝导教诲之，以尽善导之心。同时，忠也具有不自欺、忠于自己"良知"的含义。

裨谌、世叔、子羽、子产都是郑国当时著名的人才。孔子这段话是说，郑国对颁布诰命非常重视，通常由裨谌起草、世叔修改、子羽再改，最后由子产修饰才完成；同时也说明郑国当时人才济济。孔子通过这段话告诫学生，一个从政的人，下笔要谨慎认真，反复推敲不可有丝毫的疏忽。

四

或问子产。子曰："惠人也。"问子西。曰："彼哉！彼哉！"问管仲。曰："人也。夺伯氏骈邑三百，饭疏

食，没齿无怨言。”

子曰：“贫而无怨难，富而无骄易。”

传统译文

有人问孔子子产这个人怎么样。孔子说：“他是个宽厚慈爱的人。”又问子西是怎样的人。孔子说：“他嘛！他嘛！”又问管仲是怎样的人。孔子说：“他是个人才。他剥夺了伯氏骈邑的三百户封地，使伯氏终生吃粗粮，但直到死伯氏也没有说过对管仲怨恨的话。”

孔子说：“在贫穷中没有怨恨，很难做到；在富贵时不骄傲，较容易做到。”

补　释

子产是郑国的宰相。《公冶长》篇中孔子称赞他“其养民也惠，其使民也义”。本篇中孔子称他“惠人也”，指子产是个有仁爱之心并施惠于民的人。《左传》中共记有三个子西，其中有两个存在与此述有关的可能。一个是子产的堂兄，也是子产的前任，在郑国宰相位置上多年却无任何建树，与子产无法相比。所以有人问及时，孔子认为不值得一提。即“彼哉，彼哉”，指没什么可说的。另一个子西是当时任楚国大夫的楚公子申，此人贪婪自私心胸狭窄，自然也就不值得一提。

伯氏，姓伯名偃，是齐国大夫，因犯罪被管仲剥夺了三百户封地。由于管仲执法公允，伯偃心服所以至死无怨言。孔子以此例来说明管仲是个管理人才，并由此联想到，伯偃被剥夺了三百户后由富而变贫，靠吃粗食（即“疏食”）度日，而且一直到老（即“没齿”，指牙都掉光了）都没有怨言，说明他也是个有较高修养的人。因为一个人由贫变富后能保持不骄，虽然需要相当的修养才能做到，但相对于由富变贫后毫无怨言来说，还是较容易的。可见，一个人由富变贫后，要做到毫无怨言，不怨天尤人，实在是难能可贵的。

五

子曰："孟公绰为赵、魏老则优，不可以为滕、薛大夫。"

传统译文

孔子说："孟公绰，如果让他做晋国大夫赵氏、魏氏的家臣，那才力有余，但不能让他做滕国，薛国的大夫。"

补释

孟公绰是鲁国大夫，为人廉洁奉公、清静寡欲，有较好的品德，但书卷气重，缺少才干。"老"是"室老"，指大夫家的家臣之长。"滕"与"薛"都是当时的小国，位于鲁国南面。孔子认为，孟公绰品德好，在鲁国也有一定的声望，做一位有地位的高参或"室老"是很好的，但要让他去做实际管理工作，像正处于内忧外患的"滕"、"薛"这样的小国，让他去当大夫，他就难以胜任了。

六

子路问成人。子曰："若臧武仲之知，公绰之不欲，卞庄子之勇，冉求

之艺，文之以礼乐，亦可以为成人矣。”曰：“今之成人者何必然？见利思义，见危授命，久要不忘平生之言，亦可以为成人矣。”

传统译文

子路问怎样才算是完人，孔子说：“像臧武仲那样有智慧，孟公绰那样不贪心，卞庄子那样勇敢，冉求那样多才多艺，再用礼乐加以修饰，也就可以称为完人了。”孔子又说：“现今的所谓完人又哪里一定要如此呢？能看见利益就想到是否合乎正义，能见到危难就敢于献身，久处困顿之中还能够不忘平时的诺言，也就可以称为完人了。”

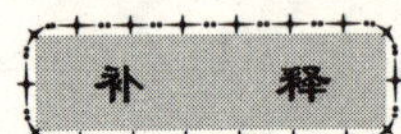

“成人”也称“全人”，指德、才、能、艺等各方面都完备之人。子路问，一个人要达到什么样的程度才算是“成人”呢？孔子说，要具有臧武仲的智慧（臧武仲过齐，齐庄公拉拢他，他预见齐庄公必败将会被杀，故不受拉拢，后果然如他所料，所以孔子称他有智慧）；孟公绰的廉静寡欲（即上述的孟公绰）；卞庄子的勇敢（卞庄子是鲁国著名的勇士，曾一个人打死老虎）；冉求一样多才多艺；再用礼、乐来充实文才，就可以说是“成人”了。可见，孔子对“成人”的衡量标准是：“智”足以穷理、“廉”足以养心、“勇”足以力行、“艺”足以承担各种任务，并且节之以礼、和之以乐，使德成于内、文见乎外，做到较完善的德才兼备。显然，这个“成人”的标准是个理论化的标准，弟子们都难以做到。因此，孔子又把仁、智、廉、勇、艺、礼、乐等综合起来，归纳为简明的三条告诉子路以便其努力实行。所以他接着又说，现在，只要能做到见利思义，见危授命（即国家或民众危难时，能不惜生命而见义勇为），长久不忘自己的诺言，也就可以算“成人”了。孔子后面说的这三点是对子路的肯定，同时也表明了“成人”必须是服务于社会和国家的人。

七

子问公叔文子于公明贾曰：“信乎？夫子不言、不笑、不取乎？”

公明贾对曰：“以告者过也。夫子时然后言，人不厌其言；乐然后笑，人不厌其笑；义然后取，人不厌其取。”子曰：“其然？岂其然乎？”

传统译文

孔子向公明贾打听公叔文子，说：“当真吗？他老先生不爱讲话、不笑、不获取吗？”

公明贾说：“这是传话人说过了头。他老先生在时机恰当的时候讲话，因此别人不厌烦他讲的话；高兴了然后才笑，所以别人不讨厌他笑；该获取的他才获取，因此别人不厌恶他获取。”孔子说：“是这样吗？难道真是这样吗？”

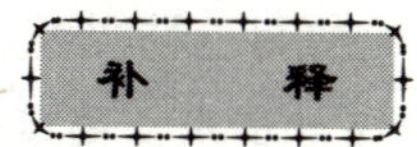

“公叔文子”，姓公叔名拔，谥号文，卫国大夫。“公明贾”，姓公明名贾，卫国人。孔子听说公叔文子是个忠贞廉静之士，但不苟言笑且从不获取，所以问公明贾。从公明贾的回答中可见公叔文子确实忠贞廉静，但孔子似乎仍不太相信，所以说：“其然？岂其然乎？”

据历史记载，公叔文子确实是个贤德之人。《礼记·檀弓》中记有（译文）：“公叔文子死后其子向国君求赐谥号，国君说：‘以前卫国遭到凶年饥荒，夫子用粥来赈济国内饥民，这是慈惠；以前卫国有了患难，夫子拼死来保卫我，这是忠贞；在夫子主持国政时，整顿了尊卑秩序，规范了享用的多寡，和睦了与邻国的关系，使卫国没有遭到侮辱，说明他很有文德呀！就称他为贞惠文子吧’，故得谥号‘贞惠文子’。”后人简称其为公叔文子。

八

子曰：“臧武仲以防求为后于鲁，虽曰不要君，吾不信也。”

传统译文

孔子说：“臧武仲凭借着他的封地防城，向鲁君请求他的后代世袭防城，虽然有人说他不是要挟君主，我是不相信的。”

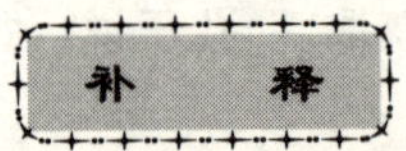

鲁襄公二十三年（公元前550年），臧武仲因帮助季氏废长立幼，得罪了孟孙氏，逃到邻近的朱国。不久又回到他的封邑防城整兵振武，向鲁襄公提出让他的后代世袭防城的要求。虽然请求文稿写得言辞谦逊，但鲁襄公知道如不答应他的请求，他将依据防城的武力而叛国，因此答应了他的要求。所以孔子说，虽然有人说他不是要挟君主，但我是不会相信的。

九

子曰：“晋文公谲而不正，齐桓公正而不谲。”

子路曰：“桓公杀公子纠，召忽死之，管仲不死。”曰：“未仁乎?”子曰：“桓公九合诸侯，不以兵车，管仲之力也！如其仁。如其仁。”

子贡曰：“管仲非仁者与？桓公杀公子纠，不能死，又相之。”子曰：“管仲相桓公，霸诸侯，一匡天下，民到于今受其赐；微管仲，吾其被发左衽矣！岂若匹夫匹妇之为谅也，自经于沟渎，而莫之知也！”

传统译文

孔子说：“晋文公玩弄权术，不正派；齐桓公正派不玩弄权术。”

子路说：“齐桓公杀了他哥哥公子纠，公子纠的家臣召忽因此自杀以殉，公子纠的另一家臣管仲却没有跟着去死。”子路接着又说：“管仲该不算是仁吧?”孔子说：“齐桓公多次召集诸侯会盟，并不依仗武力，都是管仲的功劳。这就是管仲的仁啊！这就是管仲的仁了。”

子贡说："管仲不是仁人吧，齐桓公杀了他的主人公子纠，他不但不为公子纠去死，反而辅佐齐桓公。"孔子说："管仲辅佐齐桓公，称霸诸侯，使天下的一切都得到匡正，老百姓到如今还享受着他的好处。若没有管仲，我们大概会披散着头发，衣襟朝左边开，像落后的民族那样了。难道要他像普通男女一样守着小节小信，自缢于沟渠中而没有人知道吗？"

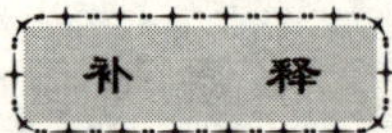

"谲"指诡诈，即玩弄权术。晋文公姓姬名重耳，因自幼流亡国外，深知人心险恶，所以惯用权术。他曾以伐卫为名攻打楚国，与楚国的城濮之战，也是因使用权术而得胜。齐桓公姓姜名小白，公子纠是他哥哥，齐襄公时兄弟二人均逃往国外。齐襄公死后，小白先回到齐国继任了国君位，即齐桓公。他因担心哥哥公子纠回来抢位，就用武力逼迫鲁国杀死了公子纠。召忽与管仲都是公子纠的家臣，公子纠不听管仲的劝谏以致被杀。公子纠死后召忽殉节，管仲在鲍叔牙的举荐下回齐国做了宰相。

晋文公与齐桓公均提倡"攘夷以尊周室"，阻止了秦楚两国的势力入侵中原，但晋文公多用权术，而齐桓公则直来直去。所以孔子说："晋文公谲而不正，齐桓公正而不谲。"齐桓公在位43年，管仲辅佐齐桓公"九合诸侯，不以兵车"，即不用武力，仅靠谋略，维持了中原的和平稳定，主要是管仲的作用。所以孔子说，这就是管仲仁德的体现，并说如果没有管仲，中原可能毁于战火，民众可能会被异族统治，我们也可能沦为夷狄，到如今老百姓还受着他的恩泽。所以说，管仲可称"仁者"，其功不可没。对他的评价不能以匹夫论，像管仲这样的大才，又岂能让他像一般男女一样为守小节小信去殉节呢？

十

公叔文子之臣大夫僎，与文子同升诸公。子闻之，曰：“可以为文矣。”

子言卫灵公之无道也。康子曰：“夫如是，奚而不丧?”孔子曰：“仲叔圉治宾客，祝鮀治宗庙，王孙贾治军旅。夫如是奚其丧?”

子曰：“其言之不怍，则为之也难。”

传统译文

公叔文子的家臣大夫僎，因为公叔文子的推荐与文子一样升为卫国的大夫。孔子听了这事后，说：“公叔文子真称得上文了。”

孔子谈论卫灵公的昏庸无道。季康子说：“既然这样，为什么卫灵公还没有亡国呢?”孔子说：“他有仲叔圉接待宾客，有祝鮀管理祭礼，有王孙贾统领军队。像这样，他怎么能灭亡呢?”

孔子说：“一个人大言不惭，那他实践起来一定很困难。”

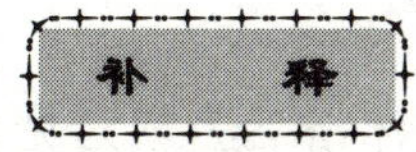

“僎”，人名，姓氏不详。他原是公叔文子的家臣，在公叔文子的极力举荐下，也当上了卫国的大夫，与公叔文子同升诸公。说明公叔文子能知人荐才、忠君无私，所以孔子说，公叔文子当得起谥号为

“文”。

孔子在卫国多年，对卫国的情况十分了解。卫灵公虽然宠信南子，荒芜朝政，但他用人得当，让仲叔圉（孔子在《公冶长》篇中称赞他“敏而好学，不耻下问”）管外交，让祝鮀（孔子在《雍也》篇中称他善口才）管内政（宗庙权包括内政），让王孙贾（善领兵）管军队，且这三人均对卫灵公忠心，所以卫国不会轻易灭亡。

孔子认为，立志于事业的人，不会大言欺世，他们想的是怎样把事业干好；而大言不惭的人，只想欺骗人，一旦有人要求他去做时，他就难以做到了。

十一

陈成子弑简公。孔子沐浴而朝，告于哀公曰：“陈恒弑其君请讨之。”公曰：“告夫三子。”

孔子曰：“以吾从大夫之后，不敢不告也。君曰：‘告夫三子’者。”

之三子告，不可。孔子曰：“以吾从大夫之后，不敢不告也。”

传统译文

陈成子杀了齐简公。孔子郑重地在家斋戒沐浴后去朝廷见鲁哀公，告诉哀公说：“陈恒杀了他的君主，请求您出兵讨伐他。”哀公说：“你去向季、叔、孟三个大夫报告吧。”

孔子退朝后说：“因为我曾做过大夫，不敢不来报告。但君主却对我说：‘去报告那三个大夫吧’。”

孔子去了季孙，叔孙，孟孙三家，一一作了报告，三家大夫都说不能讨伐。孔子说：“我曾做过大夫，不敢不报告啊。”

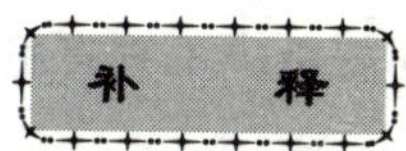

齐国的大夫陈成子以臣弑君，孔子认为大逆不道，不能容忍，所以郑重地斋戒沐浴后上朝报告。当时鲁国的大权在季、叔、孟三家大夫手中，所以哀公让他向这三家大夫报告，三家大夫均说不可管闲事。孔子无奈只能感叹说：“因为我曾做过大夫，所以不能不报告啊！”

十二

子路问事君，子曰：“勿欺也，而犯之。”

子曰：“君子上达，小人下达。”

子曰：“古之学者为己，今之学者为人。”

传统译文

子路问如何服侍君主，孔子说：“不要欺骗他，但可以直言冒犯他。”

孔子说：“君子通达于仁义，小人通达于财利。”

孔子说：“古代的学者是为提高自己的道德学问而学，现在的学者是为装饰自己给别人看而学。”

补　释

孔子认为，侍奉国君不能用欺骗的手段，应该直言敢谏，这是为臣的本分。所以他回答子路“勿欺也，而犯之”。由此后儒们对朝臣的忠奸判别为：“忠臣敢直言犯君但不欺君，而奸臣决不直言犯君却常谎言欺君”。

孔子认为，君子考虑的是仁义，习惯于“明德”、“至善”与“归仁”等形而上的问题研究；小人考虑的是利益，习惯于物质与财利的计较。

孔子还认为，古人做学问是为了“明德”、“知天命”，是为了增长自身的道德学问；今人学习是为了人前显示并用以换取利益与名誉。

十三

蘧伯玉使人于孔子，孔子与之坐而问焉，曰：“夫子何为？”对曰：“夫子欲寡其过而未能也。”使者出。子曰：“使乎！使乎！”

子曰：“不在其位，不谋其政。”

曾子曰：“君子思不出位。”

传统译文

蘧伯玉派了一名使者去孔子家。孔子请他落座后，问道：“近来他老人家在做什么呀？”使者回答说：“他老人家想减少自己的过错，却还未能如愿呢。”使者辞别后，孔子说：“好一位使者！好一位使者！”

孔子说：“不在那个位置上，就不要插手那个职位应负责的政事。”

曾子说：“君子所思考的不应该超过自己的职位。”

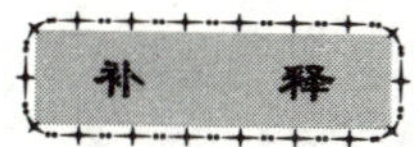

遽伯玉，姓遽名瑗字伯玉，卫国大夫，是当时有名的有道德修养的人。孔子在卫国时就住在他家里，二人友情深厚，所以他派人到鲁国来看望孔子。孔子与来人交谈，问遽先生（当时已辞官在家养老）最近在家里做些什么呀？来人回答，我们遽先生天天在家做修养的学问（指不问国政之事），按照“修己”、“修身”的要求每日检点自己的思想、行为，希望能少错寡过，但他感觉还没有达到要求的标准。孔子觉得来人应答得如此谦虚得体，真是个搞外交的好材料。所以说：“好一位使者！”孔子认为，自己与遽伯玉都是居闲在家的卸了任的大夫，已不在其位，不应再谋划与指责国政上的事。所以认为遽伯玉退下来后，不问国政是正确的。曾子也认为，君子的思虑不应超过自己的职位（既不可越位也不可失位），也不应超越现实的本位而幻想。

十四

子曰：“君子耻其言而过其行。”

子曰：“君子道者三，我无能焉：‘仁者不忧，知者不惑，勇者不惧’。”子贡曰：“夫子自道也。”

子贡方人。子曰："赐也，贤乎哉？夫我则不暇！"

子曰："不患人之不己知，患其不能也。"

子曰："不逆诈，不亿不信，抑亦先觉者，是贤乎！"

传统译文

孔子说："说的话超过了自己的行动，君子把它看为可耻。"

孔子说："君子所遵循的三个原则，我一条也没能做到：仁德的人不忧虑，智慧的人不迷惑；勇敢的人不惧怕。"子贡说："这恰恰是先生对自己的描述呀。"

子贡对别人评头论足。孔子对他说："赐呀，你就够好了吗？对这些我却没有闲工夫。"

孔子说："不忧虑别人不了解我，只忧虑自己没有能力。"

孔子说："不在事前怀疑别人搞欺诈，不臆测别人不诚实，但真正面临欺诈或不诚实时，也能及早察觉，这种人是贤人啊！"

补释

君子笃行，以说得多做得少为可耻。子贡问士时，孔子曾答"行己有耻"，就是自己做事要知道什么是羞耻，而"君子耻其言而过其行"，则是进一步说明言过其行就是羞耻。孔子认为：仁者乐天知命，不患得患失，所以无忧；智者深明事理，不为名利所困，所以无惑；勇者主持正义，能见危授命，所以无惧。对此三点孔子谦虚地说"我无能焉"，而子贡则认为这正是孔子的自身写照。

“方”有讥讽、诽谤、攀比的含义，也有评论的含义。子贡口才好，善识别不同人，且为人通达，对人的评价较真实准确，但真实准确地评价人常常会得罪人。所以孔子教导他有闲时间多进修自己的德业与学识，要谨记“罔谈彼短，靡持己长”。

孔子认为，能不能在己，知不知在人。一个人要努力的是提高自身的品德、学识和能力，而不是为了让别人了解。

孔子说，一个贤德的人不在事先怀疑或猜忌他人，但要在以诚待人的前提下，应能及时察觉奸险之人的欺诈与不诚实之人的伪诈，才算是有智慧。

十五

微生亩谓孔子曰：“丘，何为是栖栖者与？无乃为佞乎？”孔子曰：“非敢为佞也，疾固也。”

子曰：“骥不称其力，称其德也。”

传统译文

微生亩对孔子说：“你为什么总是这样匆匆匆忙忙的呢？不是要逞你的口才之能吧？”孔子说：“我不敢逞口才呀，只是讨厌那种食古不化的人。”

孔子说：“对于千里马，不称赞它的力气，要称赞它的品德。”

微生亩，姓微生名亩，是道家的一位隐士。“栖栖”指忙碌不

安。我国古代道家认为，对时势是不可以强行扭转的，更不可逆势而挡，只能在时势运转到一定的态势时，不失时机地顺势而导。所以，道家主张在逆势时趋身躲避，即所谓隐居，以洁身自好。儒家是积极的入世态度，尽管逆势也要充当中流砥柱，有时是明知不可为而为之。但孔子的"知其不可为而为之"并非是要逆势而挡，而是不计个人得失地尽力引导来扭转趋势。这段话是道家的微生亩责怪孔子说，你一天到晚忙忙碌碌，周游列国明知道他们（指诸侯们）不会听你的，还到处宣讲，难道为显示你的口才吗？（即"丘，何为是栖栖者与？无乃为佞乎？"）孔子辩解说，我并非为显示口才（即"非敢为佞也"），虽然我不能扭转乾坤，改变世道人心，但也应全力而为呀！知其不可为而为之，这是我的秉性，就算是我的毛病（即"疾固也"）吧！

"骥"是古代的名马，这里指良马。良马快跑时，仍然平稳如常，马鞍不全，决不奔跑，如主人坠鞍就立即站住不动，主人受伤时还能卧在主人身旁，让主人便于骑上等等，这都是长期训练出来的良马的德性。所以孔子认为，良马最值得称赞的不是其力，而是其德。

十六

或曰："以德报怨，何如？"子曰："何以报德？以直报怨，以德报德。"

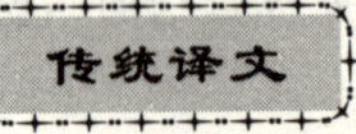

有人说："用恩德来回报怨恨，怎么样呢？"孔子说："那又用什么来回报恩德呢？应该用正直来回报怨恨，用恩德来回报恩德。"

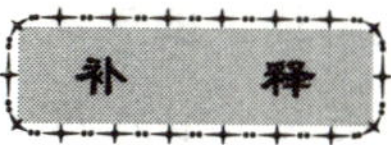

“以德报怨”是道家的观点，语出《老子》，有劝民向善并借以感化人的目的。孔子认为：别人对不起自己，不予计较，可以以直报怨，而恩德应该用来回报对自己有恩德之人；如果“以德来报怨”的话，那又用什么来回报恩德呢？

十七

子曰：“莫我知也夫！”子贡曰：“何为其莫知子也？”子曰：“不怨天，不尤人，下学而上达，知我者，其天乎！”

传统译文

孔子说：“没有人知道我啊！”子贡说：“为什么没有人知道您呢？”孔子说：“不怨恨上天，不责怪别人，下学人事而上达天命。知道我的，大概就只有天吧！”

孔子有一天感叹没有人了解他，子贡不解其意故问之。孔子说，虽然自己的思想推行受到了挫折，但这是时代形势所趋，不应怨天也不应尤人。因为人的死生穷达、社会的穷途变迁都自有天命，非人力所能改变，但在提高精神境界、开拓生命空间及开发人性等方面，人力是可及的。所以孔子说，他自己由下学始（指形而下的学识，即对具体有形有质的现实事物的认知），达形而上的功夫（指认知了有形无质、有质无形、无形无质的性、相、炁以及“天道”与“天命”等），开拓生命向无限空间延伸，使生命更精纯，思想更精微，把人生境界提高到了与天道默契相合的程度。虽然人事有遗憾，但上天知我。

十八

公伯寮愬子路于季孙。子服景伯以告，曰：“夫子固有惑志于公伯寮，吾力犹能肆诸市朝。”子曰：“道之将行也与，命也；道之将废也与，命也；公伯寮其如命何？”

传统译文

公伯寮在季孙氏面前毁谤子路。子服景伯把这件事告诉了孔子，说：“季孙氏虽然已被公伯寮迷惑了，但以我的力量还可以把公伯寮杀了陈尸街头示众。”孔子说：“大道如果将会实行，这是天命；大道如果将会废止，这也是天命。公伯寮能把天命怎么样呢？”

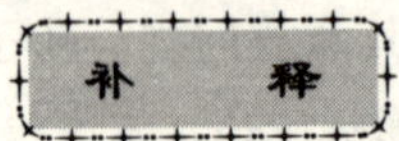

公伯寮，姓公伯名寮字子周，孔子的学生，曾任季氏家臣。子服景伯，姓子服名何字伯，景是谥号，也是孔子的学生。当时子服景伯

任鲁国大夫，所以他说，凭自己的权力仍能将公伯寮斩首示众。

鲁定公十二年，孔子做鲁国司寇，为了强公室、抑私家，把季孙、孟孙、叔孙三家采邑的城墙拆掉，与这三家大夫产生了矛盾。公伯寮是季孙氏的家臣，为讨好季孙氏而诋毁子路，间接攻击孔子。子服景伯得知后，对公伯寮的公开背叛非常愤恨，所以告诉孔子他有能力除掉公伯寮。孔子不同意这样做，并告诉他事情的成败虽相关于人为，但大势所趋乃天命使然，公伯寮不过是一个跳梁小丑，又何足道哉。

十九

子曰："贤者辟世，其次辟地，其次辟色，其次辟言。"子曰："作者七人矣。"

子路宿于石门。晨门曰："奚自？"子路曰："自孔氏。"曰："是知其不可而为之者与？"

子击磬于卫。有荷蒉而过孔氏之门者，曰："有心哉，击磬乎！"既而曰："鄙哉，硁硁乎！莫己知也，斯己而已矣。深则厉，浅则揭。"子曰："果哉！末之难也。"

孔子说："贤人逃避黑暗的社会而去隐居，次一等的避开而去另

一个地方居住，再次一等的逃避别人不好的脸色，再次一等的逃避听人的恶言恶语。”孔子说：“这样做的人已经有七位了。”

子路在石门过夜。守城门的人问：“从哪里来?”子路说：“从孔子那里来。”守门人说：“就是那个明知做不到却还非要做的人吗?”

孔子在卫国时，有一天正在敲击磬，有个挑着草筐的人恰好从门前走过。他说：“这个磬敲得很有意思啊！”过了一会儿又说：“鄙陋呀，这样硁硁的声音！它好像在说：‘没有人知道我’，没有人知道怕什么，自己知道自己就行了。比如过河，如果水深，索性穿着衣服趟过去；如果水浅，则不仿撩起衣裳走过去。”孔子说：“真果断啊！如果真的这样做的话，就没有什么困难了。”

“辟”通“避”。孔子说：在社会政治黑暗时，贤者避乱世而隐居；次者避开危险的地方；再次者靠态度、表情恭顺，言辞谦逊以避祸；再次一等者也知道不发牢骚，尽可能少说话，以免惹祸上身；这样做的已经有七人了。“辟世、辟地、辟色、辟言”，这“四避”是孔子所赞成的在政治黑暗时的处世方针。

孔子周游列国十四年，始终未找到合适的位置来实现自己的政治理想，于鲁哀公十一年，自己六十八岁时，率弟子们回鲁国，准备回去办教育培养下一代。由卫国出发时，子路打前站，先到石门天色已晚，便在石门住了一宿。早晨起来，晨门子问他从哪里来，他说从孔先生处来，晨门子说就是那个明知做不到还非要继续做的人吗？这个晨门小吏显然是个道家隐士，所以才会有这种看法。

“磬”是古代的一种用玉石制成的敲打乐器，形如曲尺。“荷”指背着或扛着。“蒉”是用草编的筐。“深则历，浅则揭”，是《诗经·邶风》中的诗句，意指“水深就浮着葫芦过去，水浅就背着葫芦过去”。孔子在卫国时，有一天正在敲磬。一个道家的隐士背着筐从门口经过，从击磬的声音中听出了孔子的心事，并借用《诗经》“匏有苦叶”中的诗句批评孔子说："如果时代可以挽救，你就尽力去做，如果时代已不可挽救，你又何必到处奔走（指孔子游说各国）劳而无功呢?"孔子认为，如果按荷蒉者的话去做（指退隐），当然没有什么困难，但自己怎能为了个人的安逸而放弃自己应负的历史责任呢？这就是儒家的"知其不可为而为之"。需要说明的是，"知其不可为而为之"是指虽然大趋势已定，但仍然应尽力因势向有益于民众的方面利导。"而为之"是指这种因势利导的作为，而非以己之力抗拒趋势的洪流。

二十

子张曰："书云：'高宗谅阴，三年不言。'何谓也?"子曰："何必高宗，古之人皆然。君薨，百官总己以听于冢宰三年。"

子曰："上好礼，则民易使也。"

子张说："《尚书》里讲：'高宗守孝，住在凶庐，三年没说话。'这是什么意思?"孔子说："不仅是高宗，古人都是这样。国君死了，朝廷百官都各自处理自己的事务而听命于宰相，继位的君主则不问政事，这种状况要延续三年。"

孔子说："统治者能遵守礼法，那么百姓就容易统治了。"

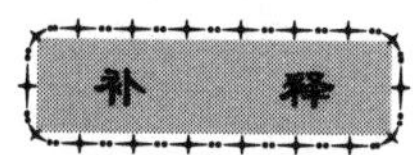

"高宗"指商朝第十一世君主殷高宗武丁。"谅阴"又叫"凶庐"，

是居丧时所住的房子。“冢宰”即宰相。子张读《尚书》“无逸”篇中记载殷高宗住凶庐守孝，三年未过问国政，而国家未出任何乱子，觉得不可思议故向孔子请教。孔子告诉他，不仅殷高宗，上古时国君死亡，新国君都要守孝三年。守孝期内由宰相主政，百官各负其责，新国君由于居丧悲痛所以不言。事实上殷高宗时，有著名的贤良宰相傅说和甘盘等贤臣大夫，所有为上者皆遵礼守法，国家自然安定。所以孔子说：“为上者皆遵礼法，百姓自然听从使唤。”

二十一

子路问君子。子曰：“修己以敬。”曰：“如斯而已乎?”曰：“修己以安人。”曰：“如斯而已乎?”曰：“修己以安百姓。修己安百姓，尧舜其犹病诸!”

传统译文

子路问怎样才是君子。孔子说：“修养自己，保持恭敬谦逊的态度。”子路说：“像这样就够了吗?”孔子说：“修养自己，使亲友安乐。”子路又说：“像这样就够了吗?”孔子说：“修养自己，使老百姓得到安乐。修养自己使老百姓得到安乐，尧帝和舜帝大概都难做到呢。”

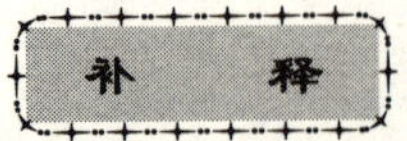

孔子认为，用恭敬的态度修正自己的思想与言行，通过克己以达

到自身与外界的和谐，就是君子。子路觉得简单，所以一再追问。孔子告诉他，通过修养自身，战胜自我，达到和谐，使周围人安乐，使百姓都安乐，连尧、舜做到都是很困难的，你怎么会觉得简单容易呢？

子路三问，孔子三答，指出了君子的三个档次，并都冠以“修己”。说明君子的地位无论如何变化都必须“修己”。只有修养自己的品德，战胜个人私欲，守住善良的本性，才能称为君子。起步为“修己以敬”，即通过“克己”以“正心修身”，达到对人对事都保持“诚敬”就可称君子了。第二步是“修己以安人”，即通过“正心修身”来影响、教化周围，使亲友及周围人安乐，达到“齐家”，即为君子的第二个层次，就算是仁人了。第三步是“修己以安百姓”，即以“至诚”待天下，以“仁德”治天下，达到“国治”与“天下平”，实现“老者安之，朋友信之，少者怀之”的大同社会的理想，这才是君子的最高层次，其实就是所谓的圣人了。

二十二

原壤夷俟。子曰：“幼而不孙弟，长而无述焉，老而不死是为贼。”以杖叩其胫。

阙党童子将命。或问之曰：“益者与？”子曰：“吾见其居于位也，见其于先生并行也，非求益者也，欲速成者也。”

传统译文

原壤两腿八字张开坐在地上，等着孔子来。孔子说：“年幼时不懂礼节，长大了毫无建树且对社会毫无贡献，年纪很大了还不死，这等于做贼去害人。”说着就用拐杖敲打着他的小腿。

阙党的一个童子来给孔子传信。有人问孔子说：“这孩子是有希望长进的吗？”孔子说：“我看他大模大样地坐在成年人的位置上，又看见他同前辈长者并肩而行。这童子并不是想求上进，而是一个急于长大的人。”

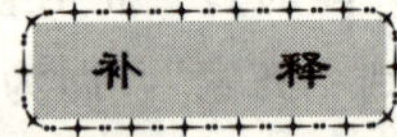

原壤是孔子幼年之交的老朋友，不学文不知礼（母亲去世，他站在母亲的棺材上唱歌），一生不成器。孔子笑骂他，幼时不孝悌，长大无作为，到老像个害人贼。孔子虽然说得严厉，但仍是对老朋友的劝善，所以用拐杖敲着他的小腿责怪他没有出息。这是孔子对老朋友隐恶劝善以全交情的记述。

“阙党”是孔子家乡的地名，在曲阜境内。阙党的一个小孩来给孔子送信，有人以为这孩子是个求上进的人，孔子以为不然。因为按礼，小孩和大人在一起时，大人坐着小孩应靠边或靠后站着，与大人同行时应跟在后边。而这个孩子与大人并排坐着，行走时与大人并肩平行，可见不知礼。所以孔子说，他只是个急于具有成人资格、急于享有成人待遇的人。

小结：本篇重点阐述了为政者所应该遵循的政治准则和应具有的道德修养。孔子认为，为政者的首要任务是使老百姓过上安居乐业的生活，创造一个和乐升平的世界；因此为政者要崇德行仁、深明大义、忠君爱民、克制私欲、言行一致；为上者要选贤举能、知人善任、赏罚得当；为士要审时度势、进退知耻、施报得当。同时也阐述了孔子为挽救时代、唤醒社会、勇于承担历史责任且放弃个人安逸、不畏艰辛，“知其不可为而为之”的救世精神。

第十五章

卫灵公篇(卫灵公第十五)

本篇主要讲述了治国与修身的道理，进一步阐述了做人的道德修养与孔子的政治思想和教育思想。

一

卫灵公问陈于孔子。孔子对曰："俎豆之事，则尝闻之矣；军旅之事，未之学也。"明日遂行。

在陈绝粮，从者病，莫能兴。子路愠见曰："君子亦有穷乎?"子曰："君子固穷，小人穷斯滥矣。"

传统译文

卫灵公向孔子请教军队作战的布阵问题。孔子回答说："礼仪方面的事情，我曾经听到过，军队方面的事情，我却从来没有学习过。"第二天孔子就离开了卫国。

孔子在陈国被断绝了粮食，跟随的弟子都饿病了，不能起床。子路心有怨愤来见孔子说："君子也有穷得一筹莫展的时候吗？"孔子说："君子在穷困时仍能坚持操守，小人一穷便无所不为了。"

"陈"指排兵布阵。"俎"与"豆"均是古代的礼器。"俎"是竹制的果品祭盘。"豆"是竹制的盛祭肉的礼盘。"俎豆"这里指祭礼。卫灵公想通过武力扩大自己的势力，向孔子请教排兵布阵之法。孔子主张"礼乐征伐自天子出"，故推说不懂军旅之事。孔子眼见卫灵公无道，所以第二天便率弟子离开了卫国。行至陈国，恰赶上吴国伐陈，陈国大乱，断粮七日，有些弟子饿得都站不起来了。子路生气地对孔子说："君子也会有穷途末路吗？"孔子告诫他，君子在任何艰难困苦的条件下，信念都绝不会动摇，只有小人在困苦面前才管不住自己，而无所不为。

二

子曰："赐也，女以予为多学而识之者与？"对曰："然，非与？"曰："非也，予一以贯之。"

子曰："由，知德者鲜矣。"

子曰："无为而治者，其舜也与！夫何为哉？恭己正南面而已矣。"

传统译文

孔子说：“赐啊，你以为我是学了很多而又一一记住了吗？”子贡答：“我是这样认为的，难道不是吗？”孔子说：“不是的。我是在这么多的知识中用一个基本概念贯穿它们的。”

孔子说：“仲由啊，明白德的人真是太少了。”

孔子说：“自己不做什么而使天下太平的人，大概就只有舜帝吧！他做了什么呢？不过是修养自己，然后坐北向南临朝罢了。”

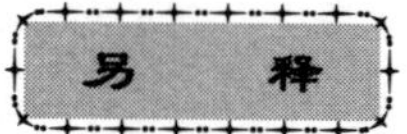

孔子给子贡说，你以为我的学问是从多方面学习而又一一记忆下来的吗？子贡说是的，难道不是吗？孔子说，不是的，我虽然经过了长期的多方面学习，但真正融会贯通的是通过“心斋”达明心见性而认知了“道”、“德”、“仁”、“义”等的本理，依人的先天本性而识、而觉、而行才达到了本原自性的“一”而豁然贯通的。这说明圣人超乎常人之处，不在于博学多识而在于“一以贯之”（此处的“一”既有提示性线索的含义，也有贯穿如一的含义）。

孔子告诉子路：“仁”是人先天本性的反映，“德”是人先天本性的基本性能，“道”才是人先天本性的本体；“仁、智、勇、信”等均属于“德”的应用，是人先天本性所显示出的德业作用；现在能明白由道的基点起德业作用的人太少了。

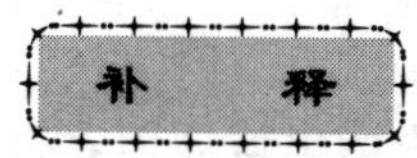

孔子的无为而治，是倡导如何以最小的领导行为，取得最大的管理效果。孔子认为，舜帝品德高尚，严格要求自己（即“恭己”），为政以德，人民受其感化而知礼守法，天下就大治了。舜帝的“无为而治”是孔子的思想政治在为政中的最高理想境界。

三

子张问行。子曰：“言忠信，行笃敬，虽蛮貊之邦，行矣。言不忠信，行不笃敬，虽州里，行乎哉？立则见其参于前也，在舆则见其倚于衡也，夫然后行。”子张书于绅。

子曰：“直哉史鱼！邦有道，如矢；邦无道，如矢。君子哉蘧伯玉！邦有道，则仕；邦无道，则可卷而怀之。”

子曰：“可与言而不与之言，失人；不可与言而与之言，失言。知者不失人，亦不失言。”

子曰：“志士仁人，无求生以害仁，有杀身以成仁。”

传统译文

子张问怎样才能使自己通达。孔子说：“说话忠诚守信，行为笃实严谨，即使到了未开化的边远部落国家，也能够通达。说话不忠诚守信，行为不笃实严谨，即使在本乡本土，也不会行得通。站立时仿佛看见‘忠信笃实’这几个字显现在前面，坐在车中仿佛看见这几个字在辕前横木上，能够做到这样，便能够处处通达了。”子张便把孔子的话记在束腰的带子上。

孔子说：“好一个刚直的史鱼！国家政治清明时，他像箭一样直，国家政治黑暗时，他还像箭一样直。好一个君子蘧伯玉！国家政治清明时他做官，国家政治昏暗时，他便隐退藏身了。”

孔子说：“可以和他谈却不和他谈，就会失去有用的人；不可以和他谈却和他谈，就会说出不该说的话。聪明人既不失去有用的人，也不说出不该说的话。”

孔子说：“志士仁人没有因贪生怕死而损害仁道的，只有牺牲生命来成就仁道的。”

另　释

“行”是派出的外交专使。当初问干禄的子张又问孔子如何能做个好专使。孔子告诉他，说话要忠信，态度、行为要笃敬，即使出使边远的蛮貊之国也能行得通。如果言语不忠信，态度、行为不笃敬，即使是在本州本里做信使，也是行不通的。“忠信笃敬”，要时时存于心，站立时如在目前，坐车中如刻在眼前横木上。时时事事都要按“忠信笃敬”而行。子张把这四个字刻在了自己的腰带上，以便能时时提醒自己。

补　释

“史鱼”姓史名鱼字子鲁，卫国大夫，《韩诗外传》中称赞他“生以身谏，死以尸谏，可谓直矣”。“矢”指射出的箭。孔子说，子鱼真正直啊！无论国家有道时或无道时，他都像射出去的箭一样勇往直前；蘧伯玉真是个君子呀！国家有道，就为官做事，国家无道，则隐退。

孔子说，遇到可深谈之人而未与其交谈，就会失掉人才；而与不可深谈之人谈了不该谈之事，就是失言。失人与失言都是不知人而造成的，有智慧的人既不会失去人才也不会失言。

孔子认为，一个人的品质表现在平时的为人处世上，但最能看出一个人品质的时候是在生死祸福的要紧关头。一个称得上志士仁人的人，不仅平时就表现出高尚的品德，而且在关键时，他们会杀身以成仁，舍生而取义，不会贪生怕死而有损仁义。“杀身成仁”不是一时的冲动，而是平时“克己”养成了一种强烈的道德意识与责任感，所以在生死关头才能从容就义。

四

子贡问为仁。子曰：“工欲善其事，必先利其器。居是邦也。事其大夫之贤者，友其士之仁者。”

颜渊问为邦。子曰：“行夏之时，乘殷之辂，服周之冕，乐则韶舞。放郑声，远佞人。郑声淫，佞人殆。”

子曰：“人无远虑，必有近忧。”

传统译文

子贡问怎样修养仁德。孔子说：“工匠要做好工作，必须先磨快工具。住在一个国家，要结交大夫中的贤人，与士人中的仁人交朋友。”

颜渊问怎样治理国家。孔子说：推行夏朝的历法，乘坐殷朝的车子，戴用周朝的礼帽，音乐就演奏“韶”曲和“武”曲，舍弃郑国的音乐，疏远小人。郑国的音乐淫靡，谄媚的小人危险。

孔子说：“一个人如果没有长远的打算，就一定会有眼前的忧虑。”

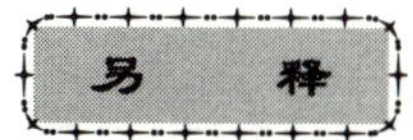

大概是在周游列国的途中，子贡问如何能对一个国家行使仁呢？

孔子说，要想把一件工作做好，首先得准备好工具。那么“为仁”的工具是什么呢？孔子认为，假若住在某一国家，要想在这个国家推行“仁政”，必须结交上流社会及政坛大员中的贤者（即“事其大夫之贤者”），与这个国家社会上的各种贤达之人交朋友（即“友其士之仁者”）。你与他们有了良好的关系，才能够了解这个国家的内情，才有机会用“仁”的思想去影响他们，才有可能向他们推行“仁”的作用。接着颜渊又问，假若我们拥有一个邦国，具体推行哪些主要国策呢？孔子答：首先是推行夏历（即“行夏之时”）。因为夏历是指导农业最科学的历法，而农业是国家的根本。其次是像商朝那样重视发展交通（即“乘殷之辂”）。因为只有交通发达，才能连通商埠，促进繁荣。再次是推行周礼（即“服周之冕”），倡导西周以来的人文文化与礼仪制度，推广与普及以人为本的生命观念和以“仁”为核心的中心思想。最后是倡导尧、舜时的举贤禅让制，恢复“韶”乐与“韶”舞的优良传统（即“乐则韶舞”。“韶”歌颂的是尧帝禅让帝位给舜帝的故事）。同时还要放弃郑国音乐式的追求享乐的思想，远离奸佞小人（即“放郑声，远佞人”）。因为郑国的声乐过于淫逸，会使人追求享乐，谄媚的小人会引诱人们走上危险之路。随后孔子又说，治国还要居安思危，处治虑乱，要有长久打算与忧患意识才能做到未雨绸缪（即“人无远虑，必有近忧”）。

孔子后面这段话说明，任何事物都是在不断发展变化的，居安而不思危，危即生于安，处治而不虑乱，乱即会伏于治。“人无远虑，必有近忧”是孔子对历史与人生观察体验而悟出的道理，同时也表明了孔子的忧患意识。但在这“忧患意识”中，体现了孔子坚强的意志与奋发的精神。

五

子曰：“已矣乎！吾未见好德如好色者也。”

子曰：“臧文仲其窃位者与！知柳下惠之贤而不与立也。”

子曰：“躬自厚而薄责于人，则远怨矣。”

子曰：“不曰：‘如之何，如之何’者，吾未如之何也已矣？”

传统译文

孔子说：“罢了，我从来没有看见过喜欢美德就像喜欢女色那样的人呀。”

孔子说：“臧文仲大概就是个窃居官位的人吧！他明知柳下惠贤良，却不举用他。”

孔子说：“多责备自己，少责备别人，就可以避免怨恨了。”

孔子说：“做事不想一想该‘怎么办，怎么办’的人，我也不知道对他该怎么办了。”

补 释

孔子认为：绝大多数的人追求真理、追求学问的心，总比不上对物欲与色欲的倾好（即“吾未见好德如好色者也”）；能不受物欲与色欲引诱的就是贤者（如柳下惠坐怀不乱）；臧文仲（养玳瑁并盖有豪华龟屋的鲁国大夫，《公治长》篇）窃居高位而不为国家着想，明知道柳下惠是个贤者，却不重用。

“躬”指反躬自问。“厚”是德性敦厚，指对自己要求严格。责己严进德修业快，责人严必招怨恨；对己宽则不能改过，对人宽则人易相从。所以孔子认为，一个人能严于律己，宽以待人，自然能避免怨恨。

人之所以有智慧是用脑的结果，人如果不用脑、不思维也就等同于一般动物。所以孔子说，如果一个人对任何事都不动脑筋，不晓得提问题（即“不曰：‘如之何，如之何’者”），只知道糊里糊涂地得过且过，对这种人，他自己不求上进，我也不知道该用什么办法教育他了（即“吾未如之何也已矣。”）

六

子曰：“群居终日，言不及义，好行小慧。难矣哉！”

子曰：“君子义以为质，礼以行之，孙以出之，信以成之，君子哉！”

子曰：“君子病无能焉，不病人之不己知也。”

子曰：“君子疾没世而名不称焉。”

子曰："君子求诸己，小人求诸人。"

子曰："君子矜而不争，群而不党。"

子曰："君子不以言举人，不以人废言。"

传统译文

孔子说："整天聚集在一起，言谈从不提道义，只喜欢卖弄小聪明，这种人很难有出息啊！"

孔子说："君子做人以符合道义为原则，按照礼节实行它，用谦逊的言语说出它，用诚实的态度完成它。这样才真正是一个君子呀！"

孔子说："君子只担忧自己没有能力，不担心别人不了解自己。"

孔子说："君子最担心的是死后没有被人称颂的好名声。"

孔子说："君子对自己严格要求，小人对他人苛刻强求。"

孔子说："君子庄重自守，与人无所争，能够合群相处，但不与人相互勾结。"

孔子说："君子不因为某人的话说得好就推举他，也不因为某人不好就否定他的言论。"

补　释

孔子说，成天聚在一起议论是非，不涉及道义，只喜欢卖弄小聪明，等同于"饱食终日，无所用心"，这样的人是没出息的。

孔子认为，君子以"义"为本质，以"礼"为行为准则，以"谦逊"为态度标准，以"信"为成事的保障；君子只怕自己无能，不怕没人了解；君子求名，求的是后世之名，千秋之名，而非当时的赞誉；君子追求自身道德，所以严格要求自己，小人追求的是名利，所以只想着要求别人；君子有气节，遇事求诸己，所以不与人争；君子敬业乐群，同道而相益，为国事同心而共济，不结党营私。

孔子认为，“有言者不必有德”，所以君子不以言举人，举人必选有德者；无德之人的言论（包括著作）未必无价值，君子眼光远大，不以人废言，允许所有正确的言论与著作都能流传并发挥作用。可见孔子并不排外，他对所有人的正确言论与著作都是持肯定态度的。而“罢黜百家，独尊儒术”的霸气是后儒们专有，在孔子身上没有丝毫的霸气。

七

子贡问曰：“有一言而可以终身行之者乎？”子曰：“其恕乎！己所不欲，勿施于人。”

子贡问：“有没有一句话可以终身奉行的呢？”孔子说：“那就是‘恕道’吧！自己不愿意的事，不要强加给别人。”

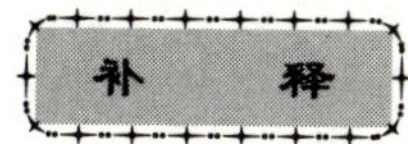

《公冶长》篇中子贡曾说：“我不欲人之加诸我也，吾亦欲无加诸人”，可见子贡早有“恕道”的观念。但子贡的“恕道”前提是“人

之加诸我”，所以孔子在此进一步说明“恕道”的前提应是“己所不欲”，然后推己及人。子贡是个有大才能的人，但才高的人很容易在看到别人的错误时难以容忍，所以孔子教导他应终身行“恕道”。

“己所不欲”还可指不自欺。“勿施于人”还包括不把自欺的言行施于外，即不做自欺的事。

八

子曰：“吾之于人也，谁毁谁誉？如有所誉者，其有所试矣。斯民也，三代之所以直道而行也。”

子曰：“吾犹及史之阙文也，有马者，借人乘之。今亡矣夫！”

传统译文

孔子说：“我对于别人，诋毁过谁，赞誉过谁？假若有我们赞誉的人，必然是实践考验过的。夏、商、周三代的人都是这样的，所以这三个朝代能在正道上顺利地运行。”

孔子说：“我还能看到史书上残缺不全的文字，记述上古时有马的人先把马借给别人用，这些现在都没有了。”

补　释

“毁”指言人之恶而损其真（过分）。“誉”指扬人之善而过其实（夸张）。孔子批评人、称赞人从不夸张，强调实事求是。凡是孔子称赞的，必然是经得起历史实践检验的。孔子认为，夏、商、周三代政治清明，老百姓安分守己，这是因为三代能行直道。春秋时期，毁誉大多都脱离实际，做了坏事的得不到惩罚，做了好事的也得不到赞誉。究其原因就是诸侯国的国君与大夫们不行直道，才使时代衰落。

孔子说，从古代残缺不全的文献资料中，仍能看出上古时期先人后己的风尚。一个有马的人就常常把马先借给别人用，这种先人后己，助人为乐的风尚，现在是看不到了。

九

子曰："巧言乱德。小不忍，则乱大谋。"

子曰："众恶之，必察焉；众好之，必察焉。"

子曰："人能弘道，非道弘人。"

子曰："过而不改，是为过矣。"

子曰："吾尝终日不食，终夜不寝，以思，无益，不如学也。"

传统译文

孔子说："花言巧语可以败坏人的道德。小事情容忍不了，便会坏大事。"

孔子说："大家都厌恶他，一定要去详细考察；大家都喜欢他，也一定要去详细考察。"

孔子说："人能够弘扬道，不是道能弘扬人。"

孔子说："犯了错误而不改正，这就是真正的过错了。"

孔子说："我曾经整天不吃饭，整夜不睡觉地思考，结果没有什么收获，还不如学习。"

补　释

"巧言乱德"有三层含义：一是指花言巧语能混淆是非，败坏道德；二是指听信流言蜚语使自己是非不辨有损道德；三是表面文明的语言更具有欺骗性，一旦随之而往，违背了"不自欺"的原则，干扰自身"明德"即为"乱德"。孔子认为，花言巧语、流言蜚语以及表面文明而内心欺诈都会混淆是非，颠倒美丑，使人听了会丧其所守，动摇信仰。所以说能败坏人的道德。

孔子还认为，君子应着眼大局，不应因小事不能容忍而乱了大局。无论众人都厌恶或都喜欢的人，都要认真考察后方可定论，不可人云亦云；君子应弘扬"道"，而不可借"道"来张扬人。一个人有了过失应及时改正，如不改正或文过饰非就会养成大过。

孔子说，做学问时，遇到不理解处应进一步学习，我曾经不吃不睡地思考过，但仍然没有结果，还不如学习。"学"与"思"二者都重要，但"学"是"思"的前提与基础，二者有先后。如果没有"学"做基础，只是苦思冥想不仅不会有长进，而且会有产生异端的危险，即"思而不学则殆"（为政篇）。

十

子曰："君子谋道不谋食。耕也，馁在其中矣，学也，禄在其中矣。君子忧道不忧贫。"

子曰：“知及之，仁不能守之，虽得之，必失之。知及之，仁能守之，不庄以莅之，则民不敬。知及之，仁能守之，庄以莅之，动之不以礼，未善也。”

子曰：“君子不可小知，而可大受也。小人不可大受，而可小知也。”

传统译文

孔子说：“君子用心求道，而不费心去求衣食。你自己去耕田种地，难保不饿肚子。努力学道可以得到俸禄。所以君子只担忧学不到道，不担忧贫穷。”

孔子说：“靠智慧得到了它，不能靠仁德保持它，虽然得到了，也一定会失去。靠智慧得到了它，靠仁德保持了它，不能用庄严的态度去治理，那老百姓也不会服从。靠智慧得到了它，靠仁德保持了它，又能用庄严的态度去治理，但不能用礼法去约束和指挥百姓，那还是没有达到尽善的地步。”

孔子说：“君子不可以用小事情考验他，却可以接受重大任务；小人不可以接受重大任务，却可以用小事情考验他。”

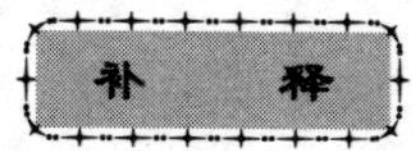

孔子说，君子只忧道之不行，不考虑生活问题。比如耕田，只问耕耘不问收获。“农家”学派的“并耕而食”，难保不会挨饿，而认真学习，将来出仕行道，禄自然会在其中。所以君子只担心不能行道，不担心贫穷。

孔子认为，依靠才智获得了国家权力，必须靠仁德来保持，否则就会失去；要用严肃恭敬的态度来处理国事，否则百姓不会敬服；还要发扬“礼”的精神，追求人与人之间以及人与自然之间的和谐；同时要带头遵守礼制，以身作则，使社会形成有礼貌、有规矩、守法度、尊礼制的风气，否则就不完善。治国还要掌握用人之法。因为“君子不器”，所以君子不会在小事情上有突出，也不会要小聪明，但可以接受重大的任务与委托。小人不可以委以重任，但在小事情上常有突出的表现也常要小聪明。

十一

子曰：“民之于仁也，甚于水火。水火，吾见蹈而死者矣，未见蹈仁而死者也。”

子曰：“当仁，不让于师。”

子曰：“君子贞而不谅。”

子曰：“事君，敬其事而后其食。”

子曰：“有教无类。”

子曰：“道不同，不相为谋。”

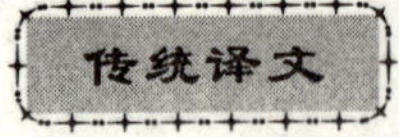

孔子说：“老百姓对于仁的需要超过了对于水与火的需要。水与火，我看见因跳进去而死的人，却从没有看见过因实践仁德而死的人。”

孔子说：“在对待仁这个问题时，就是在老师面前也不必谦让。”

孔子说："君子固守正道，而不计较小信用。"

孔子说："侍奉君王，认真工作，而把拿俸禄的事放在后面。"

孔子说："人人我都教育，一视同仁，没有区别。"

孔子说："志向不同，不在一起谋划共事。"

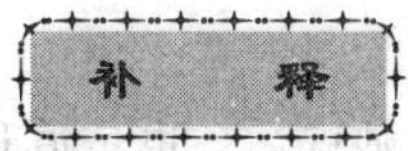

"蹈"指实践。孔子认为，在生活里，仁比水火更重要，没有水与火最多是个死，而如果没有仁，就丧失了人的本性，也就不配称为人了；行仁要义无反顾，要有坚持真理的精神，即使是老师的意见，如果是错误的，也不能同意；讲信用也必须合乎正道，无原则地守信用而不知变通是不可取的；做官吏，要一心把工作做好，不要惦记俸禄的多少，一个计较薪俸待遇的人是不会全心全意工作的。

孔子说，人不分贫富、不分地域、不分智愚、只要肯受教，一律应以文化为基础、以"明德"为导向、以效法"礼"的精神为原则谆谆教诲。但是思想目的不相同的人，不能共同相谋、相互讨论，只有各走各的路。

十二

子曰："辞达而已矣。"

师冕见，及阶，子曰："阶也。"及席，子曰："席也。"皆坐，子告之曰："某在斯，某在斯。"

师冕出，子张问曰："与师言之道与？"子曰："然，固相师之道也。"

传统译文

孔子说：“言辞能够表达清楚意思就行了。”

师冕来见孔子，走到台阶前，孔子说：“这是台阶。”走到坐席前，孔子说：“这是坐席。”待大家都落座了，孔子告诉师冕说：“某人在这里，某人在那里。”

师冕告辞出去后，子张问孔子：“这样同乐师说话，也是道吗?”

孔子说：“是的，这就是对待盲人的道呀!”

孔子认为，辞取达意为止，不以富丽为工。做人也如此，不可以表面的华丽胜过朴实的本质。

古代的乐师为了使自己的音乐素养能更精进，担心眼睛外视分散精力，多数把双眼刺瞎以达“不见可欲，其心不乱”的客观条件。乐师冕来见孔子，孔子急步迎出搀扶，走到台阶前告之是台阶，走到坐席旁告知是坐席，大家坐好后孔子又一一给师冕作了介绍。师冕走后，子张问这也是道吗？孔子答，是的，对待盲人尽心服侍，这就是为人之道呀！可见孔子的一言一行，都体现了仁道。

小结：本篇进一步阐述了孔子的治国思想，包括：推行夏历、发展交通、恢复周礼、实施仁政、倡导礼让、禁止郑声等；也进一步阐述了做人的道德修养，包括：言忠信、行笃敬、忠恕之道、躬身厚而薄责于人、己所不欲勿施于人、以义为质、当仁不让、杀身以成仁等；同时还进一步阐述了孔子的教育思想，包括：学要求全功、做到本末内外不失、辞取达意、人能弘道、非道弘人、有教无类等。

第十六章

季氏篇(季氏第十六)

本篇主要记述了孔子论君子应该怎样为人处世和如何礼法治国，同时也进一步阐述了孔子的政治思想和人生哲学。

一

季氏将伐颛臾。冉有、季路见于孔子曰：“季氏将有事于颛臾。”

孔子曰：“求！无乃尔是过与？夫颛臾，昔者先王以为东蒙主，且在邦域之中矣，是社稷之臣也。何以伐为？”

冉有曰：“夫子欲之，吾二臣者皆不欲也。”

孔子曰：“求！周任有言曰：‘陈力就列，不能者止。’危而不持，颠而不扶，则将焉用彼相矣？且尔言过矣。

虎兕出于柙，龟玉毁于椟中，是谁之过与？”

冉有曰：“今夫颛臾，固而近于费。今不取，后世必为子孙忧。”

孔子曰：“求！君子疾夫舍曰欲之，而必为之辞。丘也闻有国有家者，不患寡而患不均，不患贫而患不安。盖均无贫，和无寡，安无倾。夫如是，故远人不服，则修文德以来之。既来之，则安之。今由与求也，相夫子，远人不服，而不能来也；邦分崩离析，而不能守也；而谋动干戈于邦内。吾恐季孙之忧，不在颛臾，而在萧墙之内也。”

传统译文

季孙氏秣马厉兵积极准备着要去讨伐颛臾。冉有、子路去见孔子说：“季孙氏即将去讨伐颛臾了。”孔子说：“冉求！这不就是你的过错吗？颛臾，以前是周天子命他主持东蒙山祭祀的，而且它已在鲁国的疆土之内，是国家的臣属。为什么要讨伐它呢？”冉有说：“这是季氏想要这么做，我们两个人都是不同意的。”

孔子说：“冉求呀，周任曾经说过：‘在自己的职位上要施展才力，如果不能尽力就应该辞职。’倘若遇到凶险不去拉住他，跌倒了也不去扶起他，那么又要助手何用呢？而且你的话是错误的。老虎、犀牛从笼子里跑出来，龟甲、宝玉在匣子里毁坏了，这是谁的过错呢？”

冉有说：“如今颛臾城池坚固，而且离季孙氏的封地费邑很近。现在不夺取它，将来一定会成为季氏后代子孙的忧患。”

孔子说：“冉求，君子憎恨那种自己作恶却不肯坦露自己贪得无厌的欲望，反而一定要找出借口为其恶行作说辞的人。我听说有国有家的诸侯、大夫，不忧虑他治下民众的人口少，而是忧虑他们的财富不均；不忧虑老百姓贫穷，而是忧虑老百姓不安分。老百姓财富分配平均，就不会贫穷；老百姓和睦，就不会人丁稀少；老百姓安分，国家就不会有危险。如果做到这样，远方的人还不肯归服，就修治文德使他们前来归服。来了之后，就安置他们住下来。现在仲由和冉求辅助季孙，远方的人不归服，又不能招他们前来；国家已涣散瓦解，却不能主持；反而还要谋划在国内大动干戈。我只怕季孙氏的忧患不在颛臾，而在自己宫室内部吧？”

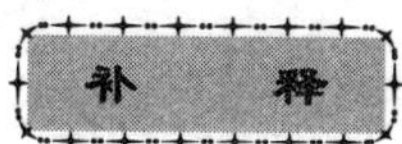
补　释

“季氏”指季康子。“颛臾”是鲁的附属国，在季氏封地“费”的西边距“费”七十里，是伏羲之后，风姓之国。周时，封地不足五十里的小国，不由天子直接管辖而由就近的诸侯代管，所以称为诸侯的附属国。“周任”是周朝的史官。“陈力就列”指亮明自己的才力，担任合适的职务。

鲁哀公十二年，当时鲁国已被季孙、叔孙、孟孙三桓分割，季康子势力最大也与鲁君矛盾最大。他担心未来在与鲁哀公武力相争时，位于他封地附近的附属国颛臾会支持鲁君抄他后路，所以想先发动战争把颛臾纳入自己的版图。当时冉有与子路均是季氏家臣，所以将此事告知孔子。孔子认为颛臾是鲁国的臣属国，因此不必伐，而且是先王所封（指周武王封颛臾之始君于东蒙山下，使主东蒙之祀），按礼制不能伐。孔子还认为季氏为个人野心发动战争是为不忠不义，所以责怪冉有子路未能谏止季康子。同时孔子又从道理上和可能造成的后果两方面说明讨伐颛臾对鲁国都有害无利。

孔子借周任的话（即“陈力就列，不能者止”）说明要根据自己的才力担任合适的职务，如不能尽力就应该辞职。同时也说明做官不应做违心之事，对违心之事要制止，如不能制止，就该辞职。“君子疾夫舍曰欲之，而必为之辞”，是说君子厌恶那种不说自己的意愿，还要编一个谎言去搪塞别人的人。

孔子通过与冉有和子路的对话进一步阐述了他的“修文德”的政治纲领与“不患寡而患不均，不患贫而患不安；盖均无贫，和无寡，安无倾”的治国原则与德治思想。同时教导冉有和子路，一个真正为国家着想的人应该劝谏主上去努力实施德政使“远人归服”，不应赞同其施用武力。最后，孔子根据对鲁国的情势分析，说明季氏将来的祸患不是来自外部，而在自家政权内部。后果然应验。

二

孔子曰：“天下有道，则礼乐征伐自天子出。天下无道，则礼乐征伐自诸侯出。自诸侯出，盖十世希不失矣。自大夫出，五世希不失矣。陪臣执国命，三世希不失矣。天下有道，则政不在大夫。天下有道，则庶人不议。”

孔子曰：“禄之去公室，五世矣，政逮于大夫，四世矣。故夫三桓之子孙，微矣。”

传统译文

孔子说："天下有道，礼乐的制度和出兵征伐的命令都由天子发布；天下无道，礼乐制度与出兵征伐的命令则由诸侯发布。由诸侯发布的命令，大概很少有历经十代还起作用的。由大夫发布的命令，很少有经历五代还起作用的。卿大夫的家臣执掌国家大权，很少有历经三代的。天下有道，国家政权就不会落在大夫手中。天下有道，老百姓就不会议论朝政。"

孔子说："国家的政权从朝廷公侯手中丧失，已经有五代了。政权到了大夫手中，已经有四代了。所以鲁国三桓的子孙现在也衰微了。"

补　释

这段话是孔子通过对历史的总结，而指出的历史演变中权力更替的一般规律。西周时期，天下有道，礼乐制度及征伐命令都由周天子下达。到了春秋时期，各诸侯已不听从周天子的命令，擅自变礼乐，搞征伐，已天下无道。齐桓公首先称霸发号施令，经历十代至齐景公被陈恒所杀，晋文公称霸发号施令，大约也是十代而亡（即"十世希不失矣"）。鲁国三桓专政至第五代季桓子被家臣阳虎所执（即"五世希不失"）。卿大夫的家臣执掌国家大权（即"陪臣执国命"），孔子断言绝不会达到三代，事实上阳虎、公山弗这些大夫家臣执掌国政的都是当身而败，连二代也未达到。孔子认为，当时的天下无道是不正常的，不会长久，天下最终必然归于有道。因此孔子说，鲁国的政权离开鲁君已经五代，政权落在大夫手中已经四代了，所以三桓（即季孙、孟孙、叔孙）的子孙现在也衰微不振了。

三

孔子曰："益者三友，损者三友。友直，友谅，友多闻，益矣。友便辟，友善柔，友便佞，损矣。"

孔子曰："益者三乐，损者三乐。乐节礼乐，乐道人之善，乐多贤友，益矣。乐骄乐，乐佚游，乐宴乐，损矣。"

传统译文

孔子说有益的朋友有三类，有害的朋友有三类。与正直的人交朋友，与诚恳的人交朋友，与知识广博的人交朋友，是有益的。与虚伪做作的人交朋友，与谄媚的人交朋友，与伶牙俐齿的人交朋友，是有害的。

孔子说："有益的快乐有三种，有害的快乐也有三种。以把自己节制在礼乐中为快乐，以赞扬别人的好处为快乐，以多交贤良的朋友为快乐，这是有益的。喜欢骄傲自大，喜欢纵情游荡，喜欢宴饮无度，是有害的。"

补　释

"友"指亲近，结交。"谅"指诚实、宽厚、守信。"便辟"指表面装相、心术不正。"善柔"指善于阿谀奉承，内心缺乏诚信。"便佞”指花言巧语而胸无实学。孔子很重视交友，认为“友直、友谅、友多闻”可长善救失，增进德业与学问，如“友便辟，友善柔，友便佞”则有害。《说苑·杂言》中有“与善人居，如入兰芝之室，久而不闻其香，则与之化矣；与恶人居，如入鲍鱼之肆（指咸鱼店），久而不闻其臭，亦与之化矣”。是指常交往之人的熏陶濡染，会在不知不觉之中同化。

孔子认为，对人品德修养有益的喜好有三种，即：礼乐调节、称道人善、多贤人为友；对人品德修养有害的喜好也有三种，即：骄纵放肆、闲游放荡、饮宴无度。

损益三友与损益三乐，说明一个人的喜好习惯与交往所形成的周围环境对品德的修养至关重要。如能以礼乐调节自己，对人常念好处，多与贤人交往，就会在不知不觉中获益。如喜好享受，整日奢侈地骄乐、任性放纵、贪欲宴饮、交往不良，则会在不知不觉之中堕落。

四

孔子曰：“侍于君子有三愆，言未及之而言，谓之躁；言及之而不言，谓之隐；未见颜色而言，谓之瞽。”

孔子曰：“君子有三戒：少之时，血气未定，戒之在色；及其壮也，血气方刚，戒之在斗；及其老也，血气既衰，戒之在得。”

孔子曰：“君子有三畏：畏天命，畏大人，畏圣人之言。小人不知天命而不畏也，狎大人，侮圣人之言。”

传统译文

孔子说：“陪着君子说话容易犯三种过失：没轮到自己说时便先说了，这是急躁；该自己发言的时候却闭口不谈，这叫隐瞒；不看对方脸色便贸然开口，这叫没眼色。”

孔子说：“君子有三件事应当戒之：年轻时，血气尚未固定，要警戒迷恋女色；壮年时，血气旺盛，要警惕争强好斗；年老了，血气已衰，应警戒贪得无厌。”

孔子认为，说话是一种艺术，重要的是应把握时机。尤其对尊长说话。要防止急躁，不该说时莫说。也不可隐瞒，该说时不能不说。说话时应望着尊长的面孔，否则为不敬。发觉不善便住口，不要没眼色。

另释

孔子根据他对人生的了解与修持中的感悟认识到，人生在不同阶段，由于气血盛衰变化而形成的带有共性的人性特征，并据此提出了“少年戒色，中年戒争，老年戒贪”的君子修为要点。孔子这里所说的戒，不是被动地防范而是主动地修养去消除。孔子认为，少年时应从“志于学”走向“知礼”、“尊礼”，确立“仁”的中心思想与“礼”的行为准则达到“而立”；中年时要开启智慧而“不惑”，进而达知“天命”；老年时应知“天命”，也就不应再有非分之想，应力求“耳顺”与“不逾矩”。

由于“人道依从于天道”，所以君子应敬畏与遵从天道的法则，敬畏天道周期与周期节律（即“畏天命”），不可违背人的先天本性（即不自欺）。欲修道复性自然应尊敬修行有素的人（即“畏大人”）。圣人之言指示了修道复性的要领，所以要敬遵先古圣贤的训言。小人不知天道循环的法则，自然也就不畏惧自然规律的报应，对修行有道之人也不知尊重，把圣人的言语也当做儿戏。

五

孔子曰：“生而知之者，上也；学而知之者，次也；困而学之，又其次也；困而不学，民斯为下矣。”

传统译文

孔子说：“生来就知道的是上等；经过学习才知道的是次一等；经历了困境才知道学习的是再次一等；经历了困难仍然不知学习的，就是人们常说的下等了。”

孔子劝人学习，按肯不肯学把人分为四等：生而知之者（孔子想象中的圣人，即所谓天才）为上等；学而知之者（指少数的天生就好学上进者）为次等；困而学之者（大多数人）为再次；困而不学者（不动脑筋，目光短浅，得过且过的人）为下等。

六

孔子曰："君子有九思：视思明，听思聪，色思温，貌思恭，言思忠，事思敬，疑思问，忿思难，见得思义。"

传统译文

孔子说："君子有九种情况要考虑：看的时候，要考虑是否看清楚了；听的时候，要考虑是否听清楚了；脸色是否温和；容貌态度是否庄重；说话是否忠诚老实；做事是否严肃认真；遇到疑问，要考虑怎样向别人请教；欲发怒时，要考虑会有什么后果；看见可以得到的利益，要考虑自己是否应该得到。"

补　释

孔子认为，君子为人处世应注意九个方面：一是看问题、看事物都要全面（即"视思明"），前后左右、上下内外均看清楚方为"明"；二是对言论要兼听、广听（即"听思聪"），不可偏听偏信、人云亦云，要能听进去逆耳之言，听到的话要能用智慧去判断才是"聪"；三是待人温和（即"色思温"），无论对上对下都要温文尔雅才是"温"；四是态度要和蔼恭敬（即"貌思恭"），对人对事都要出于至诚的心才是"恭"；五是讲话要言而有信，要合乎义理（即"言思忠"），对说出的话要负责任才是"忠"；六是从事任何工作，都要敬业（即"事思敬"），要忠于职守，尽心竭力办事方为"敬"；七是有怀疑的问题，就要了解清楚（即“疑思问”），并认真研究找出正确答案；八是情绪冲动时，宁可把事情先放下，考虑好后果再处理（即“忿思难”）；九是见到可获得时，要考虑是否该得（即“见得思义”），要先义后利、见利思义。

七

孔子曰：“见善如不及，见不善如探汤；吾见其人矣，吾闻其语矣。隐居以求其志，行义以达其道；吾闻其语矣，未见其人也。”

齐景公有马千驷，死之日，民无德而称焉。伯夷、叔齐饿于首阳之下，民到于今称之。其斯之谓与。

传统译文

孔子说：“看见善良的就好像赶不上似的奋力追求，看见邪恶的就好像要把手伸到沸水那样赶紧避开；我见到过这样的人，也听到过这样的话。避世隐居来保全自己的意志，据义而行来贯彻自己的主张；我听到过这样的话，却没有看见过这样的人。”

齐景公有马四千匹，他死的时候，老百姓觉得他没有什么德行值得称颂。伯夷、叔齐饿死在首阳山，老百姓到现在还在称颂他们。大概就是这个意思吧。

补　释

孔子说：“看到别人的优点与长处就立即去学，生怕学不到似的，看到不好的事情，就立即躲开，这样的人我见过，也听到过这样的言论。隐居在民间，一生行使正道，对功名富贵毫不动心，只求保全自己的意志，这样的话我听说过，但这样的人我没见过。”孔子认为，不为功名富贵所动，一生据义而行，这是古之圣贤的行径，像伯夷、叔齐饿死在首阳山，至今老百姓称颂，这才是真正的“隐居以求其志，行义以达其道”。而现在（指当时社会）哪还有这样的人呢？现实社会中，人人都贪图财物，不顾及德行，像齐景公生前有四千匹马，何等富贵，但死后老百姓认为他没有任何德行值得称颂。

八

陈亢问于伯鱼曰：“子亦有异闻乎？”对曰：“未也。尝独立，鲤趋而过庭。曰：‘学诗乎？’对曰：‘未也。’‘不学诗，无以言。’鲤退而学诗。他日又独立，鲤趋而过庭。曰：‘学礼乎？’对曰：‘未也’‘不学礼，无以立。’鲤退而学礼。闻斯二者。”

陈亢退而喜曰：“问一得三，闻诗、闻礼，又闻君子之远其子也。”

传统译文

陈亢问伯鱼：“您从老师那里得到过特别的教导吗？”伯鱼回答说：“没有啊。一次他独自站在庭院里，我恭敬地小步快走经过庭院。

他问我：‘学《诗经》了吗?’我说：‘还没有。’他说：‘不学《诗经》就不会说话。’我退回去后便学《诗经》。又有一次，他独自站在庭院中，我又恭敬地走过那里。他问我：‘学礼了吗?’我回答说：‘还没有。’他说：‘不学礼就不能立足于社会。’我退回去后便学礼。我单独听到的教诲就只有这两次。”

陈亢回去后高兴地说：“我问了一个问题，却得到了三点收获：知道了该学《诗经》，懂得了该学‘礼’，了解到君子对自己的儿子并不偏爱。”

陈亢，即陈子禽（见学而篇）。伯鱼，即孔子的儿子孔鲤（见先进篇）。“趋”指小步快走。陈亢怀疑孔子对自己的儿子有偏爱，所以问孔鲤看老师是否对他有单独传授。孔鲤给陈亢的回答说明孔子对儿子的教育与对学生一样，没有任何偏私与秘诀。可见孔子待学生如儿子，待儿子如学生。

九

邦君之妻，君称之曰“夫人”，夫人自称曰“小童”；邦人称之曰“君夫人”，称诸异邦曰“寡小君”；异邦人称之亦曰“君夫人”。

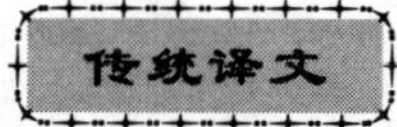

国君的妻子，国君称她为“夫人”，她对国君自称为“小童”；国

内人称她为“君夫人”，但国内人对国外人谈及她时则称她为“寡小君”；国外人称呼她也叫“君夫人”。

对人的称呼，也是古代“礼”的内容之一。如何称呼人，如何自称，都有一定的规范，并且十分严格。如果在公开场合下把称呼搞错了，是件很失礼的事。所以，如何称呼，也是孔子“礼”教的内容之一。

小结：本篇进一步阐述了孔子“以德治国”的政治思想；“均无贫、和无寡、安无倾”的治国思想；“畏天命，畏大人，畏圣人之言”的人生哲学思想；“损、益三友”、“损、益三乐”、“君子九思”和“君子三愆、三戒”等修养理念和待学生如儿子，待儿子如学生的师道理念。

第十七章

阳货篇(阳货第十七)

本篇主要讲述了孔子的伦理道德思想、天道自然观念、人道依从天道的认知与人为努力的作用，以及孔子对人性的理解与认识等。

一

阳货欲见孔子，孔子不见，归孔子豚。

孔子时其亡也，而往拜之。遇诸涂。谓孔子曰：“来！予与尔言。”曰：“怀其宝而迷其邦，可谓仁乎?”曰：“不可。好从事而亟失时，可谓知乎?”曰：“不可。”“日月逝矣，岁不我与。”孔子曰：“诺，吾将仕矣。”

传统译文

阳货想要孔子去拜见他，孔子不去，他就送一只蒸熟的小猪给孔子，使孔子不得不去他家拜谢。

孔子打听到阳货出门去了，才去他家拜谢。不巧两人在路上碰见了。阳货对孔子说："来，我有话跟你说。"于是阳货说："自己身怀本领，却听任国家迷途失道，这能叫仁吗？"又自己回答说："不能。想为国家做一点儿事却屡次失去时机，这能叫智吗？"又自己回答说："不能。光阴一天天过去了，岁月不会等人啊！"孔子说："好，我准备出来做官。"

"亡"通"无"。"其亡也"指不在家。"归"同"馈"，指赠送。"豚"是小猪。"涂"通"途"。"亟"指屡次、多次。"阳货"又名阳虎，鲁国季氏的家臣，趁季平子病时把持了季氏家政，进而又掌握了鲁国的国政。阳货曾积极拉拢孔子，由于孔子避而不见就采用送礼的办法使孔子不得不去回拜他。孔子仍不想见他，所以趁他不在家时前往回拜，不料在半路上碰见。阳货针对孔子的主张，指责孔子身怀本领却不替国家做事，有失于"仁"；出仕的机会屡屡放弃，有失于"智"；并以岁月不等人来劝说孔子早日出仕。孔子认为，知他不在家而前往却半路不期而遇，不料又被他以"仁"、"知"之说用话套住，看来要自己出仕是天意如此，所以只得说，准备出来做官。但孔子认为，阳货乃大夫家臣把持朝政，是为不正，所以在阳货执政期间始终未出来做官，而是在阳货败逃晋国后，才出任了鲁国大夫。

二

子曰："性相近也，习相远也。"

传统译文

孔子说："人的天性本来是相近的，因为教养不同而逐渐差距远了。"

补　　释

"性"指人先天的本性。儒家认为，"性"是"天命"所衍化出的基本特性（《中庸》中有"天命之谓性"）。孔子认为："人道"依从于"天道"，"人性"是"天命"的衍化，属人类的共性。所以说"性相近也"。但由于后天的环境不同，个人对宇宙与生命的感知不同，加之私欲作用与所受教育不同则形成不同的思想意识，进而掩盖了人的先天本性，以致形成了较大的差别。这就使后天的意识远离了先天的本性，所以说"习相远也"。这说明，人先天的本性近于"道"，后天的意识远于"道"。因此，儒家学问所强调的要领就是通过"修道"、"明德"以"复性"。

三

子曰："唯上知与下愚不移。"

传统译文

孔子说："只有上等的聪明人与下等愚笨的人，是不可改变性情的。"

另　释

"唯"有"自命"的含义，指自以为是。"上知"有"上达"之意，指认知了形而上的学问，通晓了"天道"，已复"性"并已通"天命"，能"从心所欲不逾矩"。"唯上知"是自命上智者，指自以为聪明绝顶以通"天命"，处处自以为是的人。"与"有参与、融入的含义。"下愚"有"下达"之意，指仅能认知"形而下"学问的下等资质的人。"与下愚不移"指融入下愚不移即等同于下愚。所以，"唯上知与下愚不移"的含义应是指自以为聪明，处处自以为是的人，形同于下等资质的下愚之人。

四

子之武城，闻弦歌之声。夫子莞尔而笑，曰："割鸡焉用牛刀？"子游对曰："昔者偃也闻诸夫子曰：'君子学道则爱人，小人学道则易使也。'"子曰："二三子，偃之言是也。前言戏之耳。"

传统译文

孔子去武城，听到了弹琴唱歌的声音。孔子微微一笑，说："杀鸡怎么用得着宰牛的刀呢？”子游回答说：“以前我听老师说过：‘做官的学了礼乐之道便会有仁爱之心；老百姓学了礼乐之道，便容易受役使了。’”孔子对随行的学生们说：“弟子们，子游的话是正确的。我刚才说的话不过是跟他开玩笑罢了。”

补　释

“武城”是鲁国的一个城邑，当时子游（姓言名偃字子游）担任武城宰（即武城的行政长官）。有一次孔子带弟子们到了武城，正赶上武城的百姓在演礼乐，孔子听到音乐声后笑着说：“割鸡焉用牛刀？”子游责问，教百姓学礼乐不正是老师教我们的为政之法吗？孔子马上认错说：“子游说得对，我刚才是开玩笑，一时说错了。”此记述足见孔子对自己的失误毫不掩饰，发现有错马上就认错改正的圣人品格。

五

公山弗扰以费畔，召，子欲往。子路不说，曰：“末之也已，何必公山氏之之也？”子曰：“夫召我者，而岂徒哉？如有用我者，吾其为东周乎？”

传统译文

公山弗扰盘踞在费邑图谋造反，叫孔子去，孔子准备去。子路很不高兴，说：“没有地方去便算了，为什么一定要去公山氏那里呢？”孔子说：“那个叫我去的人，难道是白白召我吗？假若有人用我，我将使周公之道在东方复兴。”

“公山弗扰”，姓公山名不狃字弗扰，季氏的家臣，任费邑宰。“畔”通“叛”，这里指背叛季氏宣布独立。公山弗扰在费城独立，想召孔子前去协助。子路听说孔子准备去，很不高兴，责问孔子为何要去帮这个叛臣。实际上孔子并不打算去（事实上也没去），只是不同意子路偏向季氏的观点。所以有意说，去又何妨，如有人真用我，我会在东方实现周公之道。

六

子张问仁于孔子。孔子曰：“能行五者于天下为仁矣。”“请问之。”曰：“恭、宽、信、敏、惠。恭则不侮，宽则得众，信则人任焉，敏则有功，惠则足以使人。”

传统译文

子张向孔子问怎样才是仁人。孔子说：“能够在天下遵行五种品德的人，便是仁人了。”子张问：“请问是哪五种？”孔子说：“庄重、宽厚、诚实、勤敏、慈惠。庄重就不会遭受侮辱，宽厚就会得到大众的拥护，诚实就会得到别人的任用，勤奋机敏则容易成功，慈惠则能够役使人。”

补 释

子张问如何行仁于天下。孔子说，需要做到五个方面：对自己严格要求，对人恭敬有礼；待人诚实厚道，宽宏大量；交人以信，自信信人；做事勤勉，聪明敏捷；以诚恳对人，以真情感人，以真心惠人。能做到这五个方面，自然能得到“不侮”、“得众”、“人任焉”、“有功”、“使人”等的社会整体和谐的治理效果。“仁”是人的先天心性，在内呈现为道德意识，在外表现为道德行为。“仁”最基本的内容是“忠恕”，但在处理人际关系上又可衍生出许多条目，如“恭、宽、信、敬、惠”等。如能做到这五点，就可获得“不侮”、“得众”、“人任焉”、“有功”、“使人”的效果，也就可以称为“仁者”了。这也是孔子对子张的勉励。

七

佛肸召，子欲往。子路曰：“昔者由也闻诸夫子曰：‘亲于其身为不善者，君子不入也。’佛肸以中牟畔，子之往也，如之何?”子曰：“然，有是言也。不曰坚乎，磨而不磷；不曰白乎，涅而不缁。吾其匏瓜也哉？焉能系而不食?”

传统译文

佛肸叫孔子去，孔子想去。子路说：“以前我听老师说过：‘亲自做了坏事的人，君子是不去他那儿的。’佛肸据守中牟准备叛乱，先生却要去，这怎么说得过去呢?”孔子说：“是的，我是这样说过。不是说有最坚硬的东西吗？磨也磨不薄；不是说有最洁白的东西吗？染也染不黑。我难道是一只匏瓜吗？怎么能只挂在架上，不希望有人来采食呢?”

“佛肸”是晋国大夫范氏的家臣，在范氏的封地中牟县邑为宰。公元前490年晋国的赵简子攻打范氏，佛肸据中牟县邑抵抗赵简子。佛肸召请孔子，子路听说孔子欲往，便又来责问孔子为何要去帮晋国的叛臣佛肸。孔子说，坚硬的金刚石是磨不碎的，真正无瑕的玉也是染不黑的；一个真正的君子在任何情况下都能坚守正道。孔子的话表明了自己绝不会做离经叛道之事。最后孔子又给子路开玩笑说，我也不能像个匏瓜一样，老挂在树上当样品，而不被人食用呀！

春秋时，晋国有韩、赵、魏、范、中行、智六大家族，世代都是晋卿，人称六卿。春秋末期，六卿互相攻伐，最后范、中行、智三家败亡，只剩下韩、赵、魏三家，后来三家分晋，成为战国时的韩、赵、魏三国。《左传·哀公五年》中记有：“夏，赵鞅攻打卫国，乘机包围中牟。”佛肸是范氏家臣，中牟是范氏封邑，佛肸抵抗赵鞅（即赵简子）是被迫自卫，为了保卫范氏，各为其主，不能认定是叛乱，而且佛肸素有爱民的名声。可见，子路虽是刚勇过人的硬汉子，但思想保守对事理的裁度把握不准。孔子首先向他表明，自己即使去中牟，也依然能保持坚强纯洁的本质；然后以匏瓜为例（瓜心空犹如太虚空然），教育子路只有心境空明无任何先入为主之念，才能准确地审时度势，正确地裁度事理；同时也以匏瓜“焉能系而不食”说明“圣人无用，无所不用”，只要不欺心（即不自欺），就“无可无不可”（指没有什么是一定要非这样不可，也没有什么是一定要非不这样不可）。

八

子曰："由也，女闻六言六蔽矣乎?"对曰："未也"曰："居，吾语女。好仁不好学，其蔽也愚；好知不好学，其蔽也荡；好信不好学，其蔽也贼；好直不好学，其蔽也绞；好勇不好学，其蔽也乱；好刚不好学，其蔽也狂。"

传统译文

孔子说："仲由啊，你听到过六种品德与六种弊病的说法吗?"子路回答说："没有。"孔子说："坐下来，我告诉你。爱仁德而不爱学问，它的弊端是变得愚钝；爱要聪明而不爱学问，其弊端是变得放荡不羁；爱诚实而不爱学问，其弊病就是容易被人利用，反而伤害自己；爱直率却不爱学问，它的弊病是尖刻而不通情理；爱勇敢却不爱学问，它的弊病就是捣乱闯祸；爱刚强却不爱学问，其弊病是狂妄自大。"

补 释

子路正义勇敢、心怀仁德、尊礼守制、生性率直、言出必践，但有些鲁莽且不爱好学习，所以孔子专门给他讲解"六言六蔽"。其中"六言"皆为美德，但仅好之而不学，不能明其理，则各有所弊。六种美德各有其理，在知其然后必须“明德”、“复性”，才能明其理知其所以然。孔子以此开导子路，如不能达到“明德”，不能明其理，则很容易形成对“仁”、“知”、“信”、“直”、“勇”、“刚”的教条意识观念，而产生“愚”、“荡”、“贼”、“绞”、“乱”、“狂”等毛病。所以，他希望子路能在德业学问上多下工夫。

九

子曰：“小子何莫学夫诗？诗，可以兴，可以观，可以群，可以怨。迩之事父，远之事君，多识于鸟兽草木之名。”

子谓伯鱼曰：“汝为周南、召南矣乎？人而不为周南、召南，其犹正墙面而立也与！”

子曰：“礼云礼云，玉帛云乎哉？乐云乐云，钟鼓云乎哉？”

传统译文

孔子说：“学生们，你们为什么不学习研究《诗经》呢？《诗经》可以培养联想力，可以提高观察力，可以锻炼合群性，可以学得排泄怨愤的方法。近说，可以运用其中道理侍奉父母；远说，可以用来报效君王；而且还可以多多认识鸟兽草木的名称。”

孔子对儿子伯鱼说：“你读过《诗经》中的周南篇与召南篇了吗？一个人若是不读‘周南’与‘召南’这两篇诗，那就如同正对着墙壁站立，而无法再向前行走了啊！”

孔子说：“礼呀，礼呀，难道说仅是指玉帛吗？乐呀、乐呀，难道指的仅仅是钟鼓等乐器吗？”

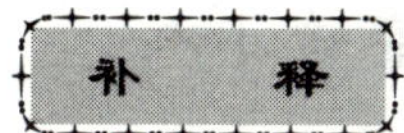

“兴”是排遣情感、感发情志。“观”是观微知著、察看得失。“群”是合群，以文会友。“怨”指幽怨。“可以怨”指可以排发牢骚、发泄怨愤。“迩”指近处。“远”指远处。孔子动员弟子们认真学习《诗经》，仔细解说了学习《诗经》的四个方面作用：第一是可以起到“兴、观、群、怨”的作用，达到开发人智慧的目的。读《诗》可激发情感，使人增加爱好，奋发向上。学会做诗可以通过诗来抒发情感、感发意志。读《诗》可以观察到前人成功与失败的经验教训，认识前人的哲学思考与思想认识。读《诗》可以认知“礼”的精神，增进道德意识，以诗文会友与君子合群，增强敬业乐群的修养。学会诗，可以通过做诗排泄情感，排发牢骚，宣泄情绪。第二是学《诗经》可加深“思无邪”的道德理念，使人坚守正道。第三是运用《诗经》中的德业学问可在政治、军事、处交等方面发挥巨大作用，近可以侍奉父母、友爱兄弟，远可以侍奉君王、为国效力。第四是学《诗经》可以开阔眼界，丰富知识，认识自然社会及万事万物（即“多识于鸟兽草木之名”）。

“周南”原为地名，指汉水流域。《诗经》中共集该地民歌十一首，定篇名为《周南》。“召南”，也是地名，指汉水流城西部。《诗经》中集该地民歌十四首，定篇名为《召南》，排在《周南》之后。这两篇共二十五首诗，通过歌颂男女爱情，阐述了修身齐家的道理，所以孔子要求儿子必须认真阅读领会，否则学问就难以进步。

春秋时期，各诸侯国君及大夫对礼乐都只讲形式，不顾及其实质精神，所以孔子感叹执政者以玉帛为礼、以钟鼓为乐，使礼乐精神颓废，文化衰退。

十

子曰："色厉而内荏，譬诸小人，其犹穿窬之盗也与！"

子曰："乡愿，德之贼也。"

子曰："道听途说，德之弃也。"

子曰："鄙夫可与事君也与哉？其未得之也，患得之；既得之，患失之。苟患失之，无所不至矣。"

传统译文

孔子说："外表刚强但内心软弱的人，若拿小人打比方，就像个挖洞翻墙的小偷吧！"

孔子说："乡里那种不得罪人并且善于掩饰自己的老实人，是败坏道德的小人。"

孔子说："在路上听到了什么事就四处传播，这就违背了道德。"

孔子说："一个品德恶劣的小人，难道能与他一起侍奉君主吗？当他还没有得到官职时，担心得不到；已经得到了，又担心失去。在担心失去官职时，他任何极端的手段都会使用的。"

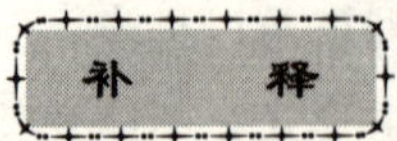

"色厉内荏"，是指春秋末期那些爱摆虚架子的大人们，外表严厉，内心空虚。孔子把他们比喻成爬墙钻洞的小偷，指他们以权谋

私、欺世盗名与小偷没什么不同。“乡愿”是指那些所谓的老好人，虽然自身尚能廉洁，但两面落好，任污流横行，而不阻止。只顾自己不得罪人，讨人悦之，其结果是对己有利，对社会有害。所以，孔子视其为“德之贼”。孔子认为，来历不明的传闻，不经过考证与内心思考就到处传播是小人行径，君子是不会这样做的。道德卑劣的小人，会把官位、利益看得很重，始终患得患失，为了获得或保全官位与利益，他们什么卑鄙的事情都干得出来。上述以权谋私之人；老好人（实际上是欺世盗名之人）；道听途说就随意传播之人；患得患失、无所不至之人等，是孔子总结出的典型的四类小人。清代刘宝楠在《经义说略》中说：“（四类小人）皆言不中而外有余；盖貌为有德则色厉，而实小人故内荏；貌为好学则道听，而中无所守故途说；是故居则为乡愿，出则为鄙夫；欺世盗名之徒，其害可胜言哉！”

十一

子曰：“古者民有三疾，今也或是之亡也。古之狂也肆，今之狂也荡；古之矜也廉，今之矜也忿戾；古之愚也直，今之愚也诈而已矣。”

子曰：“巧言令色，鲜矣仁。”

子曰：“恶紫之夺朱也，恶郑声之乱雅乐也，恶利口之覆邦家者。”

传统译文

孔子说：“古代有三种偏激的毛病，如今或许没有这种毛病了。

古代的狂人肆意直言，如今的狂人是放荡不羁；古代自尊自大的人威不可犯，如今自尊自大的人却是蛮横不讲理；古代愚蠢的人天真直率，如今愚蠢的人却狡诈无赖。”

孔子说：“满嘴花言巧语，脸上装出和善的样子来讨好人，这样的人很少有仁德。”

孔子说：“我讨厌那紫色取代了朱红色的地位，我厌恶郑国的乐曲扰乱了典雅的音乐，我憎恨倾覆国家的人。”

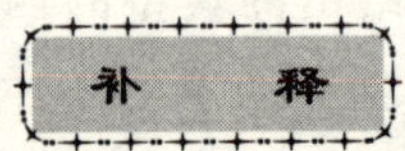

补释

“疾”本义是病，这里指气质上的缺点。“肆”指不拘小节，恣意行事。“荡”指放荡不羁。“矜”是自作庄重，这里指自负。“廉”是器物的棱角，这里指不可侵犯。“忿戾”是急切暴躁，这里指蛮横无理。西周以红为正色，至春秋末，贵族多喜紫色并以紫代红。孔子对此表示反感，所以称“恶紫夺朱”。

春秋末期，世风日下，古人的优点已不复存在，而连古人缺点的水平今人都做不到。古代狂妄的人只是不拘小节，如今狂妄的人则放荡不羁。古代自负的人只是有棱角而已，如今自负的人则骄傲自大、蛮横无理。古代愚笨的人直来直去，而今愚笨的人却要欺诈手段。古人气质上的缺点并未失去古朴诚实的本性，而今人只有自私自利、损人利己，毫无道德可言。春秋末期的局势是：朝廷上已经是紫色夺朱、郑声乱了雅乐；利口者受到重用而正直的人受到排挤；正而胜者少，不正而胜者多。所以，孔子感叹说：“花言巧语、讨好谄媚之人很少有仁德。红得过分的紫色侵夺了红的正色，就好像靡靡之音的郑乐搞坏了正统的雅乐。某些利口之辩说得比真理还更正确，但却没有真正的思想内容，形同于花言巧语，结果会倾覆国家社稷。”

十二

子曰:“予欲无言。”子贡曰:“子如不言,则小人何述焉?”子曰:“天何言哉?四时行焉,百物生焉,天何言哉?”

传统译文

孔子说:“我不想讲话了。”子贡说:“老师如果不讲话,那么弟子们又传述什么呢?”孔子说:“老天讲了什么呢?春夏秋冬照样运行,天下万物照样生长,天讲了什么呢?”

孔子认为,“形而上”(对无质无形与有质无形及有形无质的认知称为“形而上”)的学问是无法用语言来表达清楚的,既然无法表达还不如不说。所以孔子说:“我不想说话了。”子贡未明含义,所以说:“老师,您如果不说,我们将来如何传述呢?”孔子说,宇宙天地的复合运动,形成了四季更替,阴阳运行,造就了生命,形成了万物,万物随天地复合运动与阴阳运变构成了各自的生灭法则,天又给万物说过什么呢?人是适应天地复合运动而产生的生命体,因此人道依从于天道,人生最大的学问就是效法天地。如何效法天地,可在“心斋”中去体会和感应,又岂是语言能说清楚的吗?所以后来子贡才有“夫子之文章可得而闻也,夫子之言性与天道不可得而闻也”的说法。同时孔子也是在提醒子贡不要拘囿于老师所说的言论,要进一步理解“天道”主要靠自我身心的体会与感悟。

十三

孺悲欲见孔子，孔子辞以疾。将命者出户，取瑟而歌，使之闻之。

传统译文

孺悲想拜见孔子，孔子以生病为由加以推辞，传话的人刚出房门，孔子便取下瑟来弹唱，故意让孺悲听到。

补释

孺悲是鲁国人，鲁哀公曾派他向孔子学习丧礼。他想拜见孔子，孔子不见，而且有意让他知道，以促其反省，即所谓“不教之教”。

十四

宰我问：“三年之丧，期已久矣。君子三年不为礼，礼必坏；三年不为乐，乐必崩。旧谷既没，新谷既升，钻燧改火，期可已矣。”

子曰：“食夫稻，衣夫锦，于女安乎?”曰：“安。”

“女安则为之！夫君子之居丧，食旨不甘，闻乐不乐，居处不安，故不为也。今女安，则为之。”

宰我出。子曰：“予之不仁也！子生三年，然后免于父母之怀。夫三年之丧，天下之通丧也。予也有三年之爱于其父母乎？”

传统译文

宰我问：“为父母守丧三年，为期太久了吧？君子三年不习礼仪，礼仪会败坏；三年不奏乐，音乐会荒疏。陈谷子吃完了，新谷子又已经长了出来，钻木取火的木头也都改换了一遍，守丧满一年也就应该可以了。”

孔子说：“守丧不满三年，就吃白米饭穿花缎衣，对于你来说能心安吗？”宰我说：“心安。”孔子说：“你心安，那你就那样做吧！对于君子来说，有丧在身，吃美味不觉得味美，听音乐不觉得快乐，住在家里也不安适，因此不像你说的那样做，现在你既然觉得心安，你就那样做吧！”

宰我出去后，孔子说：“宰我真不仁啊！子女生下来三年，然后才脱离父母的怀抱。三年的守丧期，是天下通行的丧礼，宰我难道就没有从他父母那里得到过三年怀抱的爱抚吗？”

补　释

“期”是“期月”，指每年某月至下年该月，即一周年。“旧谷既没，新谷既升”是每年的“登礼”仪式（是新粮入库的仪式），这里指一个自然周期的结束。"钻燧改火"是改换钻木取火用的木材（古代钻木取火所用的木材分别是：春用榆柳，夏用枣杏，长夏用桑拓，秋用柞楢，冬用槐檀），这里同样是指一个自然周期的结束。"旨"是滋味美，指好吃的食物。"予"是宰我的名（姓宰名予字子我）。春秋时期，多数邦国都实行"既葬除丧"的短丧，孔子结合殷代与周代的祭礼提倡"三年之丧"。宰我认为三年时间太长，建议改为一年，理由有二：一是一年为一个自然周期与万物运转相同；二是不致过度荒废礼乐学问。孔子未考虑人文价值与自然周期，而是直指本心带着情绪逼问宰我，在居丧期间"食稻衣锦是否心安?"宰我赌气说："心安。"二人无法再讨论，故不欢而散。宰我走后，孔子才说出了"三年之丧"的理由是："儿女均在父母的怀抱中呵护过三年"，为回报父母疼爱的恩情，所以提出守丧三年。很显然，孔子强调的是培养"孝"的理念与"礼"的精神，而宰我强调的是实用，二人孰是孰非在当时的历史条件下，可能各有理由与依据。

十五

子曰："饱食终日，无所用心，难矣哉！不有博弈者乎？为之犹贤乎已。"

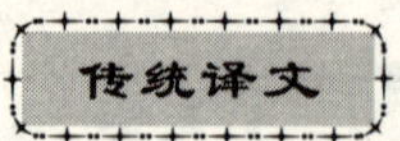

孔子说："整天吃得饱饱的，一点儿也不肯动脑筋，这样的人难有出息！不是有下棋之类的游戏吗？玩玩这些也比一点儿不动脑筋强啊！"

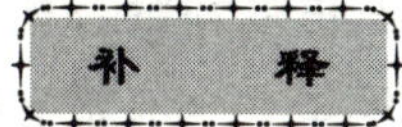

孔子有三千弟子，其中不乏富家公子哥，对这部分人的教育使孔子大伤脑筋。因为他们中有相当一部分饱食终日，无所用心。所以孔子说，你们就是下下棋也总比一点儿不动脑筋强啊！人的心思始终是活跃的，心如不思正道，则必思邪道。读书时心会在书上，工作时心应在工作上，下棋时心就会在棋盘上。如整天什么都不做，完全无所用心，则必然会想入非非，产生淫僻邪念。

十六

子路曰："君子尚勇乎?"子曰："君子义以为上。君子有勇而无义为乱，小人有勇而无义为盗。"

子贡曰："君子亦有恶乎?"子曰："有恶。恶称人之恶者，恶居下流而讪上者，恶勇而无礼者，恶果敢而窒者。"曰："赐也亦有恶乎?""恶徼以为知者，恶不孙以为勇者，恶讦以为直者。"

传统译文

子路问："君子崇尚勇敢吗?"孔子说："君子崇尚义。君子只有勇敢而没有义就会惹乱子，小人只有勇敢没有义就会沦为强盗。"

子贡问："君子也有憎恶吗?"孔子说："有。君子憎恶宣扬别人坏处的人，憎恶身居下位却诽谤上司的人，憎恶勇敢却没有礼仪的人，憎恶果敢却刚愎自用的人。”孔子问：“赐啊，你也有憎恶吗?”子贡回答：“我憎恶把抄袭当做学问的人，憎恶把傲慢当做勇敢的人，憎恶把揭发别人隐私当做直率的人。”

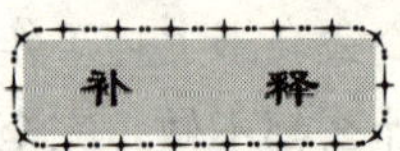

子路尚勇，常以勇自负。孔子多次劝他要以义为上，告诉他无论是为上者，还是为下者，如果有勇无义，都会给社会造成危害。

“讪”是诽谤、诋毁。“窒”是阻塞不通。“徼”是伺察。“讦”是攻击别人短处或揭发别人的隐私。孔子与子贡师徒二人一唱一和罗列了七种令人厌恶的小人行径。分别是：一味地宣扬别人短处的人、成心诽谤上司的人、有勇而无礼的人、刚愎自用而且不明事理的人、窥伺别人的隐秘还自以为聪明的人、不懂谦逊还自以为勇敢的人、把攻击别人短处揭发别人隐私当做直率的人。喜欢当好人做好事，憎恶坏人坏事，这是人之常情，但成为好人，不做坏事并不是件容易的事。孔子认为，做好做坏关键在自己内心，内心始终向善、怀“仁”，就不会做坏事。上述七类小人的根本原因是：心内没有“仁厚”、对别人不同情、心中没有“忠、信、诚、敬”、没有“礼”念、无长幼上下之序，只顺私欲与利念，不以“礼”节制甚至不明是非、不通情理等，总之是无“仁爱”之心而多私利之念。

十七

子曰：“唯女子与小人为难养也，近之则不孙，远之则怨。”

孔子说："只有女子与小人是不好和他们相处的。亲近了就会放肆无礼，疏远了就会产生怨气。"

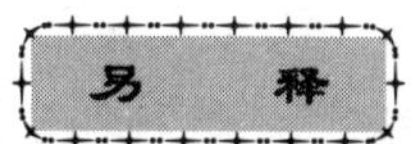

"唯"是"自命"，指自以为是。"与"指参与、融入。"小人"这里指小孩子。女子由于生理原因在妊娠期、哺乳期、更年期等阶段，常会自以为是且刚愎自用，像不懂事的小孩子一样任性。所以孔子说，自以为是时的女人像任性的小孩子一样，宠她则放肆，远她则生怨。

十八

子曰："年四十而见恶焉，其终也已。"

孔子说："四十岁了，还被人厌恶，那他这一生也就算完了。"

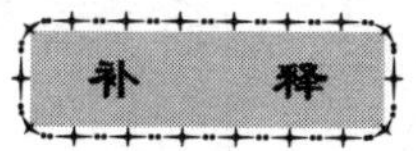

孔子认为，如果人到了四十岁，仍然品行不端，就很难再改正，恐怕无药可救了。

小结：本篇进一步阐述了孔子的思想道德观念。包括：礼、义，贵在诚敬；君子应恭、宽、信、敏、惠等；否定了“称人之恶”、“居下讪上”、“勇而无礼”、“果敢而窒”、“徼以为知”、“不孙为勇”、“讦以为直”、“乡愿”、“色厉内荏”、“道听途说”、“患得患失、无所不至”等各类的小人行径。在学识方面孔子强调了学习《诗经》的四个方面的作用。本章还讲述了孔子的天道观、人性观等。全章所讲都是孔子为人处世的重点，均可供今人借鉴。

第十八章

微子篇(微子第十八)

本篇主要记述历史上圣贤的事迹与世人对于处于乱世时的不同态度，同时也表述了孔子济世救国的理想和奋斗精神。

一

微子去之，箕子为之奴，比干谏而死。孔子曰："殷有三仁焉。"

柳下惠为士师，三黜。人曰："子未可以去乎？"曰："直道而事人，焉往而不三黜？枉道而事人，何必去父母之邦？"

传统译文

商纣王暴虐无道，微子离开他，箕子成为他的奴隶，比干因劝谏悲惨而死。孔子说："殷商有三位仁人。"

柳下惠做司法官，多次遭到罢免。有人说："您不能离开这里吗?”柳下惠回答说:“正直不阿地做事,在哪里能不被多次罢黜呢?如果放弃原则做事,又何必要离开自己的祖国呢?”

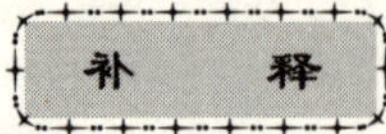

补　释

微子,名启,是纣王的同母兄长,因多次劝谏纣王不听,后隐居山林。箕子,名胥馀,是纣王的叔父,官任太师,因屡次进谏不听,便披发装疯,被纣王降为奴隶。比干,也是纣王的叔父,官任少师,因多次进谏惹怒纣王,被剖心而死。这三人都是殷商时的贤臣,因不忍见纣王的暴虐,为匡复社稷,不惜牺牲个人的地位与生命。所以,孔子称赞他们三人为仁人。

柳下惠出身公族,官居掌管刑狱的士师,他一生重视操守,恪守正道,曾三次被罢官,却坚守直道不改。本节是用柳下惠的回答来说明孔子赞颂殷商时的三个贤臣为仁人的理由。

二

齐景公待孔子曰:“若季氏,则吾不能;以季孟之间待之。”曰:“吾老矣,不能用也。”孔子行。

齐人归女乐,季恒子受之,三日不朝,孔子行。

传统译文

齐景公在谈到对孔子的待遇时,说:“如果要像鲁国对待季氏那样对待孔子，我是做不到的；我采用介于季氏和孟氏在鲁国的待遇之间的标准去对待孔子。”又说：“我已经老了，不能用他了。”于是孔子就离开了齐国。

齐国人挑了一批歌伎舞女来，季恒子接受了，并且连续三天不问政事。孔子就离开鲁国走了。

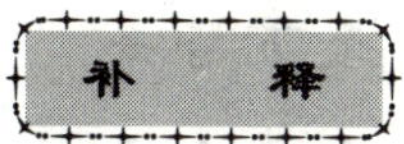

鲁昭公攻打季氏失败后逃往齐国，孔子在这一年也到了齐国。孔子在齐国期间，齐景公多次向孔子请教如何治理国家，原想重用孔子。但齐景公是个无主见的人，因晏婴等人反对，而且齐国有的大夫预谋要害孔子，因此齐景公说：“吾老矣，不能用也。”是暗示孔子尽早离开，所以孔子就离开了齐国。

鲁定公十四年（公元前497年），齐国送歌伎舞女八十人给鲁国，孔子时任鲁国司寇力劝拒收，但季恒子决定收下，并每日歌舞且一连三日不上朝听政。不仅季氏如此，鲁定公也沉溺于酒色歌舞，在效祭时未按礼法发给祭肉，孔子觉得自己在鲁国已无所作为，于是就离开了鲁国。

三

楚狂接舆歌而过孔子曰：“凤兮，凤兮！何德之衰？往者不可谏，来者犹可追。已而、已而，今之从政者殆而！”孔子下，欲与之言。趋而辟之，不得与之言。

长沮，桀溺耦而耕。孔子过之，

使子路问津焉。长沮曰："夫执舆者为谁？"子路曰："为孔丘。"曰："是鲁孔丘与？"曰："是也。"曰："是知津矣。"问于桀溺。桀溺曰："子为谁？"曰："为仲由。"曰："是孔丘之徒与？"对曰："然。"曰："滔滔者，天下皆是也，而谁以易之？且而与其从辟人之士也，岂若从辟世之士哉？"耰而不辍。

子路行以告。夫子怃然曰："鸟兽不可与同群，吾非斯人之徒与而谁与？天下有道，丘不与易也。"

子路从而后遇丈人，以杖荷蓧。子路问曰："子见夫子乎？"丈人曰："四体不勤，五谷不分，孰为夫子？"植其杖而芸。子路拱而立。止子路宿，杀鸡为黍而食之，见其二子焉。明日，子路行以告。子曰："隐者也。"使子路反见之。至，则行矣。子路曰："不仕无义。长幼之节，不可废也；君臣之义，如之何其废之？欲洁其身而乱大伦。君子之仕也，行其义也。道之不行，已知之矣。"

传统译文

楚国的狂人接舆唱着歌走过孔子的车子，他唱道："凤鸟啊，凤鸟啊！为什么德性如此衰颓？过去了的不要再说了，未来的还可以赶得上。罢了吧！罢了吧！现在从政的那些人太危险了！"孔子下车想跟他说话。他却飞快地避开走了，孔子最终未能同他说话。

长沮、桀溺两人并排耕地。孔子经过他们那里，派子路去向他们打听渡口在哪里。长沮问道："那个手拉缰绳的人是谁？"子路说："是孔丘。"长沮问："是鲁国的孔丘吗？"子路回答："正是。"长沮便说："那他应该知道渡口在哪里"。子路又去问桀溺。桀溺问："你是谁？"子路说："是仲由。"桀溺问："是鲁国孔丘的学生吗？"子路回答："是。"桀溺便说："就像滔滔的洪水一样，天下到处都是动荡不安，你和谁能一起来改变它呢？你与其跟着那避开坏人的人，何不跟着彻底避开乱世的人呢？"说完便继续埋头耕作而不再搭理子路了。子路回到孔子身边，把他们二人的话告诉了孔子。孔子怅惘地感叹说："既然可以和飞禽走兽同群，我不和世上的人相处又和谁相处呢？如果天下太平，我孔丘也就不会与你们一道来改变它了。"

子路跟随孔子周游，落在了后面，遇到一个老人，用拐杖扛着锄草的农具。子路问道："您见到我的老师了吗？"老人说："四肢不劳动，五谷分不清，谁是老师？"说完便把拐杖插在地上锄起草来。子路恭敬地拱手站在一边。于是老人便留下子路住宿，杀鸡做饭款待子路，还介绍自己的两个儿子见了子路。第二天，子路赶上孔子一行，并把自己昨天的经历告诉了孔子。孔子说："这是一位隐士。"让子路返回去再拜见他。子路返回去时，老人却已经出门了。子路只好按照孔子教他的话语对老人的两个儿子说："不做官是不合乎道义的，长幼之间的关系都不可废弃，君臣之间的大义又怎么可以废弃呢？一个人想洁身自好却搞乱了最重要的伦常关系。君子做官是为了推行道义，至于理想的主张难以实现，那是我们早已知道的了。"

补　释

“接舆”者，姓陆名通，楚国的狂人。“长沮”、“桀溺”，真姓名不详，是隐居在楚国的两名隐士。“耦而耕”指左右并耕。“津”指渡口。“耰”指播种之后，再用土盖上。“辍”指停止。“荷”指背着。“蓧”是竹制的除草农具。“黍”指小米。“大伦”指“君臣”，是伦理中的最大者。

这部分内容是孔子在周游列国时三次受到隐士的劝说，接舆者给他指出天下无道时从政危险，长沮、桀溺给他指出避坏人不如避世，老丈（可能是农家学派的退隐之人）指责他“四体不勤、五谷不分”，明知时代衰退，还要到处求官。但孔子坚持尽自己之力来拯救社会，不管世道如何都应出来从政，以实现自己向往的“老者安之，朋友信之，少者怀之”的大同社会的政治理想，并认为“不仕无义”，避世是不对的，体现了他“不敢忘天下”之心和“知其不可为而为之”的大无畏精神。

四

逸民：伯夷、叔齐、虞仲、夷逸、朱张、柳下惠、少连。子曰：“不降其志，不辱其身，伯夷、叔齐与！”谓：“柳下惠、少连降志辱身矣，言中伦，行中虑，其斯而已矣。”谓：“虞仲、夷逸，隐居放言，身中清，废中权。我则异于是，无可无不可。”

传统译文

古今避世隐居的贤人有：伯夷、叔齐、虞仲、夷逸、朱张、柳下惠、少连。孔子说："不降低自己的志向，不辱没自己的身份，是伯夷、叔齐吧！"又说："柳下惠、少连降低了自己的志向，辱没了自己的身份，但他们言语合乎法度，行为合乎思虑，他们不过如此罢了。"又说："虞仲、夷逸避世隐居，放肆直言，修身合乎清高，弃官合乎权变。我则跟这些人都不同，没有什么是非这样不可，也没有什么是非不这样不可。"

补　释

"逸民"是被遗落的人才，这里指辞官隐居的人。孔子认为，古今被遗落的人才大致有伯夷、叔齐、虞仲、夷逸、朱张、柳下惠、少连等七人。其中首推伯夷、叔齐，宁死不食周粟，可谓不降其志、不辱其身。其次是柳下惠、少连，他们仕于乱朝、身居下位，还多次被罢职，可谓降志辱身，但他们言行合乎义理，做人堂堂正正。再次是虞仲、夷逸，他们辞官保持自身清白，但关心世事、放言高论，评判是非善恶均不失公允。孔子则与他们不同（指与"不降"、"不辱"、"降志辱身"、"隐居放言"等做法不同），因为孔子始终"心不敢忘天下"，志在"复道济世、匡正天下"，并且自以为是秉承了天命依先天本性而为（即"率性之谓道"），所以就没有什么是非如此不可的，也没有什么是非不如此不可的。

五

大师挚适齐，亚饭干适楚，三饭

缭适蔡，四饭缺适秦，鼓方叔入于河，播鼗武入于汉，少师阳、击磬襄入于海。

传统译文

大师挚去了齐国，亚饭乐师干去了楚国，三饭乐师缭去了蔡国，四饭乐师缺去了秦国，打鼓的乐师方叔去了黄河地区，摇小鼓的武去了汉水之畔，少师阳和敲磬的乐师襄去了海外。

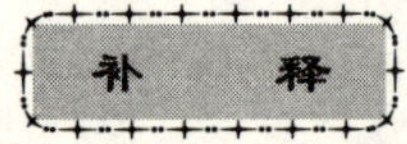

“大师挚”，大师即太师，是乐官之长，鲁国太师的名字叫挚。“亚饭”是国君第二次吃饭时奏乐的乐师，“三饭”、“四饭”类推。“鼓方叔”是打鼓的乐师名字叫方叔。“河”指黄河。“播鼗”指摇拨浪鼓。

鲁国是周公旦的封国，周成王特赐予天子之乐，所以春秋时周乐尽在鲁。但到春秋末期，自齐人赠鲁舞女之后，鲁国的乐师们却四散流亡，可见鲁国政治黑暗，正直文人已难以容身。孔子以此来说明，当时的鲁国不仅已“礼坏”，而且已“乐崩”。

六

周公谓鲁公曰：“君子不施其亲，不使大臣怨乎不以。故旧无大故，则不弃也。无求备于一人。”

传统译文

周公对鲁公说："君子不疏远他的亲属，不要让大臣抱怨自己未被重用。老臣旧友没有大的过失，就不要抛弃他们。不要对人才求全责备。"

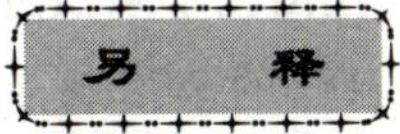

这段话是先王周公的遗言。周公姓姬名旦，是周武王姬发的弟弟，被封于鲁并担任西周宰相。他为辅助成王，留在西周任职，遣长子伯禽（即鲁公）去鲁国就任。临行前告诫伯禽：一是做国君要有公心，利益分配不能先考虑亲信，要公正；二是用人不疑，不要使大臣生怨；三是要有念旧之情，不可忘记功臣；四是不可对人求全责备。这里借周公的遗训来说明为政的准则。

七

周有八士：伯达、伯适、仲突、仲忽、叔夜、叔夏、季随、季騧。

传统译文

周代有八位贤士：伯达、伯适、仲突、仲忽、叔夜、叔夏、季随、季騧。

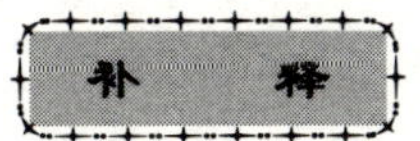

本篇开首讲述"殷有三仁"，是说乱世显忠臣，结尾则讲述"周

有八士”，是说西周的昌盛是靠人才济济，同心协力所致。此八士事迹不详，《国语·晋语》中有“文王之即位也，询于八虞”，“八虞”可能就是这“八士”。

小结：本篇阐述了孔子为了挽救即将瓦解的西周遗制，高举着“兴灭国、继绝世、举逸民”的理想旗帜，周游列国宣传自己的“仁政”与“德治”的政治主张；通过隐士的劝退衬托出孔子顽强进取的拼搏精神；通过他对隐士分等次的评价说明他自己的政治观点与志向；最后通过周公遗训与周代八士进一步强调了为政的原则与人才的重要。

第十九章

子张篇(子张第十九)

本篇主要讲述了孔子的弟子们遵从老师的教导所探讨的求学求道的言论以及对孔子的敬仰和赞颂，说明孔子的学生们真正继承和发扬了孔子的思想与学说。

一

子张曰：“士见危致命，见得思义，祭思敬，丧思哀，其可已矣。”

子张曰：“执德不弘，信道不笃，焉能为有？焉能为亡？”

传统译文

子张说：“读书人遇见危险能够献出生命，遇上有所得就考虑是否应当；祭祀时考虑恭敬虔诚，居丧时考虑哀痛悲伤，那也就足够了。”

子张说：“对于道德不能坚守不移，信仰理想不能忠诚执著，这样的人，有他可，无他也可。”

补　　释

“士”是指古代从读书人中推选出的（汉以前是十中选一）为国家社稷服务的人。“致命”指舍弃生命。孔子去世后，子夏、子游、曾子、子张等均继承了老师的事业，从事教育工作。子张把孔子教导怎样做人的道理综合后认为：作为一个“士”，在国家危难时，要勇于挑起责任，要不惜自己的生命勇赴国难；在见到利益时要考虑是否为本分所应得；在祭祀时要恭恭敬敬地面对天地祖先，要反思自己的所作所为是否有愧于天地祖先；在家丧、国丧时要真心哀痛。子张还强调：一个人对道德的执守要坚定；对真理的信仰要真诚；要牢固树立“道”与“德”的中心思想，否则就会得意时忘形（即“焉能为有”），失意时也忘形（即“焉能为亡”）。

二

子夏之门人，问交于子张。子张曰：“子夏云何？”对曰：“子夏曰：‘可者与之，其不可者拒之’。”子张曰：“异乎吾所闻：君子尊贤而容众，嘉善而矜不能。我之大贤与，于人何所不容？我之不贤与，人将拒我，如之何其拒人也？”

传统译文

子夏的学生向子张询问有关交朋友的原则。子张反问：“子夏对这个问题说了些什么呢？”学生们答：“子夏说：‘可以交的就去结交，不可以结交的就拒绝。’”子张说：“我所听到的跟这个不同：君子尊敬贤人，但也容忍普通的人；嘉许好人，同时也怜悯那些无能的人。如果我是个非常好的人，那对人又有什么不能宽容的呢？如果我是个不好的人，人们将会拒绝我，那我又怎么可能去拒绝别人呢？”

在交友方面，子夏认为，为人直爽、诚实信义、知识广博者可交；为人虚伪奸诈、谄媚奉承、花言巧语者不可交。子夏的观点来源于孔子的“益者三友”与“损者三友”。子张的看法是：尊敬贤人、赞许好人，但也要包容一切人，帮助不好的人改过。子张的看法来源于孔子的待人原则。二者只是角度不同，并无实质差别。但从子张的话语中明显可看出他才高意广、敏思善辩，但似乎有意于上下之争，且有狡辩之嫌。所以曾子说他“难与并为仁矣”。

三

子夏曰：“虽小道，必有可观者焉，致远恐泥，是以君子不为也。”

子夏曰：“日知其所亡，月无忘其所能，可谓好学也已矣。”

子夏曰：“博学而笃志，切问而近思，仁在其中矣。”

子夏曰：“百工居肆以成其事，君

子学以致其道。”

传统译文

子夏说：“即使是小打小闹的东西，也一定有值得借鉴的地方。但要想让它发挥长远的作用，恐怕行不通，因此君子不从事这些小东西。”

子夏说：“每天能学到一些自己所不懂的知识，并且每月不忘记已经掌握的知识，这样就可以认为是好学的人了。”

子夏说：“广泛地学习并且能坚守自己的志向，恳切地提出疑问，联系现在的情况思考，仁就在这里面了。”

子夏说：“各种工匠在作坊里完成他们的工作，君子通过治学来掌握他们追求的道理。”

补　释

古代读书人把“修齐治平”视为正途，把“农医百工”都视为小道。子夏认为，小道之中也有可观的业绩，但无补于世道人心，所以君子不为。从现代社会发展来看，道德理念是引导人类社会前进的方向，自然至关重要，但科学技术是推动社会发展的动力，同样至为重要。古代的文化思想是重仁义道德，轻科学技术，这种偏废倾向是造成中国科技落后的主要原因。而今日社会，重科学技术知识，忽视道德理念的培养，使利益成了调节社会各个领域的唯一价值尺度，同样造成了偏废一方。

子夏认为：每日学有所得是其上进心的表现，每月不忘其日积所得是其意志力的体现，上进心与意志力是好学的主要标志。一个做学问者不仅要博学，还要树立“仁”的中心思想，而且要意志坚定。做学问要多听多问，要脚踏实地去认真研究，不可好高骛远；要从身边的事做起，多考虑当前的事。

子夏还认为，社会上的各种工艺都是在各自的工艺场地或作坊里来完成的，而做学问则是在知识的学习与品德的修养过程中，来树立“仁”的观念与把握行“仁道”的准则的。

四

子夏曰：“小人之过也必文。”

子夏曰：“君子有三变：望之俨然，即之也温，听其言也厉。”

传统译文

子夏说：“小人对自己的过失必定会去进行掩饰。”

子夏说：“君子给人以三种不同的印象：远远地看到，给人庄严的样子；接近他时才感到温和亲切；听他说话时却使人感到严厉深刻。”

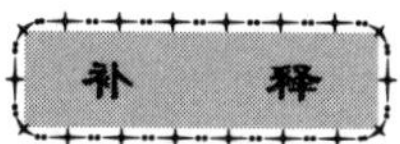

“文”是文饰，指掩饰。“俨”指庄严。子夏认为，人非圣贤，孰能无过。但君子有过必改、有错必纠，而小人则会文过饰非来掩盖过失。子夏还认为，一个君子常面带威仪，看起来非常庄严，但一接触就会觉得非常温和，充满感情，说话和蔼可亲，然而言语内容又非常严谨，虽有说笑但不失其庄重。

五

子夏曰："君子信，而后劳其民；未信，则以为厉己也。信而后谏；未信，则以为谤己也。"

子夏曰："大德不逾闲，小德出入可也。"

传统译文

子夏说："君子必须得到百姓的信任，然后再去役使他们；在没有得到百姓信任时就去役使他们，他们会觉得是有意虐待他们。君子还必须得到君王的信任之后再进谏，若没有得到信任就去进谏，君王就会认为你在诽谤他。"

子夏说："人在大的节操上不可以超越一定的界限，在小节上略有出入是可以的。"

补　　释

"厉"指折磨、虐待。"逾"是超过、越过。"闲"是栏栅，这里指界限、法度。子夏这段话说明，君子从政必须要与上、下级之间都建立相互间的信任。部下信任你就会忠实执行你的指令，如不信任你就会对你的指使产生怀疑、心生怨言。领导信任你，就会对你的意见慎重对待，如不信任你就会觉得你是在故意找茬。

子夏认为，一个人在大德上不能逾越界限，尤其是在大是大非面前绝不能含糊，但在小节上有点出入，不必看得太重。

六

子游曰：“子夏之门人小子，当洒扫应对进退，则可矣，抑末也。本之则无，如之何？”子夏闻之曰：“噫，言游过矣！君子之道，孰先传焉？孰后倦焉？譬诸草木，区以别矣。君子之道，焉可诬也？有始有卒者，其惟圣人乎！”

传统译文

子游说：“子夏的学生，让他们做洒水扫地，接送客人之类的事情还可以，但这些是末节的小事。至于礼乐诗这些根本的东西，他们却没有学到，这怎么能行呢？”子夏听到这些话，说：“哎！子游的话可不对啊！君子的学问哪些是先传授的，哪些是放在后面传授的，这如同草木一样，是应该区别对待的。君子的学问，怎么能够任意歪曲呢？至于在教育上能做到有始有终地教育学生的，大概只有圣人吧！”

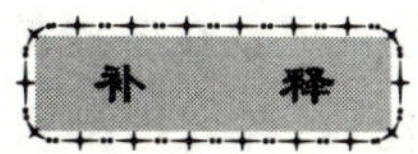

孔门弟子中，除曾参外数子夏守规矩，他教学生先从洒扫（指打扫卫生）、应对（指待人接物）、进退（指行为举止）开始。子游认为洒扫、应对、进退是小节，不应作为教学内容，应直接给学生教诗、

书、礼、乐、仁、义等根本性课程。子夏则认为教学内容要根据深浅排列先后顺序，开始应先教浅近的，实践也应该从洒扫、应对，进退这些小节开始。而且行“仁”就应该从身边的小事做起，根本的道理本身就寓于洒扫、应对、进退这些生活小事之中。同时子夏也认为只有“下学”而后才能“上达”。子游是要门人知本，子夏是要门人由下学悟本，二人各以自悟接引门人，并非为名而进行高低上下之争。

七

子夏曰：“仕而优则学，学而优则仕。”

传统译文

子夏说：“做官有余力就去学习知识，学习有余力就去做官。”

另　释

“优”是充足，即有余力的含义，也有优秀的含义。“仕”指官吏。春秋末期，各诸侯国的官吏大多是贵族子弟，没学习好就做官，做了官也不肯学习，只是贪图禄位，不思上进。官吏中少数好学者，通常都有一定才具且做事勤勉，所以子夏称其为“优”者。汉以前均实行举仕制度，春秋时主要是在贵族子弟中举仕，但也在各授教学堂中举仕（鲁君与季氏等都曾请孔子推荐学生出仕），各方推举自然是择优举荐，即“学而优则仕”。

八

子游曰："丧致乎哀而止。"

传统译文

子游说："服丧只要能充分表达哀痛就行了。"

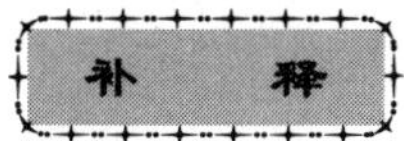

子游对丧礼的主张，继承了孔子的思想：一是居丧要充分表示自己的悲痛之情；二是丧礼仪式、文饰，不必太铺张，避免浪费；三是悲痛不可太过度，以免伤身害性。

九

子游曰："吾友张也，为难能也，然而未仁。"

曾子曰："堂堂乎张也，难与并为仁矣。"

传统译文

子游说："我的朋友子张呀，虽说是难能可贵的了，但是还没有达到仁的标准。”

曾子说：“子张这个人自高自大，别人很难与他一起达到仁的境界。”

补　释

子张勤学好问、才高意广，能见得思义，可说是难能可贵，但他“行过高，少诚实恻怛之意”（《论语集注》），且过于外向、心驰于外，缺少内心修养的功夫。所以子游说他“然而未仁”，曾子说他“难与并为仁”。

十

曾子曰：“吾闻诸夫子：人未有自致者也，必也亲丧乎！”

曾子曰：“吾闻诸夫子：孟庄子之孝也，其他可能也；其不改父之臣与父之政，是难能也。”

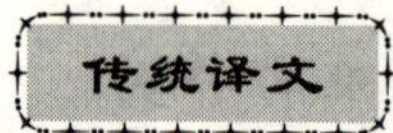

传统译文

曾子说：“我从先生那里听说过：人在一般情况下不可能把感情全部流露出来，如果有，必定是在父母去世的情况下才尽情表露出来。”

曾子说：“我在先生那里听说：孟庄子的尽孝，其他人在别的方面也能做到，但在不撤换他父亲的臣下僚属，不变更他父亲的政治措施这方面，别人是很难做到的。”

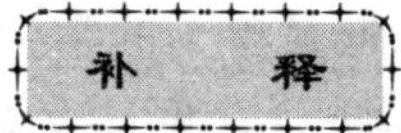

补释

一个人在小的时候很天真，喜怒哀乐尽情发挥，但在成长过程中受到教育、环境、人际关系等的影响，学会了抑制，而不会轻易地完全表露真情，甚至会喜怒哀乐不形于色（这是人长大成熟的标志，也是质朴的埋没）。人虽成熟后一般不表露真情，但在父母亡故时，常难以抑制，真情会自然流露出来。

古代，王位的继承人在执政之前都有自己的亲信，执政后与父亲的旧臣不一定协调，对父亲的旧政也不一定赞成，所以有“一朝天子一朝臣”之说。而孟庄子完全继承了他父亲孟献子的政治措施，沿用了孟献子时的旧臣。孔子与曾子都认为这是“孝”，而且是别人难以做到的“孝”的重要方面。

十一

孟氏使阳肤为士师，问于曾子。曾子曰：“上失其道，民散久矣。如得其情，则哀矜而勿喜。”

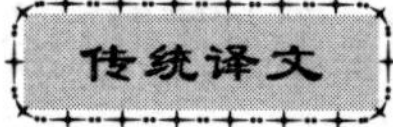

传统译文

孟氏任命阳肤做法官，阳肤向曾子请教。曾子说：“在上位的人失去了道义，民心涣散已经很久了。如果审案时发现犯罪的真情，应该哀怜同情而不要居功自喜。”

补　释

“士师”是古代掌管司法刑狱的官职名。阳肤是曾子的学生。曾子认为：春秋末年，在上位者荒淫无道，民不聊生，有些人是被迫走上了犯罪道路的；所以执法者办案时对这些人应该抱有一种同情怜悯之心，在量刑上不要过重，更不可居功自喜。

十二

子贡曰：“纣之不善，不如是之甚也。是以君子恶居下流，天下之恶皆归焉。”

子贡曰：“君子之过也，如日月之食焉：过也，人皆见之；更也，人皆仰之。”

传统译文

子贡说：“商纣的坏，不像现在传说的这么严重。所以君子憎恨居于下流，为上者一旦居于下流，天下的所有坏名声就都会集中在他的身上了。”

子贡说：“君子的过错就像日食、月食一样：有过错时，人人都看得见，改正的时候，人人都敬仰他。”

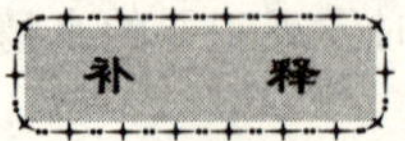

“纣”史称帝辛，是殷商的最后一位君主。“纣”字的本义是残忍

无道，由于帝辛残暴不义，死后按谥法追其谥号为“纣”，所以后人称他“殷纣王”或“商纣王”。子贡认为，纣王并没有传说的那么坏，只因他自甘下流，人们把坏事就都集中在他身上了。这说明，在上位者不可自甘居于下流，一旦形成恶名则众恶皆归。相反如上位者清正廉明，一旦具有美名则也会众善所归（如宋朝的包公等贤臣），这就是百姓口碑的作用。所以子贡认为，上位者应当重视百姓的口碑，百姓对上位者就如对日月一样重视与敬仰。上位者有了过错就像日食、月食一样，只要改正了错误，百姓依然会敬仰。但如像纣王一样不但不改过错，而且自甘下流，百姓也会众恶所归。

十三

卫公孙朝问于子贡曰：“仲尼焉学？”子贡曰：“文武之道，未坠于地，在人。贤者识其大者，不贤者识其小者，莫不有文武之道焉。夫子焉不学？而亦何常师之有？”

叔孙武叔语大夫于朝曰：“子贡贤于仲尼。”子服景伯以告子贡。子贡曰：“譬之宫墙，赐之墙也及肩，窥见家室之好。夫子之墙数仞，不得其门而入，不见宗庙之美，百官之富。得其门者或寡矣。夫子之云，不亦宜乎！”

叔孙武叔毁仲尼。子贡曰：“无以

为也！仲尼不可毁也。他人之贤者，丘陵也，犹可逾也；仲尼，日月也，无得而逾焉。人虽欲自绝，其何伤于日月乎？多见其不知量也。”

传统译文

卫国大夫公孙朝向子贡问道：“仲尼的学问是跟谁学的呢？”子贡说：“周文王、周武王的圣人之道并没有坠落在地上，而在人们的掌握之中。贤能的人掌握了它大的方面，不贤能的人掌握了它小的方面，没有什么地方没有文武之道。我的老师什么地方不可以学习呢？他又何必一定要有一个固定的老师呢？”

叔孙武叔在朝廷中告诉大夫说：“子贡比仲尼要好。”子服景伯把这话告诉了子贡。子贡说：“比如房屋的围墙，我家的围墙只有肩膀那么高，在墙外可以看见室内的好东西。老师家的围墙有几丈高，找不到大门进去，就看不见他那宗庙般的美好和房屋内的富丽堂皇。能够找到门的人大概是不多的。叔孙武叔的话，不是很自然的吗？”

叔孙武叔毁谤仲尼。子贡说：“不要这么做！仲尼是不可毁谤的。其他人的贤良，好像山丘，还可以超越过去；仲尼则像日月一样，别人无法超越。一个人即使要自绝于太阳和月亮，可那对日月又有什么损伤呢？只是表现出这个人太不自量而已。”

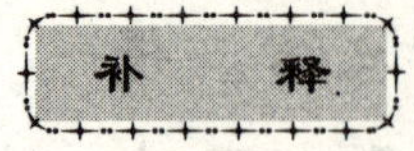

《左传》中共记有三个公孙朝，一个是鲁国大夫，一个是楚国大夫，一个是卫国大夫，这里指的是卫国大夫公孙朝。“仲尼”是孔子的字。按古礼弟子对老师不能称其名，只能称其字。“常师”指固定的老师。公孙朝想知道孔子的老师是谁。子贡告诉他，文、武二王与周公之道并未断绝，贤人继承了大的方面，一般人继承了小的方面，何处不可以学呢？我的老师无处不学（三人行必有吾师），没有固定的老师（圣人无常师）。但语意中隐含着“我的老师，师承西周文、武二王”之意。唐朝韩愈的《师说》中有：“圣人无常师，孔子师郯子、苌弘、师襄、老聃。……是故弟子不必不如师，师不必贤于弟子。闻道有先后，术业有专攻，如是而已。”

在孔子的弟子中，才华横溢者莫如子贡。所以，当时有人认为子贡贤于孔子。但叔孙武叔（鲁国大夫，三桓中的叔孙氏）在朝廷中公开这样说，是有目的的，他是想通过高抬子贡来诋毁孔子。子贡看出了他的目的，用围墙做比喻既颂扬了孔子，又讽刺了叔孙武叔不得其门而入。当叔孙武叔再一次诋毁孔子时，子贡便直接反驳，并告知世人：孔子祖述尧舜，宪章文武，其学识与道德可为万世师表，其精神与人格可比做日月，永远也无人能超越。

十四

陈子禽谓子贡曰：“子为恭也，仲尼岂贤于子乎？”子贡曰：“君子一言以为知，一言以为不知，言不可不慎也。夫子之不可及也，犹天之不可阶而升也。夫子之得邦家者，所谓立之斯立，道之斯行，绥之斯来，动之斯和。其生也荣，其死也哀，如之何其可及也？”

传统译文

陈子禽对子贡说："你是谦恭吧！仲尼哪能比你更贤明呢?"子贡说："君子只听人一句话，就可以判断那人是聪明还是无知，所以你说话不能不谨慎一点儿。我们老师的道德学问是遥不可及的，正像青天是不能搭阶梯爬上去一样。我们老师如果能得到诸侯的地位，或者得到封邑成为卿大夫，他就会使百姓人人立足于社会，一引导百姓，百姓就随之前进，一安抚百姓，百姓就会从四面八方投奔而来，一经动员，百姓就都会极力附和。他生得光荣，死得可惜，这样的人，我们怎么能追得上呢?"

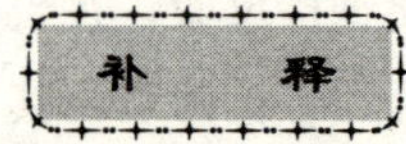

孔子死后，能到处宣扬孔子，并把孔子的学说具体应用于影响时代发展，作用于各国国政并在政局发展中起到了重要作用的唯有子贡。所以司马迁在《史记》中赞颂子贡有"存鲁、乱齐、破吴、强晋而霸越"之功。子禽也是孔子的学生，应属子贡的师弟，他对子贡非常佩服，甚至认为子贡超过了孔子。子贡告诫他不可乱说，我们老师的精神人格、学识道德，如日月一样不可逾越，如天一样高不可及。老师的为政能力如得以显示，必能治理出理想的大同社会，我们是永远都赶不上的。

小结：本篇记述的是孔子去世后，孔门弟子从教的言论与对孔子的评价。他们进一步阐发了孔子的思想人格和道德标准，强调君子不仅要能坚守道德，而且还要使它发扬光大，其最终目的是要达到"仁"；同时也进一步强调了孝道，赞扬了孔子的德行。他们把孔子的道德学问比做日月，光照天下，把孔子的学识比做青天一样广博浩大，认为孔子永远是万世师表。正如后来孟子所言："观于海者难为水，游于圣人之门难为言。"（《孟子·尽心上》）

第二十章

尧曰篇(尧曰第二十)

本篇主要记述了古代贤王尧、舜、禹、汤的言论和孔子论为政的一些道理，再一次反映了孔子的政治思想和政治策略，体现了中国历史文化的基本精神。

一

尧曰："咨！尔舜！天之历数在尔躬，允执其中。四海困穷，天禄永终。"舜亦以命禹。

曰："予小子履敢用玄牡，敢昭告于皇皇后帝：有罪不敢赦。帝臣不蔽，简在帝心。朕躬有罪，无以万方，万方有罪，罪在朕躬。"

周有大赉，善人是富。虽有周亲，不如仁人。百姓有过，在予一人。

谨权量，审法度，修废官，四方

之政行焉。兴灭国，继绝世，举逸民，天下之民归心焉。

所重：民、食、丧、祭。宽则得众，信则民任焉，敏则有功，公则说。

传统译文

尧让位给舜的时候说：“啧啧！你这位舜！上天的大命已经落到你的身上了，诚实地保持着那正确的方向吧！假若天下的百姓都陷于困苦贫穷，上天给你的禄位也会永远地终止了。”虞舜也用同样的话告诫禹。

商汤说：“我小子斗胆用黑公牛做祭品，明白地禀告辉煌的天帝：有罪的人我决不敢赦免；那些作为天帝之臣仆的善恶，我也不敢隐瞒掩盖；您心里是十分明白的，倘若我本人有罪，请不要牵连天下万方；若是天下万方有罪，请将罪过归咎我一人，由我一人来承担。”

周朝恩赐天下，使好人富起来。武王说：“就算有近亲，也不如有仁人。百姓如果有过错，罪过全在我一个人身上。”

孔子说：“严格地审查度量衡，重新恢复废弃了的官职，国家的政令就可以畅通了。恢复已被灭亡了的国家，承袭已经断绝了的世族，提拔被遗落了的人才，天下的百姓就会诚服了。”

当权者应重视的是：百姓、粮食、丧礼、祭礼。当权者宽容就会得到百姓的拥护，诚实讲信用就会得到百姓的信任，勤敏就可以产生业绩，公正就能使百姓高兴。

补　释

“尧”，史称唐尧，古代圣君，他退位时把帝位禅让给了舜。“舜”，史称虞舜，也是古代圣君，退位时把帝位禅让给了禹。“历”

指天地运转、时间推移及事物发展。“历数”指运转法则，推移计量，天地复合运转的周期与周期节律所形成的发展规律。“天之历数在尔躬”，是指天人合一、天人本一，“天道”自在人“心”，“人心至诚”即是“天道”。这是古人对人体生命与宇宙系统全息性的认识。“天之历数在尔躬”，还指“天命将降于尔身，天道可在心中求，尔以至诚即可承接天道”。“允”指诚实、公平。“履”是商汤（商朝开国君主，也叫成汤）的名字。“皇皇”指光明伟大。“玄牡”指黑色的公牛。“大赉”指分封诸侯。

传说黄帝时期已形成了“天命有德、德为爱人、爱为善政、政在养民”的执政思想与“人德配天，君以德先”的立君思想。尧帝时，舜能“好察迩言，隐恶而扬善”且能得尧之道，即“执其两端，用其中于民”。所以尧选中了舜作为接班人。尧在传位于舜时说，之所以传位给你是秉承天意。同时又告诫舜：一是以“至诚”之德复“性”，以合“天道”；二是要坚守“允执其中”的“人道”正执；三是要牢记执政的目的是“政在养民”；四是如果不能“养民”上天会终止你的君位。虞舜通过自己的实践，深刻认识到，尧对自己的告诫是为政者必须遵循的永恒道理。所以在他晚年把帝位传给大禹时以同样的话告诫大禹。

商汤在打败了夏桀，建立商朝祭告天地时说，我今天大胆地用黑色公牛（玄是影子，其色为黑代表阴，公牛为阳，故用黑色公牛以合天地）来祭奠天神地祇，冒昧地向天地表明心迹：对有罪的人（如夏桀），我不敢擅自赦免；人世间的善恶，我也不敢掩盖；如果灭夏有罪，是我一人的罪过，四方百姓不过随我而往，不该获罪，请天地不要责怪他们；四方百姓在灭夏战争时所产生的杀戮，也不应归罪百姓，所有罪过应由我一人承当。

周武王灭了商纣王后，实行分封诸侯，使善人都得到了富贵；在分封中重视并优待仁德之人超过了周室至亲。武王与商汤一样，在祷告天地时，把灭纣战争中所造成的杀戮之罪全都归咎到自己身上，由自己一人承当。

孔子认为，商汤与周武王在实行分封制的前提下，中央政权统一天下的要点有三：一是统一重量计量标准和容器计量标准；二是统一长度与距离计量标准；三是恢复夏、商时的分封制与官职机构。使天下安定的基本国策有三：一是恢复已灭亡了的邦国（周武王对尧、舜、夏、商等的后人均进行了分封）；二是接续灭绝了的世族（周武王对绝世的大族均选其近亲接续并进行了分封）；三是寻找前朝隐士予以起用或分封（如微子、基子、太伯等的后人等也都进行了分封）。由于执行了上述三要点与三条国策，天下民心便归服了。

孔子认为，人生大事，无过于生与死。重民（民为国本）、重食（民以食为天）、重农业生产（重食的延伸），此为重生。重丧尽哀（尽孝）、重祭（秉承天地、继承祖制），此为重死。施政的重点首要是民生，民生的要点是民食，即人民生活，民食的要点是农业生产。施政的次重点是重死，通过重视丧祭使民守孝道，达到维护人伦礼制、维持社会秩序的目的。孔子还认为，以礼制治国要施政以宽，待民宽厚则民从；为上者要诚信，要有真诚的爱民之心才能得到民众的信任与拥护；对旱涝等自然变化、百姓中的善恶倾向、社会变更等都要敏捷措施，重在功效；处理国事贵在公正、公平。为上者正直无私百姓自然会高兴。

二

子张问于孔子曰："何如斯可以从政矣？"子曰："尊五美，屏四恶，斯可以从政矣。"

子张曰："何谓五美？"子曰："君子惠而不费，劳而不怨，欲而不贪，泰而不骄，威而不猛。"

子张曰："何为惠而不费？"子曰："因民之所利而利之，斯不亦惠而不费乎？择可劳而劳之，又谁怨？欲仁而得仁，又焉贪？君子无众寡，无小大，无敢慢，斯不亦泰而不骄乎？君子正其衣冠，尊其瞻视，俨然人望而畏之，斯不亦威而不猛乎？"

子张曰："何为四恶？"子曰："不教而杀为之虐，不戒视成谓之暴，慢令致期谓之贼，犹之与人也，出纳之吝谓之有司。"

传统译文

子张向孔子问道："怎么样可以参与政事呢？"孔子说："尊崇五种美德，去掉四种恶政，就可以从政了。"

子张问："是怎样的五种美德？"孔子说："君子给老百姓好处，但自己不耗费；役使老百姓，但不招致老百姓的怨恨；追求仁爱，却不贪婪财利；性情安宁，却不骄傲；威严庄重，却不凶猛。"

子张问："怎样是给民众好处而自己不耗费呢？"孔子说："让老百姓做对他们有利的事，不就是使老百姓得到了好处而自己不耗费吗？只选择老百姓可以干的事情而让他们干，百姓还有谁会怨恨呢？自己追求仁义便得到了仁义，还贪图别的干什么？不管人多人少，不管势力大还是势力小，君子都不敢怠慢，这不就是性情安宁而不骄傲吗？君子衣冠整整齐齐，目不斜视、态度庄重，使人看见就产生敬畏，这不就是威严庄重而不凶猛吗？"

子张问："四种恶政又是什么呢？"孔子说："事先不进行教育就加以杀戮，叫做'虐'；事先不告诫而苛求立即成功，叫做'暴'；开始松懈，突然限制期限完成，叫做'贼'；原本是给予人的，但在拿出手时却又舍不得，叫做'吝啬'。"

这段话是孔子"为政以德"思想的具体化。所谓"惠而不费"，是给别人方便，使大家获益而对自己也没有损害。这种情况，对于任何一层的权力者来说，都是能经常遇到的。任何一项便民措施，任何一项利民的政策都属于"惠而不费"的范畴，只要你真正地建立了为人民服务的宗旨，你就会发现行使惠而不费的机遇随处都有，所以古人才说"公门之内好修行"。"劳而不怨"则是很难做到的事。有许多人都能任劳，但能任怨的人则不多，就像人们常说的负重容易忍辱难，要做到忍辱负重非得有高深的修养才行。"欲而不贪"是正直之人的本分。人生有本能的欲望，不可能绝对无私，但绝不能过分地贪求，否则无论在什么社会都将不齿于人类。"泰而不骄"与"威而不猛"是一个人的修养。做任何事都要有敬业之心，待任何人都要有诚恳之态。处事不轻慢，对人有爱心，自然不会骄纵蛮横。对人对事始终严肃认真也就可以做到"泰而不骄、威而不猛"了。"五美"是孔子的"为政"与"为人处世"的准则，而"四恶"则是为上者领导方法的大忌。作为一个领导或教师对部下对学生如果没有教导，使其未知而犯错，我们自己首先应该负责任，应该对他们加强教育使其明了正确与错误。如果教了之后依然不改才可以惩罚。对部下的工作要求，应该事先明确告知，而且要求要适当，不可超越客观条件。事先不明确告知或要求不客观都属于"暴政"的表现。凡需要大家共同遵守的法规、命令、纪律、章程等，领导者要带头遵守，以身作则。只要求别人不要求自己，孔子视其为"贼"。自己需要的应想到别人也需要，自己不乐意的应想到别人也不乐意，能够推己及人就是"犹之与人也”。经济开支要把握该省则省，该用则用的分寸与适度，要点是推己及人。如自用从宽，对他人从严就是“有司”。“五美”与“四恶”是任何一层领导都应牢记与把握的准则。

三

孔子曰：“不知命，无以为君子也；不知礼，无以立也；不知言，无以知人也。”

传统译文

孔子说：“不知道天命，就不能做君子，不懂得礼节，就不能立身处世；不会分辨别人的言论，就不能了解别人。”

补　释

《论语》至此以孔子的“学至三知”为结论，是对“学而”的回答。所谓“三知”，即知命、知礼、知言。这里的“命”应是指天地复合运动法则渗透到人生、人世之中起着规律作用的运行方向、趋势、时位与能量态势及其运行周期与周期节律。如人体生命的生灭法则，人生境遇的穷困与通达的环境形成过程，所处的时位与发展态势等。所谓“知命”就是“审时度势”，认清所处的时位、发展态势与运变法则。君子只有在此前提下才能做出准确的判断，才能不失时机地果敢决断。所谓“知礼”是要掌握文化礼仪的精神，树立“仁德”的中心思想和“仁、义、礼、智、信”的人格理念，力行“不自欺”、“执中道”，这是君子立于世的根本。所谓“知言”，是因为“言为心声”，欲达“知人”，必先能“知言”。“知言”不仅包括深析语言的内容，还包括说话时的态度与表情。君子应能透过言行来“视其所以，观其所由，察其所安”，以达“知人”。孔子的“学至三知”实际上包含了“仁、智、勇”的全部，既是“学而”的目的，又是君子的标准。

小结：本篇首先阐述了尧、舜、禹、汤承受天命，不敢怠慢，严于律己，勤于政事，按照宽、信、敏、公的原则行事，得到了民众拥戴的历史；其次阐述了孔子提出的“五美”、“四恶”的领导原则是治国的基本方略；最后用“学至三知”归纳了“仁、智、勇”的基本体现，既回答了首篇“学而”要达到的入世目标，又表明了君子为政与为人处世的自立要求。